Stephan Bierling

America First

Donald Trump im Weißen Haus

Eine Bilanz

C.H.Beck

Für mein Internationale-Politik-Team
an der Universität Regensburg

Mit 7 Abbildungen und 1 Grafik

2. Auflage. 2020

© Verlag C.H.Beck oHG, München 2020
www.chbeck.de
Satz: Fotosatz Amann GmbH und Co. KG
Umschlaggestaltung: Kunst oder Reklame, München
Umschlagabbildung: Präsident Donald Trump im Oval Office
(14.11.2019) © Drew Angerer / Getty Images
Druck und Bindung: Druckerei C.H.Beck, Nördlingen
Gedruckt auf säurefreiem und alterungsbeständigem Papier
Printed in Germany
ISBN 978 3 406 75706 8

⌒myclimate
klimaneutral produziert
www.chbeck.de/nachhaltig

Inhalt

Ein Brandstifter als Präsident

Donald Trump ist einer der erstaunlichsten Präsidenten in der mehr als 230-jährigen Geschichte der USA. Er ist der erste der bisher 45 Amtsinhaber, der zuvor keine Funktion in Politik oder Militär innehatte. Er ist der erste Milliardär im Weißen Haus. Er ist der älteste neugewählte Präsident. Er hat mehr Minister und Berater entlassen als jeder seiner Vorgänger. Er ist der erste, der vor seiner Präsidentschaft auf der Titelseite des *Playboy* abgebildet war. Er ist der erste, der von einem Pornostar verklagt wird. Und er ist der erste, der sich nach einem überstandenen Impeachment-Verfahren und während einer Pandemie um eine zweite Amtszeit bewirbt.

Das Erstaunlichste an Trump aber ist, dass er gegen jede etablierte Regel der amerikanischen Politik verstößt, ja den Regelverstoß zu seinem Markenzeichen gemacht hat. Schon bei den Vorwahlen der Republikaner stellte er sich gegen das Parteiestablishment, operierte ohne systematische Wahlkampforganisation und spielte öffentlich mit dem Gedanken, als unabhängiger Kandidat anzutreten, sollte ihn die Partei nicht nominieren. Er wetterte gegen Einwanderer, überzog seine Konkurrenten mit diffamierenden Spitznamen, verspottete einen körperbehinderten Journalisten und führte die harten Fragen einer TV-Moderatorin nach seinen abschätzigen Bemerkungen über Frauen auf ihre angebliche Menstruation zurück. Kritische Medienberichte attackierte er als «Falschnachrichten» (fake news); statt mit der Öffentlichkeit über die klassischen Informationskanäle zu kommunizieren, versorgte er sie mit einem Strom von Twitter-Mitteilungen. Inhaltlich huldigte Trump mit den Slogans «America First» und «Make America Great Again» ungeniert einem weißen Ethnonationalismus und brach mit Eckpfeilern des traditionellen Programms der Republikanischen Partei: Er schmähte Verbündete als Schmarotzer, drohte mit einem Nato-Austritt, predigte einen Rückzug aus der Weltpolitik, verdammte den Freihandel und attackierte die Wall Street-Banker.

Obwohl ihm die meisten Beobachter zu Beginn seiner Kampagne keine Chance auf die Nominierung eingeräumt hatten, setzte sich Trump überraschend leicht gegen seine 16 Konkurrenten durch. Ausschlaggebend dafür war eine hochmotivierte und ihm fast bedingungslos ergebene Kernanhängerschaft, die er mit immer extremeren Parolen aufpeitschte. Sie sahen in ihm einen Vorkämpfer gegen die politischen, wirtschaftlichen und gesellschaftlichen Eliten, die scheinbar ihre Sorgen ignorierten und sie respektlos behandelten. Trump versprach nicht nur, sich dieser «vergessenen Menschen» anzunehmen, sondern lieferte die Sündenböcke für Fehlentwicklungen auch gleich mit: Immigranten, Muslime, unfaire Handels- und Allianzpartner, kostspielige Militärinterventionen, Umweltschützer, vermeintlich privilegierte ethnische Minderheiten im eigenen Land, Barack Obama. Im Hauptwahlkampf karikierte er seine Gegenkandidatin Hillary Clinton als Verkörperung eines verkrusteten und korrupten Systems von Karrierepolitikern, das es auszuhebeln galt. Mit seiner auf Tabubruch und Krawall angelegten Strategie gelang es ihm entgegen fast aller Prognosen, den Demokraten am 8. November 2016 die sicher geglaubte Präsidentschaft zu entreißen.

Wer erwartet hatte, Trump werde sich im Weißen Haus mäßigen und staatsmännischer agieren, täuschte sich. Auch als Präsident war er ein Brandstifter und Polarisierer, umwittert von Skandalen und Vorwürfen des Machtmissbrauchs. Schon bei der Ansprache anlässlich seiner Amtseinführung am 20. Januar 2017 hielt er nicht die erwartete versöhnliche Rede wie alle seine Vorgänger, sondern blieb seiner schrillen Wahlkampfrhetorik treu. Am Ende streckte er den auf der Mall, Washingtons Prachtmeile, versammelten Fans sogar die Faust entgegen, eigentlich ein bei linken Revolutionären beliebter Kampfgruß. Seither bedient sich Trump der Mittel und Methoden, die er als langjähriger Produzent und Protagonist einer Fernseh-Castingshow erfolgreich praktizierte. Überraschende Wendungen, häufige Personalwechsel, Intrigen, Drama, Versöhnung, Cliffhanger und Verbalattacken sollen Wähler und Medien fesseln und zum Dranbleiben verführen.

Als Präsident reizte er seine Vollmachten bis zum Exzess aus. Er regierte mit Direktiven am Kongress vorbei, befand sich im Dauerkonflikt mit Gerichten, umging formale Entscheidungsprozesse, verbot Mitarbeitern die Kooperation mit dem Parlament, nutzte sein Amt für persönliche Interessen und scharte zwielichtige Gestalten um sich. Der Gipfel der Machtanmaßung war erreicht, als er die Ukraine erpresste, ihn bei einer Schmierenkampagne gegen seinen innenpolitischen Rivalen Joe Biden zu unterstützen. Mit seiner hetzerischen und vulgären Sprache zog Trump den politischen Diskurs in den USA auf ein für unmöglich gehaltenes Tief. Allerdings gelang es ihm, die politische Debatte in den USA zu bestimmen und seine Wähler bei der Stange zu halten. Mehr als 90 Prozent derer, die ihm 2016 die Stimme gaben, würden dies laut Umfragen heute wieder tun – ein historisch einmaliger Wert. Nicht einmal die Tatsache, dass er sich erst als dritter Präsident einem Amtsenthebungsverfahren ausgesetzt sah, schädigte sein Ansehen bei seinen Anhängern.

Warum ein Buch über Trump schreiben, wo er doch einer der am einfachsten tickenden Präsidenten in der amerikanischen Geschichte ist? Selbst dem flüchtigen Medienkonsumenten sind seine zentralen Verhaltensweisen vertraut: mit maßlosen Übertreibungen und Unwahrheiten die Debatte dominieren, Gegner einschüchtern, bei Kritik mit aller Härte zurückschlagen, jeden aus seinem Umfeld entfernen, der seine Stellung, und sei es auch nur in den Medien und in der Öffentlichkeit, gefährden könnte, positive Entwicklungen als Ausweis eigener Leistung reklamieren, Niederlagen anderen in die Schuhe schieben. Trumps geringe inhaltliche Beschlagenheit und seine Impulsivität, seine Rachsucht und sein Hang zu Verschwörungstheorien haben jedoch zur Folge, dass Politik unter ihm weniger berechenbar geworden ist und deshalb umso mehr eine fundierte Analyse erfordert.

Sich mit dem 45. Präsidenten zu beschäftigen, heißt ebenfalls, grundsätzlich über den Zustand der Demokratie in Amerika nachzudenken, und darüber zu reflektieren, wie schnell selbst das älteste freiheitliche Staatswesen der Welt an seine Belastungsgrenzen geraten kann. Trump stellt bewährte Axiome demokratischen Regierens in Frage: Institutionen sind wichtiger als Personen. Sachverstand ist eine Voraussetzung für eine effektive Amtsführung. Bürokratien haben reibungslos zu funktionieren. Kundige Berater sind essentiell für politischen Erfolg. Inhaltliche Konsistenz hilft beim Erreichen von Zielen. Kompromisse sind das Lebensblut der Politik. Charakterliche Integrität ist ein hohes Gut. Die morbide Faszination, die Trump auf uns Europäer ausübt, hat nicht zuletzt damit zu tun, dass wir auf unserem Kontinent den Aufstieg – und bisweilen den Fall – von Politikern mit einer ähnlichen Agenda und mit ähnlichen Methoden erleben: Marine Le Pen in Frankreich, Matteo Salvini in Italien, Viktor Orbán in Ungarn, Heinz-Christian Strache in Österreich, Nigel Farage und Boris Johnson in Großbritannien. Auch global ist das Modell Trump populär, wie Narendra Modi in Indien, Rodrigo Duterte auf den Philippinen und Jair Bolsonaro in Brasilien zeigen.

Dass es zu diesem Buch kam, ist erneut Dr. Detlef Felken, dem Cheflektor des Verlags C.H. Beck, zu verdanken. Er gab wie schon bei meinen Biografien Nelson Mandelas die Initialzündung. Die Zusammenarbeit beim siebten gemeinsamen Projekt in den vergangenen fast zwei Jahrzehnten war gewohnt unkompliziert, vertrauensvoll und inspirierend. Meine Frau Viola Schenz hat mit ihrem exzellenten Sprachverständnis und mit ihren klugen inhaltlichen Kommentaren auch dieses

Manuskript wieder enorm verbessert. Mein Dank gilt Martina Mühlbauer und Maximilian Hundhammer, die Bibliografie und Register zuverlässig erstellten, sowie Janna Rösch und Bettina Corßen-Melzer vom Verlag C.H.Beck, die Buchproduktion und Autor umsichtig betreuten, und Dr. Alexander Goller für sein vorzügliches Korrekturlesen.

1. «Sie sind gefeuert»: Der Mann und die Marke

Donald Trump liebt das Bild von sich als Selfmademan, der sich aufgrund seiner Cleverness, Entschlossenheit und harten Arbeit ein globales Milliarden-Dollar-Imperium geschaffen hat. Es ist die klassische Vom-Tellerwäscher-zum-Millionär-Geschichte, die den Kern des amerikanischen Traums bildet und die das Land im Innersten zusammenhält. Aber wie vieles, das Trump den USA und der Welt in den vergangenen Jahrzehnten von sich erzählt hat, entspricht dieses Bild nicht der Wahrheit, sondern ist Teil einer großangelegten Inszenierung.

Denn Donald John Trump kam am 14. Juni 1946 als viertes von fünf Geschwistern in einem vermögenden Elternhaus zur Welt. Er wuchs in einer noblen Villa mit 23 Zimmern und zwei Bediensteten im New Yorker Stadtteil Queens auf. Sein Vater Fred war Kind deutscher Einwanderer namens Drumpf aus Kallstadt in der bayerischen Pfalz, auch wenn beide später behaupteten, aus Schweden zu stammen. Fred hatte das Baugewerbe von der Pike auf gelernt und sich durch Fleiß und Geschick zu einem erfolgreichen Unternehmer und Vermieter hochgearbeitet. Geschäftlich wie privat legte er extremes Konkurrenzdenken und Männlichkeitskult an den Tag. Im Zweiten Weltkrieg errichtete Fred mit staatlichen Fördergeldern Kasernen und Wohnungen für die Navy, später vor allem Apartmentkomplexe. Bald war er einer der größten Immobilienentwickler im Land und besaß tausende Mietwohnungen. Dass dabei nicht immer alles ganz regelkonform zuging, war in dieser Branche normal. In den 1950er und 1960er Jahren erhoben die Regierungen in Washington und im Bundesstaat New York Vorwürfe gegen Fred Trump wegen Wuchers und unlauteren Geschäftsgebarens. Es kam zwar zu keiner Anklage, aber seine Firma wurde von öffentlichen Aufträgen ausgeschlossen.

Donald Trump profitierte früh vom Reichtum und den Verbindungen seiner Familie. Wie die *New York Times* in einer aufwendigen Recherche herausfand, erhielt er insgesamt mindestens 413 Millionen Dollar (nach heutigem Wert) aus dem Immobilienimperium seines Vaters. Im Alter von drei Jahren bezog Trump aufgrund ihm überschriebener Mietanlagen bereits ein Jahreseinkommen von 200000 Dollar, mit acht war er Millionär. Kurz nach seinem Collegeabschluss zahlte ihm sein Vater eine Jahresapanage von einer Million Dollar, eine Summe, die in den folgenden Jahrzehnten auf fünf Millionen anwuchs. Die *New York Times* analysierte: «Fred Trump war unermüdlich und kreativ darin, Wege zu finden, um das Vermögen an seine Kinder zu übertragen. Er machte Donald nicht nur zu seinem bezahlten Angestellten, sondern auch zu seinem Hausverwalter, Vermieter, Bankier und Berater. Er gewährte ihm Darlehen um Darlehen, viele davon wurden nie zurückbezahlt. Er gab ihm Geld für seinen Wagen, Geld für seine Angestellten, Geld für Aktienkäufe, Geld für seine ersten Büros in Manhattan und Geld für deren Renovierung.»[1] Die meisten Mittel flossen in einer Weise, die Geschenk- und Erbschaftssteuern vermied, und die Finanzexperten als anstößig und potentiell illegal bezeichneten.

Donald Trump genoss weitere Vorteile. Er besuchte eine vornehme Privatschule, war jedoch so aufsässig und störrisch, dass ihn sein Vater nach der achten Klasse in ein strenges Privatinternat schickte, die New York Military Academy. Viele der dortigen Lehrer waren Veteranen. Sie führten ein autoritäres Regime und brachten ihren Zöglingen, die Uniform tragen mussten, mit brutalen Methoden Disziplin bei. Gewinnen sei nicht das wichtigste, lautete das Credo eines Ausbilders, Gewinnen sei das einzige.[2] Trump sog diese Botschaft auf, sie wurde zu seinem Wesenskern: Fortan wollte er stets der Beste sein, der Sieg bedeutete ihm alles, sein schlimmstes Schmähwort wurde «looser» (Verlierer). Nach seinem Abschluss wollte Trump eigentlich Filmproduzent werden, aber die University of Southern California in Los Angeles lehnte ihn als Studenten ab. Er ging zwei Jahre an die Fordham University in der Bronx und wechselte 1966 an die Wharton School of Finance der Universität von Pennsylvania, um Immobilienwirtschaft zu studieren.

Später behauptete Trump, dies sei «die schwerste Uni gewesen, um reinzukommen, die beste Uni der Welt» und eine «Super-Genie-Sache».[3] Obwohl Wharton heute nur sieben Prozent aller Bewerber akzeptiert, war es damals nicht sehr schwierig, dort einen Studienplatz zu erhalten. Mehr als 50 Prozent der Kandidaten wurden angenommen. Zudem machte sich Trump die Freundschaft seines älteren Bruders mit einem Mitarbeiter der Zulassungsstelle zunutze, um seine Chancen zu erhöhen. Zum Vorstellungsinterview kam er in Begleitung seines reichen Vaters, der sich beim Aufnahmeverantwortlichen einzuschmeicheln versuchte. Trumps Noten reichten scheinbar nicht für einen Studienplatz. Vor seinem Präsidentschaftswahlkampf ließ er seinen persönlichen Anwalt Michael Cohen 2015 die Military Academy und die Fordham University jedenfalls schriftlich auffordern, seine Zeugnisse unter Verschluss zu halten. Das war die Rechtslage, zeigte allerdings eine eklatante Doppelmoral: Vier Jahre zuvor hatte Trump Präsident Barack Obama gedrängt, seine Übertrittszeugnisse an die renommierten Universitäten von Columbia und Harvard offenzulegen.[4] An Wharton waren Trumps Leistungen nicht so herausragend, wie er gern behauptete, zumindest taucht sein Name auf keiner der veröffentlichten Bestenranglisten auf.[5]

Schließlich nutzte Trump die Kontakte seiner Familie, um seine Einberufung während des Vietnamkriegs zu umgehen. Seit seiner Musterung 1966, wo er als tauglich befunden worden war, hatte man ihn bereits viermal wegen seines Studiums zurückgestellt – die maximal zulässige Zahl. 1968 schloss er die Uni ab; trotzdem erhielt er im Herbst 1968 eine fünfte Ausnahmegenehmigung, diesmal wegen Fersenbeinspornen. Der Orthopäde stellte die Diagnose, so erinnern sich dessen Kinder, als Gefallen für Trump sr., von dem er seine Praxisräume mietete.[6] Dass ein gesunder und durchtrainierter 22-Jähriger plötzlich nicht fit sein sollte für den Militärdienst, förderte Spekulationen, die Bescheinigung sei gefälscht oder zumindest übertrieben.

Als Spross einer wohlhabenden, gut vernetzten Familie genoss Trump also zahlreiche Privilegien. Das mag ethisch problematisch sein, war aber kein Rechtsbruch und schon gar nicht ungewöhnlich. Vor dem Dienst in Vietnam drückten sich die meisten Söhne aus gutem Haus, darunter spätere Präsidenten und Vizepräsidenten. George W. Bush fand kurz vor Auslaufen seiner letzten Uni-Zurückstellung überraschend schnell Aufnahme ins Pilotenprogramm der texanischen Nationalgarde, Bill Clinton ging als Stipendiat an die Universität Oxford, Joe Biden erhielt nach dem Studium eine Asthma-Diagnose, Dick Cheney heiratete umgehend, als er nach dem Universitätsabschluss mit der Einberufung rechnen musste. Die meisten der 2,2 Millionen Amerikaner, die zwischen 1964 und 1973 für den Vietnamkrieg eingezogen wurden, kamen deshalb aus den unteren Einkommens- und Bildungsschichten, die weder das Geld fürs College hatten noch die nötigen Beziehungen.

Der Punkt ist also nicht, dass Trump die Stellung seiner Familie missbrauchte – das taten, wie gesagt, viele Vermögende und Einflussreiche. Der Punkt ist: Trump verhielt sich unaufrichtig, als er Jahre später vorgab, es aus bescheidenen Anfängen ganz nach oben geschafft zu haben und seinen Geschäftserfolg nur der eigenen Leistung zu verdanken. Wenig glaubwürdig war im Präsidentschaftswahlkampf auch seine enthusiastische Unterstützung für die Streitkräfte und Veteranen. Den Gipfel an Heuchelei stellten Trumps Angriffe auf die Eltern einer amerikanischen Familie muslimischen Glaubens dar, deren Sohn 2004 im Irakkrieg gefallen war, sowie die ehrabschneidenden

Beleidigungen Senator John McCains, der in Vietnam gekämpft und fünfeinhalb Jahre in brutaler Kriegsgefangenschaft
verbracht hatte.

Immobilieninvestor und Milliardär

Schon während seiner College- und Universitätsjahre arbeitete
Trump an den Wochenenden und in den Ferien in der väter-
lichen Firma mit. Nach dem Abschluss 1968 stieg er Vollzeit
ein. Trump konzentrierte sich ganz aufs Geschäft, er trank und
rauchte nicht, nahm keine Drogen, blieb abends meist zuhause, beteiligte sich an keiner der vielen Anti-Vietnam- oder
Bürgerrechtsdemonstrationen jener Tage und zeigte kaum politisches Interesse. Immer ging es um neue Bauprojekte, er arbeitete fast rund um die Uhr und verabscheute Geschäftsmittag-
essen. Da sein acht Jahre älterer Bruder mit seinem Vater nicht
auskam und die Firma verlassen hatte, rückte Donald der
patriarchalischen Tradition der Familie entsprechend zum
Nachfolgekandidaten auf. Als Fred 1971 den Vorsitz im Ver-
waltungsrat übernahm, machte er ihn zum Präsidenten des
Unternehmens. Mit seinem Sinn für Selbstvermarktung benannte Donald es in *The Trump Organization* um, die Mietwohnungen blieben freilich in Besitz seines Vaters bis zu dessen Tod 1999.

Hatte Fred sein Immobilienimperium auf Queens und Brook-
lyn konzentriert, verlagerte Donald die Aktivitäten auf Manhattan. Zum einen gab es dort nach der schweren Wirtschaftskrise Mitte der 1970er Jahre günstige Kaufgelegenheiten, zum
anderen waren die Bauprojekte prestigeträchtiger. Trump gierte
nach Anerkennung, Ruhm und sozialem Aufstieg. Das alles
konnte ihm Queens, traditionell Wohnort ärmerer Einwanderer und ethnisch vielfältigster Bezirk der USA, nicht bieten.
Manhattan dagegen war, wie die New Yorker sagen, «the city»,
der historische Geburtsort der Stadt, das wirtschaftliche und

kulturelle Herz der Nation, hier lagen die Wall Street und das Finanzzentrum, der Broadway und die Unterhaltungsindustrie, die *New York Times* und die Medienhäuser. Vor allem wohnten und arbeiteten hier die angesehensten Familien und der Geldadel der USA. Trump, der Emporkömmling aus dem proletarischen Queens, wollte dazugehören.

Seinen ersten Coup landete er 1976 mit dem Erwerb eines bankrotten Hotels nahe der Grand Central Station, des wichtigsten Bahnhofs der Stadt. Nach der Renovierung eröffnete Trump es vier Jahre später als Grand Hyatt Hotel, alles finanziert mit einem Darlehen, für das sein Vater und der Hyatt-Konzern bürgten. Dass Trump anders war als andere Immobilienentwickler, zeigte sich kurz darauf. Auf der Fifth Avenue, der wichtigsten Geschäftsstraße der Stadt, wenn nicht des ganzen Landes, baute er einen Wolkenkratzer mit Geschäften, Büros und teuren Apartments. Das Gebäude strahlt den Protz des Neureichen aus. Das Atrium erhebt sich über fünf Stockwerke, ist in rosa Marmor und poliertem Messing gehalten und hat einen 18 Meter hohen Wasserfall. Über dem Eingang prangt in riesigen Lettern «TRUMP TOWER». Trump verlegte nicht nur den Firmensitz und sein Büro dorthin, sondern er sicherte sich auch das dreistöckige Penthouse und ließ es in barockem Prunk ausstatten – Deckenfresken, Kristalllüster, Säulen im korinthischen Stil, Louis XIV-Sesselimitationen, 24-Karat-vergoldete Geländer und geschwungene Treppenaufgänge inklusive. Er suchte diesen protzigen Eindruck noch zu steigern durch die Übertreibung, das Penthouse habe eine Wohnfläche von 3000 Quadratmetern und sei im 68. Stock. In Wirklichkeit war es ein Drittel so groß, und der Tower hatte nur 58 Etagen. Auch war es 64 Millionen Dollar wert und nicht 200 Millionen, wie von Trump 2017 behauptet. Trump verglich sein Penthouse mit Versailles und behauptete, seit 400 Jahren sei nichts Eindrucksvolleres gebaut worden. Die Journalistin Laura Sodano dagegen nannte es in der *Frankfurter Allgemeinen Zeitung* treffend eine «Attrappe der Macht»[7].

Leben als Inszenierung: Donald Trump im Jahr 2010 auf einem Sessel im Louis XIV-Stil in seinem Penthouse, neben ihm seine dritte Frau Melania und sein Sohn Barron.

Um die Wohnungen möglichst teuer verkaufen zu können, streute Trump das Gerücht, Prinz Charles und Prinzessin Diana erwögen den Erwerb eines Apartments. Er verdiente blendend mit dem Projekt, zumal er vor Gericht noch 50 Millionen Dollar an Grundsteuernachlass erstritt. Überhaupt war Trump bei seinen Geschäftspraktiken nicht zimperlich, etwa beim Kauf des Mar-a-Lago-Hotels in Florida 1985. Da die Eigentümer sein Gebot von 15 Millionen Dollar ablehnten, erwarb er das vor dem Anwesen liegende Seegrundstück und drohte, darauf ein Haus zu bauen, das den Strandblick des Hotels blockieren würde. Daraufhin verfiel dessen Preis, und Trump bekam es für sieben Millionen Dollar. Seine Verhandlungsphilosophie beschrieb er so: «Im Leben ist es wichtig, nicht den Ruf eines gutgläubigen Trottels zu bekommen.»[8]

Während sein Vater die Bauprojekte mitfinanzierte, pflegte Trump seinen Hang zu Glamour und Theatralik. Er wurde

Stammgast im Studio 54, dem legendären Nachtclub, wo sich Stars aus Film, Musik und Kunst wie Arnold Schwarzenegger, John Travolta, Mick Jagger und Andy Warhol bei Partys vergnügten. Dank seines Talents für Selbstdarstellung und Vermarktung war Trump bald eine feste Größe in Manhattan. Schon 1976 hatte die *New York Times* dem gerade Dreißigjährigen einen Celebrity-Artikel gewidmet, in dem sich Trump als akademischer Überflieger und neuer Star des Immobiliengewerbes in Szene setzte. Seitdem war der sportliche, 1 Meter 88 große junge Mann regelmäßig in den Medien präsent. Mit dem ostentativen Zurschaustellen seines Wohlstands traf Trump den Geist der Zeit. Im Fernsehen machten *Dallas* und *Dynasty (Der Denver-Clan)* die Zuschauer zu Voyeuren des Alltagslebens fiktiver Superreicher, das Magazin *People* und die Fernsehshow *Entertainment Tonight* bedienten ein nach Klatschgeschichten über Prominente gierendes Publikum. 1983 trat Trump in der ersten Episode der neuen TV-Show *Lifestyles of the Rich and Famous* auf und präsentierte sein luxuriöses Wochenendanwesen in Connecticut. Selbst das Sonntagsmagazin der *New York Times* bot ihm Gelegenheit, sich in einem langen Porträt als Erfolgsmensch und Macher zu präsentieren. Innerhalb kurzer Zeit landete er auf den Covern der Männerzeitschrift *GQ*, von *Time*, *Newsweek*, *Business Week* und *Fortune*. Besonders musste Trump erfreuen, dass ihn das Magazin *Playgirl* 1986 zu den «zehn heißesten Männern in Amerika» zählte.

Das schmeichelte seinem exorbitanten Ego und war gut fürs Business. In seiner Autobiografie «Trump. Die Kunst des Erfolges» (Trump. The Art of the Deal), die er den Journalisten Tony Schwartz als Ghostwriter verfassen ließ und 1987 mit gerade einmal 39 Jahren veröffentlichte, bekannte er sich offen zu seiner Prahlerei: «Der Schlüssel zum Erfolg meines Werbekonzeptes ist letztlich darin zu suchen, dass ich gerne in ‹Superlativen› schwelge. Ich will bewusst die Fantasie anregen. Auch Menschen, die nicht den Drang verspüren, in höheren Dimensionen zu schweben, lassen sich von denen mitreißen, die dazu neigen. ... Wir Menschen möchten ja gerne glauben, dass wir das Größte, das Beste und das Spektakulärste besitzen.»[9] Trump verstand die Erfordernisse der Medienbranche perfekt. Journalisten seien «immer an einer guten Story interessiert ... – und je sensationeller sie ist, desto besser. ... Sobald jemand vom Durchschnitt abweicht, als ein wenig exzentrisch gilt oder Dinge tut, die reichlich kühn erscheinen oder Widerspruch herausfordern, befasst sich die Presse mit ihm. ... Vom rein geschäftlichen Standpunkt aus hatte ich mehr Vorteile als Nachteile dadurch, dass ich im Mittelpunkt der Öffentlichkeit stehe.»[10] Jeden Morgen studierte Trump penibel die für ihn vorbereitete Pressemappe mit allem, was in den vorangegangenen 24 Stunden über ihn berichtet worden war.[11]

Zwei Jahre später brüstete sich Trump in einem *Time*-Artikel, er könne mit den besten Kunstkennern zusammensitzen und sich glänzend unterhalten: «Wenn ich will, kann ich sie überzeugen, dass ich genauso viel über etwas weiß wie sie, aber ich weiß nichts.» Auf die Frage des Journalisten, wie er das denn mache, antwortete er: «Es ist ein Feeling, eine Aura, die man sich schafft.»[12] In einer Mischung aus Narzissmus und Marketing hatte Trump seinen Namen zu einem Markenzeichen für Erfolg gemacht. Der Name stand auf seinem Turm, seinen Casinos, seiner Fluggesellschaft, seiner 86-Meter-Jacht, selbst dem altehrwürdigen Plaza Hotel hatte er ihn vorangestellt. Später kamen Trump-Steaks, Trump-Wodka, Trump-Parfüm und sogar eine Trump-Universität dazu, insgesamt trugen mehr als 250 Immobilien und Produkte seinen Namen. Seine Reisen unternahm er in einer Boeing 727, einem nach seinen Wünschen luxuriös umgebauten Passagierflugzeug – natürlich dekoriert mit «TRUMP» in goldenen Großbuchstaben. Laut dem Umfrageinstitut Gallup nahm Trump 1988 auf der Liste der in Amerika meistbewunderten Männer Platz 10 ein.[13] Da er nach wie vor in seinem derben Queens-Akzent sprach, hielten ihn seine Fans nicht für hochnäsig, sondern für einen normalen Typen, der viel Geld verdient hatte.[14]

Neben Trump, dem Blender, der die Sehnsüchte der Mittelschicht nach Reichtum und Glanz erfasste und zum eigenen Vorteil bediente, gab es einen anderen, düsteren Trump. Diese Seite seiner Persönlichkeit wurde maßgeblich geformt von Roy Cohn, seinem langjährigen persönlichen Anwalt. Cohn, der als junger Mann in den 1950er Jahren Senator Joe McCarthy bei dessen Hetzjagd auf vermeintliche Kommunisten sekundiert hatte, galt als skrupelloser Machtmensch mit besten Verbindungen in höchste politische Kreise und zum organisierten Verbrechen. Zugleich heimlicher Homosexueller und Schwulenhasser, suchte er die Gesellschaft junger gutaussehender Männer, die er mit juristischen und politischen Ratschlägen versorgte. Trump hatte ihn 1973 kennengelernt, als das Justizministerium der Firma eine systematische Diskriminierung schwarzer Mieter vorwarf. Cohn übernahm die Verteidigung und schlug einen Vergleich heraus. Bald war er Trumps Mentor und Consigliere bei Rechtsstreitigkeiten. Er lehrte ihn drei Reaktionen für Konflikte: 1) Suche nie einen Kompromiss, gib nie auf, 2) Geh zum Gegenangriff über, schlage mit aller Kraft zurück und verklage sofort die andere Seite und 3) Egal, was passiert, erkläre dich zum Sieger und gestehe nie eine Niederlage ein.[15] Freund wie Feind in steter Angst zu halten, Stärke auszustrahlen, nie Schwäche zu zeigen, wurde zur Trias von Trumps Führungsprinzipien. «Wirkliche Macht ist… Furcht», sagte er einmal Journalisten.[16]

Trump praktizierte diese Regeln mit Gusto: Einem Satiremagazin, das ihn verspottete, schickte er die handgeschriebene Notiz: «Wenn ihr mich schlagt, werde ich euch hundert Mal härter zurückschlagen.»[17] Er zog Behörden, Handwerksfirmen, Lieferanten vor Gericht, bisweilen drohte er Medienvertretern vor Interviews Verfahren an, falls sie nicht genehme Dinge über ihn berichteten. Zwischen 1986 und 2016 waren Trump oder eine seiner Firmen in 3500 Prozesse involviert. Einen Subunternehmer seines Tower verklagte er wegen «völliger Inkompetenz». Mehr als zehn Jahre blieb Cohn sein engster Berater, oft rief ihn der aufstrebende Bauunternehmer 15 bis 20 Mal am Tag an. Trump hielt sogar zu Cohn, als diesem wegen Betrugs eines Klienten die Anwaltslizenz entzogen werden sollte. Kurz darauf fand Trump allerdings heraus, dass Cohn HIV-positiv war, und begann, sich von ihm zu distanzieren.

Selbstverliebtheit und mangelnde Loyalität, später Kennzeichen von Trumps Führungsstil als Präsident, charakterisierten auch sein Verhältnis zu Frauen. Seine neue Freundin Ivana Winklmayr, ein Model aus der Tschechoslowakei, lud er ins mondäne Wintersportresort Aspen ein. Als die exzellente Skiläuferin locker am Anfänger Trump vorbeiwedelte, wurde er so wütend, dass er seine Skier abnahm, die Stiefel auszog und in Socken durch den Schnee ins Restaurant stapfte. «Er konnte es nicht ertragen, dass ich etwas besser konnte als er», sagte Ivana später.[18] Vor ihrer Hochzeit 1977 ließ Trump einen Ehevertrag aufsetzen, dessen erster Entwurf vorsah, dass Ivana im Falle einer Scheidung jedes von ihm erhaltene Geschenk zurückgeben musste. Erst auf ihre Intervention hin wurde der Passus gestrichen. Trump machte Ivana zur Vizepräsidentin für die Innenausstattung seiner Hotels, mit ihr hat er drei Kinder, Donald jr., Ivanka und Eric. Ivana erfand auch seinen Spitznamen «The Donald». Zur Scheidung kam es Anfang 1991, weil Trump eine Affäre mit der deutlich jüngeren Schönheitskönigin und Schauspielerin Marla Maples begann, die er 1993 heiratete. Der Rosenkrieg der Trumps füllte über Monate die Klatschspalten.

Ivana -Scheidung → Kinder pol. Engagiert

Bankrotteur, Comeback Kid und Fernsehstar

Finanziell lief ebenfalls nicht alles rund in Trumps Imperium, das in der Rezession der frühen 1990er Jahre unter der Last der vielen Kredite zu kollabieren drohte. 80 Prozent seiner Akquisitionen waren fremdfinanziert, insgesamt schuldete er Banken neun Milliarden Dollar. Die Übernahmen des berühmten

Plaza Hotels am Südende des Central Park und der Fluglinie Eastern Air Shuttle erwiesen sich als Fehlinvestitionen, die von ihm mitbegründete United States Football League brach rasch zusammen. Sein Ausflug ins Casino-Business von Atlantic City endete im Desaster, keine der von ihm gebauten und betriebenen Spielstätten erwirtschaftete dauerhaft Gewinn. Viermal musste die Dachgesellschaft zwischen 1991 und 2014 Insolvenz anmelden. Einmal schickte Vater Fred einen Anwalt mit einem 3,5-Millionen-Dollar-Scheck zum Casino Trump Castle, mit dem er Spielmünzen kaufte, aber nie einlöste. Mit dem Geld konnte Trump einen Zahlungsausfall verhindern.

Die Finanzprobleme brachten das sorgsam kultivierte Image eines Mannes mit dem Midas-Händchen ins Wanken. Schlimmer noch: Von 1990 bis 1995 schaffte Trump es nicht mehr auf die *Forbes*-Liste der 400 reichsten Amerikaner und musste sogar den von seinem Vater für alle Kinder eingerichteten Erbschaftsfonds beleihen, um solvent zu bleiben. Trump reagierte, wie ihm Cohn das beigebracht hatte: Er schob die Verantwortung für die Misere auf die anderen, entledigte sich durch Ausnutzen des Insolvenzrechts eines Teils der Schulden, nahm frische Kredite auf und erklärte sich zum Sieger, weil er keine Privatinsolvenz anmelden habe müssen. Neuen finanziellen Spielraum gewann Trump 1995 durch die Gründung einer Aktiengesellschaft, in die er seine drei Casinos einbrachte und die er selbst als Vorsitzender mit einer Millionenvergütung führte. Zwar stürzte der Börsenkurs vom Ausgabepreis von 32,50 Dollar 1996 bis 2004 auf 17 Cent ab, aber zumindest hatte sich Trump finanziellen Spielraum verschafft. 1996 kehrte er mit einem Vermögen von 450 Millionen Dollar auf die *Forbes*-Liste zurück. In seinem dritten Buch «Trump: The Art of the Comeback» feierte er sich 1997 als wirtschaftlichen Überlebenskünstler. Tatsächlich halfen ihm die anziehenden Immobilienpreise in Manhattan, wieder Geschäfte zu tätigen. Er übernahm die Schönheitswettbewerbe Miss USA und Miss Universe und investierte in Bauvorhaben.

Den größten Teil seines Vermögens machten seine Büro- und Mietshäuser, Resorts und Golfclubs aus, die in der Immobilien-Boomphase bis 2007 massiv an Wert zulegten. Da Trumps Firma nicht öffentlich gelistet ist, war es schwer, sein genaues Vermögen zu bestimmen. Fest steht, dass Trump sich stets reicher darstellte, als er es wirklich war. 2016 bezifferte er seinen Wert auf mehr als zehn Milliarden Dollar. Dagegen kamen Wirtschaftsjournalisten nur auf ein Drittel der Summe, beim Barvermögen auf 200 und 300 Millionen Dollar. Selbst vom Image des genialen Geschäftsmanns blieb nach Berechnungen des *Economist* nicht viel übrig. Seit 1985, als Trumps Vermögen erstmals ohne das seines Vaters taxiert wurde, erzielten seine Anlagen deutlich geringere Zuwächse als der S&P-Aktienindex der 500 größten US-Firmen oder die durchschnittliche Geschäftsimmobilie in Manhattan.[19] Zwischen 2005 und 2015 fiel Trump im Ranking der amerikanischen Milliardäre von Platz 26 auf Platz 121 zurück. Seine Gabe bestand also weniger darin, ein herausragender Unternehmer zu sein, als vielmehr darin, eine eigene Marke, ja sogar einen Mythos kreiert zu haben. David Segal von der *Washington Post* analysierte die Situation prägnant: «Die Leute, die am wenigsten von Geschäften verstehen, bewundern ihn am meisten. Und die am meisten über Geschäfte wissen, bewundern ihn am wenigsten.»[20]

Anfang der 2000er Jahre war Trump einer der bekanntesten Milliardäre der USA. Zur nationalen Zelebrität verhalf ihm jedoch erst sein Part als Produzent und Hauptdarsteller der Castingshow «Der Lehrling» (The Apprentice). In der Sendung sollten 16 Kandidaten in zwei Teams ihr wirtschaftliches Geschick unter Beweis stellen, indem sie ihnen von Trump gestellte Aufgaben meisterten. Am Ende jeder Folge schied einer aus, den Trump mit einem «You're fired» aus seinem Direktionszimmer schickte. Es schien, als ob er als Entertainer, der sich selbst spielt, die Rolle seines Lebens gefunden hatte. Mit erstaunlichem Talent, Improvisationsgabe und der ihm eige-

nen Chuzpe machte Trump die Sendung zu einem großen Erfolg für NBC. Er sprach in kurzen, ungeschminkten Sätzen und
verstand es, einen Spannungsbogen aufzubauen und Emotionen aus den Kandidaten hervorzulocken. Als ihn Hollywood-
Star Michael Douglas den besten Schauspieler im Fernsehen
nannte, antwortete Trump: «Ich schauspielere nicht. Ich bin
so.»[21]

Die erste Staffel im Jahr 2004 erreichte bis zu 27 Millionen
Zuschauer, Trump blieb bis 2015 ihr Protagonist. «The Apprentice» steigerte seine Popularität und sein Vermögen, was für
ihn sowieso Hand in Hand ging. Er wurde zu Talkshows eingeladen, erhielt einen Stern auf Hollywoods «Walk of Fame»,
war zu 50 Prozent an den Gewinnen der Show und ihren Spin-
offs beteiligt und promotete dort ungeniert seine Immobilien
und Produkte. Insgesamt verdiente er durch die Show nach
eigenen Angaben 214 Millionen Dollar. Mit vielen Namens-
Lizenzverträgen für Matratzen über Parfüm bis zu Kleidung,
hunderten von Subfirmen wie der Trump-Universität oder
dem Trump-Weingut und Honoraren von bis zu 450 000 Dollar
pro Vortrag versilberte er seine neue Prominenz. Mehr noch:
Im Reality TV konnte Trump seine Rhetorik und sein Auftreten schulen, was ihn für den ultimativen Karriereschritt vorbereitete – die Kandidatur für das Amt des amerikanischen Präsidenten.

Politische Ambitionen

Nachdem sich Trump aufgrund seiner Bauprojekte lange nur
für die Lokalpolitik interessiert hatte, begann er Ende der
1980er Jahre, große nationale und internationale Fragen zu
kommentieren. 1987 schaltete er in der *New York Times*, der
Washington Post und dem *Boston Globe* ganzseitige Anzeigen
für 95 000 Dollar mit folgender Botschaft an «das amerikanische Volk»: «Seit Jahrzehnten übervorteilen Japan und andere

Nationen die USA.... Warum zahlen diese Nationen den Vereinigten Staaten nicht für die Menschenleben und Milliarden von Dollar, die wir verlieren, um ihre Interessen zu schützen?» Mit diesem Geld könnte Amerika «unseren Farmern, unseren Kranken und unseren Obdachlosen» helfen. Seine Anzeige endete mit den Worten: «Lassen Sie es nicht zu, dass unser großartiges Land weiterhin verlacht wird.»[22] Immer wieder attackierte er Banker der Wall Street als Finanzjongleure und Japan wegen seiner kolossalen Handelsbilanzüberschüsse. Den Politikern warf er vor, mit anderen Staaten nicht hart genug zu verhandeln, dazu brauche es Leute aus der Geschäftswelt. Mit solchen Aussagen heizte Trump Spekulationen über eine mögliche Kandidatur bei den Präsidentschaftswahlen 1988 an, zumal er verkündete: «Ich denke, wenn ich mich bewerben würde, würde ich gewinnen.»[23] Aber letztlich stieg er nicht ins Rennen ein.

1989 erregte Trump erneut Aufsehen mit einer Großanzeige. Nachdem eine Joggerin im Central Park vergewaltigt und halbtot geprügelt worden war, hatte die Polizei fünf Jugendliche zwischen 14 und 16 Jahren verhaftet. «FÜHRT DIE TODESSTRAFE WIEDER EIN. BRINGT UNSERE POLIZEI ZURÜCK!», forderte Trump in Großbuchstaben in mehreren Tageszeitungen. Angesichts der ethnischen Zugehörigkeit der Verdächtigen – vier Schwarze und ein Hispanic – haftete der Aktion ein rassistischer Unterton an. Obwohl 2002 der wahre Vergewaltiger gestand und die «Central Park Five» freikamen, hielt Trump ohne jeden Beleg daran fest, sie seien Verbrecher. Zudem behauptete er, gut ausgebildete schwarze Männer hätten es in den USA leichter als gutausgebildete weiße. Bei all diesen provokativen und polarisierenden Äußerungen gab sich Trump dezidiert antiintellektuell, populistisch und konservativ und gebärdete sich als Sprachrohr der weißen Arbeiterschaft. Er erzielte starke Resonanz, «weil sein Stil wie maßgeschneidert war für die Schlagzeilenschreiber»[24].

Im Präsidentschaftswahlkampf 2000 bewarb sich Trump kurz

um die Nominierung der Reform Party, der vom Milliardär Ross Perot 1995 gegründeten Partei. Dabei präsentierte er sich als Linker in sozialen Fragen und setzte sich für die Aufnahme offen homosexueller Männer in die Streitkräfte und für eine universelle Krankenversicherung ein. Schon früher hatte er das Recht auf Abtreibung und eine Vermögenssteuer für Superreiche befürwortet. Gleichzeitig attackierte er Japan, das «uns im großen Stil abzockt», Deutschland, das «die Welt wirtschaftlich übernehmen will», und Frankreich, dem man «Respekt beibringen» müsse.[25] Er beauftragte Roger Stone, einen Gefolgsmann Roy Cohns, ein Wahlkampfkomitee zusammenzustellen, zog sich nach einigen Achtungserfolgen indes wieder zurück. Viele hielten seinen Flirt mit der Kandidatur für das höchste Amt im Land für einen Trick, mit dem er öffentliches Interesse für seine Person und seine Immobilien generieren wollte. Auf jeden Fall sagte ein Trump-Berater einer Zeitung, während andere Kandidaten Unsummen für ihre Wahlkämpfe ausgäben, verdiene Trump mit seiner Präsidentschaftskandidatur Geld.[26]

In den darauffolgenden Jahren mischte sich Trump seltener in politische Debatten ein. Zwar unterstützte er 2008 John McCain als republikanischen Bewerber, aber erst nach der Amtsübernahme Barack Obamas meldete er sich regelmäßig zu Wort. 2010 drängte Trumps Anwalt Michael Cohen die Klatsch-Illustrierte *National Enquirer*, seinen Boss als Präsidentschaftskandidaten zu promoten. Im folgenden Jahr setzte sich Trump an die Spitze einer Verschwörungstheorie, der Geburtler-Bewegung (Birthers), die behauptete, Obama sei nicht in den USA geboren und deshalb unrechtmäßig ins Weiße Haus eingezogen. Diese Idee mit rassistischer Konnotation kursierte bei Anti-Obama-Fanatikern auf der äußersten Rechten, auf die Trump mehr und mehr zuging. Bei einer Veranstaltung des radikalen Tea Party-Flügels der Republikanischen Partei porträtierte er sich als wahren Konservativen, der gegen Steuern, gegen Abtreibung und gegen Waffenkontrolle sei, und

Trump steigt mit Mythos gg. Obama in Politiker

versprach, Obamacare – die Gesundheitsreform des Präsidenten – abzuschaffen. Doch kaum jemand nahm Trumps Ankündigungen ernst, fast alle taten sie als Marketing-Manöver für seine Geschäfte ab. Und sie behielten Recht: Wie jedes Mal zuvor erklärte Trump auch 2011, bei den Wahlen nicht anzutreten. Da er mittlerweile 64 Jahre alt war, schien sich eine politische Karriere erledigt zu haben.

2. «Make America Great Again»: Vom Kandidaten zum Präsidenten

Am Vormittag des 16. Juni 2015 fuhr Trump die Rolltreppe in die untere Lobby seines Tower hinab, einige Stufen hinter seiner dritten Frau Melania, einem slowenischen Model, das er 1998 kennengelernt und 2005 geheiratet hatte. Zum Sound von Neil Youngs «Rockin' in the Free World» ging er zu einem Pult mit der Aufschrift «Trump» und dem Slogan «Make America Great Again». Mit acht Flaggen im Hintergrund erklärte er vor hunderten Zuhörern, darunter viele eigens über eine Agentur angeheuerte Claqueure, seine Kandidatur für die Präsidentschaft. In einer weitgehend aus dem Stegreif gehaltenen Rede setzte Trump die Themen seiner Kampagne: Die USA würden dauernd von ihren Gegnern wie China, Japan und Mexiko geschlagen, das Land erringe keine Siege mehr, der Irakkrieg sei ein Fiasko gewesen, Politiker redeten nur und täten nichts, als «wirklich reicher» Kandidat brauche er das Geld der Lobbyisten und Interessengruppen nicht, Obama sei ein katastrophaler Verhandler und schwacher Führer. Als Präsident werde er das Militär wiederaufbauen, mit aggressiver Zollpolitik ins Ausland verlagerte Jobs zurückbringen, Obamacare abschaffen, eine «großartige, großartige» Mauer an der US-Südgrenze errichten und sie Mexiko bezahlen lassen, die heruntergekommene Infrastruktur verbessern, Handelsverträge überarbeiten und die Staatsschulden reduzieren. Er versprach, niemand werde «härter gegen [die islamistische Terrororganisation] IS vorgehen als Donald Trump», und er werde «der größte Jobs-Präsident sein, den Gott je geschaffen hat». Für das stärkste Aufsehen sorgte er mit seinen Äußerungen zu mexikanischen Einwanderern: «Sie bringen Drogen. Sie bringen Verbrechen.

Sie sind Vergewaltiger. Und einige, nehme ich an, sind gute Leute.»[1]

Mit solchen fremdenfeindlichen Sätzen stellte sich Trump gezielt außerhalb des Mainstreams der amerikanischen Politik, selbst von führenden Republikanern hagelte es Kritik. Dass er sich überhaupt für die Nominierung dieser Partei bewarb, war nicht selbstverständlich. Er hatte seit 1999 sieben Mal die Parteizugehörigkeit gewechselt, den Demokraten und Republikanern bis 2010 gleich viel Wahlkampfspenden zukommen lassen und gute Beziehungen zu Hillary Clinton gepflegt, der Senatorin von New York und späteren Außenministerin. Mit seiner Tirade gegen illegale Immigranten erreichte Trump freilich dreierlei: Er brach ein für alle Mal mit seiner Vergangenheit als Sympathisant der Demokraten, er sicherte sich mediale Aufmerksamkeit, und er besetzte das Vakuum am rechtspopulistischen, nativistischen Rand des großen republikanischen Bewerberfelds.

Trotzdem räumten ihm Experten so gut wie keine Chancen ein, die Nominierung oder gar die Präsidentschaft der USA zu gewinnen. Seiner Kandidatur fehlte nämlich fast alles, was nach der in Politik wie Politikwissenschaft herrschenden Meinung Erfolg versprach: Trump hatte nie ein politisches oder militärisches Amt innegehabt, das ihm als Sprungbrett ins Weiße Haus dienen konnte, das Parteiestablishment stand geschlossen gegen ihn, er vertrat extreme Positionen und verfügte über kein professionelles Wahlkampfteam. Seine Aussagen zu Freihandel, weltpolitischem Engagement und Bündnispartnern widersprachen zentralen republikanischen Überzeugungen und erinnerten eher an das Programm eines unabhängigen Bewerbers. Zudem galt Trump als sprunghaft, unnötig konfrontativ und fachlich unbedarft. Kurzum: Die meisten Beobachter hielten seine Kandidatur für einen Werbegag, mit dem «The Donald» sich und seinen Firmen wieder einmal Beachtung verschaffen wollte – vor allem, da seine TV-Show, die ihm seit 2004 nationale Publizität sicherte, zwei Drittel ihrer

Zuschauer verloren hatte. Dass er diesmal wirklich seinen Hut in den Ring warf, dürfte einen weiteren Grund gehabt haben: Trump war zwei Tage vor der Ankündigung seiner Kandidatur 69 Jahre alt geworden, und es war, realistisch betrachtet, seine letzte Chance, einen großen Wahlkampf zu führen.

Trump stieg ohne Masterplan oder solide Vorbereitung ins Rennen um die Präsidentschaft ein, ganz im Vertrauen auf seine Fähigkeit, Erfolg ausstrahlen, die Fantasie anregen, Stimmungen lesen und improvisieren zu können. Wegen seiner landesweiten Prominenz musste er keine teure Fernsehwerbung schalten, um sich bekannt zu machen. Auch verfügte Trump über genügend Privatvermögen für die Finanzierung seines Wahlkampfs und war nicht wie andere Kandidaten darauf angewiesen, dauernd Spenden zu akquirieren. Schließlich verkörperte Trump perfekt den Typ des in den USA schon fast mythisch verklärten politischen Außenseiters, der unbestechlich die Machenschaften der Berufspolitiker durchkreuzt. In «Mr. Smith goes to Washington» mit James Stewart in der Hauptrolle hatte Hollywood dieser Figur 1939 ein filmisches Denkmal gesetzt. Seit Vietnamkrieg und Watergate-Affäre betonten Präsidentschaftsbewerber wie selbstverständlich, nichts mit «Washington» zu tun zu haben. 2002 und 2003 waren politische Novizen wie der Milliardär Michael Bloomberg Bürgermeister New Yorks und der Kinostar Arnold Schwarzenegger Gouverneur Kaliforniens geworden. Aber all diese Pluspunkte hätten wohl in den Jahrzehnten davor nicht ausgereicht, um Trump zu einem ernsthaften Kandidaten für das Weiße Haus zu machen. Jetzt, 2015, war das anders; zwei Dinge hatten sich grundlegend verändert: Das Land war parteipolitisch so gespalten wie zu keinem anderen Zeitpunkt in seiner Geschichte, und der rapide wirtschaftliche und gesellschaftliche Wandel seit dem Ende des Kalten Kriegs und die schwere Rezession nach der Finanzkrise 2008 hatten bei vielen Amerikanern der unteren Mittelschicht massive Zukunftsängste ausgelöst.

In den 1950er Jahren bildeten Republikanische und Demokratische Partei noch lose Organisationen, in denen sich Wähler und Politiker unterschiedlichster Anschauungen versammeln konnten. Fraktionsdisziplin, weltanschauliche Geschlossenheit, nationale Wahlprogramme, Parteigehorsam waren deshalb historisch so gut wie unbekannt in der US-Politik. Der Sieg über Deutschland und Japan, der immense wirtschaftliche Aufschwung und die Herausforderung durch den Sowjetkommunismus hatten die Nation stärker zusammengeschweißt, als sie es seit dem Bürgerkrieg je war. Die Einigkeit beruhte allerdings darauf, dass man große Themen wegdrückte: die Diskriminierung der Schwarzen in den Südstaaten, die Emanzipation der Frauen, die gesellschaftliche Modernisierung. Sie brachen sich in den 1960er Jahren Bahn, Bürgerrechts- und Frauenbewegung, Anti-Vietnam-Proteste, sexuelle Befreiung und Bildungsexplosion katapultierten die USA in eine neue Ära. Es waren insbesondere die besser ausgebildeten Babyboomer, die geburtenstarken Jahrgänge der Nachkriegszeit, die gegen den Status quo rebellierten. Nicht ohne Erfolg: Washington stärkte die Rechte der Schwarzen und zog die Truppen aus Vietnam ab, gesellschaftliche und sexuelle Tabus zerbrachen. Doch die 1960er sahen auch die Morde an John F. und Robert Kennedy und an Martin Luther King, Drogenmissbrauch, Massenproteste, Rassenkrawalle.

Die laute Revolution führte zur stillen Gegenrevolution. Konservativen waren die Reformen und das sie begleitende Chaos ein Gräuel. Nirgendwo wurde dies deutlicher als in den Südstaaten. Viele dort lebende Weiße, seit dem Bürgerkrieg treue Parteigänger der Demokraten, verübelten den Präsidenten Kennedy und Lyndon Johnson ihren Einsatz für die Schwarzen und wandten sich von ihnen ab. Die Neuausrichtung (realignment) des Südens der USA war aber nur ein Faktor in der beginnenden weltanschaulichen Selbstsegregation der Parteien: Strenggläubige Christen, Gegner der diversen Emanzipationsbestrebungen, Kritiker des Wohlfahrtsstaats und aller Arten von Regulierungen, Advokaten von drastischen Gesetzen gegen Kriminalität und Drogen sahen ihre politische Heimat zunehmend bei den Republikanern; ethnische und sexuelle Minderheiten, religiös Ungebundene, Umweltschützer und Unterstützer von Sozialprogrammen kehrten ihr den Rücken. Mit George McGovern 1972, Walter Mondale 1984 und Michael Dukakis 1988 nominierte die Demokratische Partei dezidiert linke Präsidentschaftsbewerber. Dagegen hofierten Republikaner wie Richard Nixon (1969–74) und Ronald Reagan (1981–89) die «schweigende Mehrheit» wertkonservativer und evangelikaler Wähler. Beide verfolgten zugleich eine «Südstaatenstrategie» (Southern strategy), die dort lebende Weiße mit latent antischwarzen Parolen wie «Recht und Ordnung», «Rechte der Bundesstaaten» und «Kampf gegen Quoten» an sich binden wollte.[2]

Das Parteiensystem, in dem lange Jahrzehnte ein Demokrat aus dem Süden in vielen sozialen und politischen Fragen konservativer war als ein Republikaner aus den Neuengland-Staaten, begann sich neu zu ordnen. Seit den 1970er Jahren rückten die Demokratische Partei etwas nach links und die Republikanische massiv nach rechts. Zwar konnte sich bei den Republikanern 1988 und 1992 mit George H. W. Bush noch einmal ein Vertreter des moderaten Flügels als Präsidentschaftskandidat durchsetzen, aber die konservativen Kräfte gewannen zusehends an Gewicht. Beim Nominierungsparteitag der Republikanischen Partei 1992 in Houston rief der Rechtspopulist Pat Buchanan einen «Kulturkrieg» gegen das linke Amerika aus und setzte viele seiner Forderungen im Wahlmanifest durch.

Zwei Jahre darauf war es Newt Gingrich, der die republikanischen Kongresskandidaten bei den Zwischenwahlen erstmals auf ein konservatives nationales Wahlprogramm einschwor. Dieser «Contract with America» wollte Strafen für Kriminelle verschärfen, Sozialprogramme streichen, Steuern reduzieren, weniger mit der Uno kooperieren, die Rechte der Einzelstaaten ausbauen und die Familien stärken.[3] Der Erfolg gab Gingrich Recht: Die Republikaner gewannen 54 Sitze dazu und eroberten nach 40 Jahren wieder das Repräsentantenhaus, er selbst wurde einflussreicher Sprecher der Kammer. Seither verschärft sich die parteipolitische Polarisierung dramatisch. Moralisch aufgeladene «Keilthemen» (wedge issues), bei denen Kompromisse kaum möglich sind, dominieren die politische Auseinandersetzung. Bei Abtreibung, Todesstrafe, Schulgebet, Waffenkontrolle, LGBT-Rechten gibt es meist nur ein Ja oder Nein. Evangelikale Prediger wie Jerry Falwell sr. mit seiner Organisation «Moral Majority», Pat Robertson mit «Christian Coalition of America» und James Dobson mit «Focus on the Family» trugen ihre rigorosen Moralvorstellungen tief in die Republikanische Partei hinein. Die Sex-Eskapaden von Präsident Bill Clinton und das anschließende Impeachment-Verfahren 1998 beförderten die Neusortierung der Wähler weiter.

Veränderungen in der Medienlandschaft intensivieren diesen Trend. Lange Jahrzehnte dominierten die drei TV-Anstalten *ABC*, *CBS* und *NBC* die politischen Informationssendungen. 1993 sahen 60 Prozent der Amerikaner deren Abendnachrichten. Die große Bandbreite an Zuschauern zwang die Sender, sich bei Auswahl und Kommentierung der Themen in der Mitte der Gesellschaft zu positionieren. Mit dem Durchbruch von Kabelkanälen explodierte die Zahl der Anbieter und sanken die Einschaltquoten bei den traditionellen Nachrichtenshows um zwei Drittel. In erster Linie die Republikaner schufen sich seither ihre eigene abgeschottete Medienwelt. Am wichtigsten war 1996 die Gründung von *Fox News*, das sich unter Roger Ailes in den darauffolgenden 20 Jahren zum konservativen Leitmedium entwickelte. Flankiert wurde der Sender von rechten Talk-Radio-Moderatoren wie Rush Limbaugh und Glenn Beck. Sie waren die ersten, die «liberal» synonym für «links» und als Schimpfwort verwendeten.

Konservative Websites wie *Drudge Report* und *Breitbart News* komplettieren die ideologische Echo-Kammer der Republikaner. Rechte Medienwelt und Politik sind mittlerweile symbiotisch verwoben. So war es maßgeblich Beck, der mit Geld der milliardenschweren Koch-Brüder 2009 die ultrakonservative und Obama-verabscheuende Tea Party-Bewegung innerhalb der Republikanischen Partei aus der Taufe hob und groß machte.[4] Obwohl es auch linke TV-Kanäle wie *MSNBC* gibt, ist deren Reichweite geringer als die von *Fox News*. Demokraten nutzen breitere Informationsquellen als die Republikaner, darunter bewährte Mainstream-Medien wie die *New York Times*, die *Washington Post* sowie die nichtkommerziellen Fernseh- und Radiosender *PBS* und *NPR*. Insgesamt verstärken das Internet und die Sozialen Medien die Tendenz bei den Wählern, nur mehr Nachrichten und Kommentare an sich heranzulassen, die die eigene Weltsicht bestätigen. Bürger am rechten und linken Ende des politischen Spektrums leben heute in parallelen Medienuniversen, die sich kaum noch berühren.[5]

Dazu kommt die räumliche Selbstisolation: Demokraten wohnen in Städten und bevölkerungsreichen Suburbs, Republikaner in dünnbesiedelten Gebieten. Der parteipolitische Graben zwischen Stadt und Land ist heute tiefer als der nach Einkommen, Alter, Geschlecht oder Ausbildung. Das ist die Folge davon, dass ländliche Wähler häufiger weiß, älter, religiöser und weniger gebildet sind als Wähler in urbanen Zentren und es auf dem Land mehr Farmer und Freiberufler gibt. Städte hingegen sind das natürliche Habitat von Studenten, Intellektuellen, Künstlern, Atheisten und Minoritäten. Die Anhänger der beiden Parteien entfernen sich nicht zuletzt deshalb weltanschaulich voneinander, weil sie sich räumlich selten begegnen. Politiker und Wähler treiben sich also gegenseitig zu immer kompromissloseren Positionen.[6] Da es nur noch wenige Wechselwähler gibt, werden Wahlen gewonnen, indem man die eigenen Anhänger mobilisiert und den Gegner und seine

Agenda verteufelt. Dies hat fatale Auswirkungen auf den Regierungsalltag: Gehört der Präsident einer anderen Partei an (divided government), versucht die oppositionelle Kammer, ihn mit allen Mitteln zu sabotieren. Kompromiss, das Lebenselixier der amerikanischen Demokratie, wird fast unmöglich, Lähmung (gridlock) dominiert.

Neben der parteipolitischen Polarisierung gibt es einen zweiten Megatrend: den rapiden und tiefgreifenden Wandel nahezu aller Lebensbereiche. Technologischer Fortschritt, wachsende Bildungsunterschiede, Globalisierung, Immigration, Emanzipation lange benachteiligter Gruppen ließen die festen Strukturen zerfallen, die das Dasein bisher prägten. Während die gutausgebildeten Eliten diese beispiellose Dynamik und neue Mobilität als Chance begreifen und davon profitieren, fühlen sich andere dadurch in Wohlstand und Lebensart bedroht und wollen den Nationalstaat als Beschützer vor Unsicherheit und Veränderung stärken. Das alles sind keine neuen Entwicklungen, aber sie haben sich seit dem Ende des Kalten Kriegs potenziert.

Die Große Rezession, die schwerste Wirtschaftskrise der USA seit den 1930er Jahren, wirkte als weiterer Brandbeschleuniger: Eine Studie der *Brookings Institution* und des *Wall Street Journal* belegt, dass die ländlichen republikanischen Wahlkreise mit ihren traditionellen Wirtschaftssektoren wie Bergbau, Landwirtschaft und Industrie und ihrem eher niedrigen Qualifikationsniveau in den zehn Jahren nach 2008 ökonomisch stagnierten.[7] Dagegen wuchs das Bruttoinlandsprodukt (BIP) rasch in den städtischen demokratischen Wahlkreisen, wo Dienstleistungs-, Technologie- und Digitalbranchen mit eher höherem Qualifikationsniveau dominieren. Peter Winkler, der Washington-Korrespondent der *Neuen Zürcher Zeitung*, analysiert: «Eine in ihrem Selbstverständnis und früher auch tatsächlich dominierende Bevölkerungsgruppe – die weiße Mehrheit im ‹heartland› – wird von einer anderen, früher als unterlegen betrachteten Gruppe mit immer mehr Dunkelhäutigen unübersehbar überholt.»[8] Während in den abgehängten Regionen Perspektivlosigkeit, Zukunftsangst und Politikverdrossenheit grassieren, herrschen in den boomenden Ballungszentren Optimismus und Aufbruchsstimmung. Ersteres geht meist mit einer Verschiebung nach rechts, hin zu konservativeren Haltungen einher, Letzteres führt oft zu einer Hinwendung zu linken, progressiven Standpunkten. Die Folge: Die politische Spaltung der Nation verschärft sich weiter.

Schon 2004 hatte der Journalist Thomas Frank in seinem Buch «What's the Matter with Kansas? How Conservatives Won the Heart of America» argumentiert, dass kulturelle Keilthemen die weiße Arbeiterklasse veranlassten, der Demokratischen Partei den Rücken zu kehren. Diese Entwicklung strebte nun ihrem Höhepunkt entgegen. Die Politikwissenschaftlerin Katherine Cramer zeigte 2016 in ihrem Buch «Die Politik des Ressentiments», wie stark sich im ländlichen Wisconsin der Groll auf die «liberale Elite» in den Städten, in Washington und an den Küsten der USA verfestigt hatte. Viele Bürger waren überzeugt, nicht ihren fairen Anteil an politischer Mitsprache und an staatlichen Unterstützungsprogrammen zu erhalten. Besonders ärgerte sie die vermeintliche Arroganz des Establishments, das auf ihre Werte herabblickte und ihnen Respekt für ihre Lebensart versagte.[9] Im folgenden Jahr erzählte James David Vance in «Hillbilly-Elegie: Die Geschichte meiner Familie und einer Gesellschaft in der Krise» von zerstobenen Aufstiegshoffnungen und der Resignation einer ganzen Bevölkerungsschicht im «Rostgürtel» der Vereinigten Staaten, der ehemaligen Industrieregion um die Großen Seen, und im dünn besiedelten Hinterland.[10] Die Spaltung drückt sich sogar in der Lebenserwartung aus. Während sie für alle anderen gesellschaftlichen Gruppen in den vergangenen 20 Jahren gestiegen ist, fällt sie für Weiße mit maximal einem Highschool-Abschluss wegen der wachsenden Raten von Suiziden, Opioid-, Drogen- und Alkoholmissbrauch sowie Fettleibigkeit stetig. Der wichtigste Grund: Da die Reallöhne der Angehörigen die-

Erklärung: rechtsverschiebung

ser Gruppe seit Dekaden stagnieren, gelten sie als schlechtes «Heiratsmaterial», was wiederum zu Vereinzelung und Verzweiflung führt.[11]

Forscher der Universität Minnesota stellten fest, dass sich viele Weiße «als bedrängte oder sogar benachteiligte Gruppe [sahen], und das führte sowohl zu einer starken Identität untereinander als auch zu einer größeren Toleranz von feindlichen Äußerungen gegenüber anderen Gruppen»[12]. Rassismus und Fremdenfeindlichkeit wurden hoffähig. Der Internet-Datenexperte Seth Stephens-Davidowitz wies 2014 durch Auswerten der Google-Suchanfragen nach, dass rassistische Einstellungen nicht nur wie erwartet in den Südstaaten, sondern auch im Norden der USA überdurchschnittlich verbreitet waren – unter anderem in West-Pennsylvania, Ost-Ohio, Nord-Wisconsin und im industriell geprägten Michigan.[13] Es gab vor den Präsidentschaftswahlen 2016 also ein Reservoir von enttäuschten und wütenden Menschen, die darauf warteten, dass sich jemand ihrer Frustrationen annahm, Schuldige für ihre Misere identifizierte und Lösungen verhieß. Trump schürte ihre Ängste und bot sich zugleich als Retter an. Schon zu seinem ersten größeren öffentlichen Auftritt in Phoenix Anfang Juli 2015 strömten mehr als 4000 Anhänger – ein Vielfaches der Menge, die andere Kandidaten mobilisieren konnten – und jubelten ihrem Idol zu, wann immer er gegen illegale Einwanderer wetterte.

Trump vs. 16: Der Kampf um die Nominierung

Was Politikwissenschaftler und Journalisten erst langsam zu verstehen begannen, erfasste Trump mit seinem sicheren Instinkt dafür, was Menschen bewegt, sehr schnell. Seit Jahrzehnten hatte er mit seinen Attacken auf angeblich unfaire Handelspartner, die USA übervorteilende Alliierte, teure Militärabenteuer, bevorzugte ethnische Minderheiten und schwache Karrierepolitiker kaum reüssiert. Dass diese Themen unter den richtigen Umständen verfangen konnten, hatte in der Wirtschaftskrise der frühen 1990er Jahre indes schon ein anderer exzentrischer Milliardär bewiesen: Ross Perot, reich geworden mit IT-Dienstleistungen, kandidierte als parteiloser Bewerber bei der Präsidentschaftswahl 1992 und erreichte mit 19 Prozent der Stimmen den höchsten Wähleranteil eines Drittkandidaten seit acht Dekaden. In den folgenden Jahren des Clinton-Booms und des Anti-Terror-Kriegs nach 9/11 gewannen die beiden großen Parteien wieder an Zuspruch, aber es blieb ein Grundstock an desillusionierten Bürgern, der in Folge der Großen Rezession seit 2008 noch anwuchs.

Nach Obamas Wahlsieg formierte sich in der Republikanischen Partei der radikale Tea Party-Flügel, der staatliche Bankenrettung und Schuldenpolitik vehement bekämpfte, allerdings auch rassistische und antielitäre Positionen vertrat. Diese Gruppe, von Trump schon Jahre zuvor umworben, wurde zentral für seinen Sieg bei den Vorwahlen.[14] Dabei bestand seine Kampagne zu diesem frühen Zeitpunkt im Kern aus ihm, seinem Flugzeug und seinem Twitter-Konto. In seinem kleinen Organisationsteam fanden sich keine arrivierten Politikberater, weil die besten bereits bei den vermeintlich aussichtsreicheren Kandidaten angeheuert hatten. Trump war das egal: Er wollte sich sowieso als starken Mann präsentieren, der seine Entscheidungen ohne Rücksicht auf Umfragen und Experten traf.

Bei Reden in den frühen Vorwahlstaaten Iowa und New Hampshire wiederholte er die polarisierenden Botschaften aus seiner Ansprache im Trump Tower und spielte mit den Vergeltungsfantasien der Wutbürger. In Arizona traf er Joe Arpaio, den wegen seiner brutalen Praktiken gegenüber illegalen Einwanderern berüchtigten Sheriff. Trump sah, welch große Resonanz ihm seine Attacken auf Nicht-Weiße einbrachten. Das republikanische Establishment war darüber nicht glücklich, weil eine Wahlanalyse der Niederlage ihres Kandidaten Mitt

Romney gegen Obama 2012 gezeigt hatte, dass sie insbesondere auf das schlechte Abschneiden bei ethnischen Minderheiten zurückging.[15] Noch glaubten die Granden der Partei, Trump habe keine Chance auf die Nominierung, könne ihnen aber neue Unterstützer erschließen – in der Tat nahm mit 15 Prozent ein höherer Anteil der Bürger an den republikanischen Vorwahlen teil als jemals zuvor. Manche befürchteten sogar, dass Trump, wenn man ihn zu deutlich kritisierte, als Unabhängiger antreten und Stimmen vom republikanischen Kandidaten abziehen würde.[16] Doch schon Mitte Juli überholte Trump in den Umfragen den bisherigen Spitzenreiter Jeb Bush, den langjährigen Gouverneur von Florida, Sohn und Bruder zweier Präsidenten und Favoriten des Parteiestablishments. Selbst ein moderater Kandidat wie der Gouverneur von Ohio John Kasich musste eingestehen, dass «Trump einen Nerv im Land traf».[17]

Bei der ersten TV-Debatte der zehn von 17 republikanischen Bewerber mit den besten Umfragewerten Anfang August 2015 drohte Trump damit, als Unabhängiger anzutreten, falls ihn die Partei nicht nominiere. Im September konnte der Geschäftsführer der Republikaner, Reince Priebus, ihn dazu bewegen, ein Loyalitätsgelöbnis zu unterzeichnen, den Sieger der Vorwahlen zu unterstützen. In Wahrheit hatte Trump gewonnen: Sein Platz auf den Wahlzetteln war nun garantiert, er hatte die Debatte dominiert und Priebus gezwungen, ihn zu umwerben. Damit unterstrich er, dass seine Kampagne kein Werbetrick und er ein ernsthafter Kandidat war. In den Umfragen blieb Trump auf Platz 1. Ein Bewerber wie er mit extremen Positionen und großem Unterhaltungswert konnte sich in diesem größten Kandidatenfeld der Geschichte leichter Aufmerksamkeit sichern als früher, als die Parteibosse nur eine Handvoll ausgewählter Schwergewichte antreten ließen. Dabei half Trump, dass die gemäßigten Politiker sich gegenseitig Stimmen abjagten. In die Vorwahlen Anfang 2016 ging er als Front-Runner. Bis Mitte März gewann er in 19 der 28 Staaten, wobei er meist deutlich vor den jeweils Zweitplatzierten lag. Neben Trump waren seitdem nur mehr Ted Cruz, ein erzkonservativer Senator aus Texas, und Kasich im Rennen. In ihrer Verzweiflung stellten sich viele Establishment-Figuren hinter den ungeliebten Cruz, um Trump noch zu verhindern. Aber dessen Kandidatur hatte eine unaufhaltsame Eigendynamik entwickelt. Am 26. Mai erreichte Trump die für eine Nominierung am Parteitag notwendige Mehrheit der Delegierten.

Mit seinem Sieg hatte Trump viele bis dato geltende Regeln erfolgreichen Wahlkampfens außer Kraft gesetzt: Er verfügte nur über ein kleines, zweitklassiges Beraterteam und gab mit 76 Millionen Dollar weit weniger für seinen Wahlkampf aus als Bush, Cruz und Marco Rubio, der Senator aus Florida. Er hielt nichts von Mikroanalysen des Wählerverhaltens oder an Fokusgruppen getesteter TV-Werbung und versuchte gar nicht erst, präsidial zu wirken. Nicht einmal seinen Steuerbescheid machte er öffentlich, wie es für Präsidentschaftsbewerber seit Mitte der 1970er Jahre Usus war. Informationen über den Gesundheitszustand, die Spitzenkandidaten seit den 1990er Jahren bereitstellen, beschränkte er auf einen knappen Brief seines Arztes. Dieser mündete in der offenbar von Trump diktierten Aussage, sein Patient sei «das gesündeste Individuum, das je ins Präsidentenamt gewählt wird».[18] Da Trump jedoch im Gegensatz zu den anderen Kandidaten bei seinen Auftritten keine vorbereitete Standardrede hielt, sondern stets neue Tabubrüche bot, blieb er für die Medien interessant und konnte auf freie Berichterstattung bauen. Zur Trump-Show gehörte, dass er seine Gegner mit beleidigenden Spitznamen überzog: Bush nannte er «Niedrigenergie-Jeb», Cruz «Lügender Ted», Rubio «Kleiner Marco». Ab und zu rief er bei seinen Wahlveranstaltungen dazu auf, Gegendemonstranten «aufzumischen» oder «die Hölle aus ihnen rauszuprügeln», einmal sagte er sogar, er würde einem von ihnen «gern ins Gesicht schlagen».[19] Mit solchen Provokationen gelang es ihm, seine Unterstützer aufzuputschen, die Wahlkampfberichterstattung zu dominieren und den Rivalen Aufmerksamkeit zu entziehen.

Tadel aus den Mainstream-Medien für seine Ausfälle quittierte Trump, indem er ihre Berichte als «Fake News» denunzierte und sie etwa als «Scheiternde New York Times» und «Unehrliche Presse» beschimpfte. Im neuen Zeitalter der ideologischen Kabelsender und sozialen Medien brauchte er die traditionellen Informationskanäle nicht mehr, vielmehr kommunizierte er direkt mit seinen Anhängern: entweder über Interviews mit dem ihm gewogenen TV-Sender *Fox News*, dem Leitmedium der rechten Szene, dessen Botschaften einflussreiche Talk-Radio-Moderatoren und Internetorgane verbreiteten. Oder er wendete sich per Twitter an seine sieben Millionen Follower. Während der Vorwahlen hielt Trump 186 Rallys, meist vor Tausenden Fans. Seine Wahlkampfauftritte waren Spektakel, angesiedelt irgendwo zwischen Selbstglorifizierung, Massenekstase und Volksfest. Häufig skandierte die Menge «Build that wall». Trumps unverblümte Wortwahl, seine Gedankensprünge, seine wenig stringenten Sätze und sein einfaches Vokabular erhöhten in den Augen seiner Fans seine Authentizität und Bodenständigkeit. Jetzt kam ihm eine Einsicht zugute, die er in einem seiner Bücher preisgegeben hatte: «Es war für mich eine tiefgreifende Erfahrung, festzustellen, dass Oberflächlichkeit clever sein kann.»[20] Zudem spielte Trump mit Verschwörungstheorien, etwa, dass Impfen Autismus auslöse, Windräder Krebs verursachten oder die Clintons in den Tod eines Beraters involviert gewesen seien, und biederte sich damit bei irrationalen politischen Randgruppen an.[21]

Oft bediente er sich der «Hundepfeifen-Politik» (dog whistle politics), indem er Codes benutzte, die der breiten Öffentlichkeit unverdächtig erschienen, indes an rassistische, antiislamische oder fremden- und frauenfeindliche Ressentiments seiner Zielgruppe appellierten. Das Bezweifeln von Obamas Geburtsort fiel darunter, aber auch der Vorwurf gegen *Fox*-Moderatorin Megyn Kelly, die ihm harte Fragen angeblich nur stellte, weil «Blut überall aus ihr herauskam»[22]. Er argwöhnte öffentlich, ob ihm ein Richter mit mexikanischen Vorfahren einen fairen Prozess geben könne.²³ Begriffe wie «America First», «Mauerbau» und «illegale Einwanderer», selbst sein Slogan «Make America Great Again», abgekupfert von Reagans Wahlkampf 1980, wurden von vielen als ein Versprechen für eine Nation gesehen, in der die Weißen dauerhaft den Ton angäben. Wenn es ihm passte, fachte Trump solche Stereotypen mit erwiesen falschen Behauptungen an wie etwa der, er habe im Fernsehen gesehen, wie «tausende und tausende Leute» den Einsturz des World Trade Center in den Straßen von Jersey City mit seinem «hohen arabischen Bevölkerungsanteil» bejubelten.²⁴ Der Aufstieg des Islamischen Staats (IS) im Nahen Osten und die schlimmsten islamistischen Terroranschläge seit 9/11 vom Dezember 2015 in San Bernardino und vom Juni 2016 in Orlando, bei denen 63 Menschen starben, waren Wasser auf die Mühlen seiner Kampagne. Der Psychologe Steven Hassan argumentierte, Trump nutze gezielt eine «Furchtindoktrination», um bei seinen Anhängern Ängste zu wecken und sich dann als Erlöser zu präsentieren. Das sei «die mächtigste und universellste Technik» im Arsenal jedes Sektenführers.²⁵ Trump, der sich ohnehin bisweilen direkt der Sprache der Rassenhetze (race-baiting) bediente, rief ganz in diesem Sinne dazu auf, die Folter für Terrorverdächtige wieder einzuführen, die Familien von IS-Terroristen zu töten und Muslimen die Einreise zu verbieten – dabei waren die Attentäter von 2015 und 2016 allesamt US-Bürger gewesen.

In den Vorwahlen bewies Trump, wie wichtig es war, hochmotivierte, ganz auf den Kandidaten eingeschworene Anhänger hinter sich zu bringen. Er prahlte, seine Fans seien so loyal, dass «ich auf der Fifth Avenue stehen und jemanden erschießen könnte und keine Wähler verlieren würde»²⁶. Diese «Trumpisten» waren weit überproportional weiße, ältere Männer mit schlechterer Ausbildung und niedrigerem Einkommen. Sie glaubten, dass Einwanderer und Freihandelsverträge ihre Lebenssituation beeinträchtigt hatten, und wollten ein

Amerika, in dem Weiße in der Mehrheit waren. Viele von ihnen hatten der Politik den Rücken gekehrt, kamen allerdings zu den Trump-Veranstaltungen. Im Januar 2016 schrieb einer von Trumps Wahlkampfanalysten in einem internen Memorandum: «Unser Kandidat ist einzigartig in der Geschichte der amerikanischen Politik. Unsere Kampagne hebt die Schwerkraft auf, weil die alten Regeln der Physik für uns nicht gelten. Eine präzedenzlose Targeting-Strategie [dieser Gruppe, S.B.] muss synchronisiert werden mit dieser präzedenzlosen Kampagne.»[27]

Ein hochrangiger Mitarbeiter ergänzte später, er habe am Anfang gedacht, dies sei Zockerei, aber die Idee deckte sich mit dem, was er bei Trumps Auftritten in großen Stadien sah: «Das war keine Zauberei. Wir nahmen Nicht-Wähler ins Visier. Sie kamen in Schwärmen; ich wusste nicht, dass es so viele von ihnen gab.»[28] Trumps ständige Tabubrüche und seine Rebellion gegen den Status quo waren hochattraktiv für diese marginalisierte Gruppe mit ihren Endzeit- und Zerstörungsfantasien.[29] Sein Slogan «Legt den Sumpf trocken» (Drain the swamp), gerichtet gegen die Politiker und Lobbyisten in Washington, war bei ihnen überaus populär. Mit solchen Anhängern im Rücken konnte Trump selbst das mächtige Parteiestablishment zur Bedeutungslosigkeit verdammen. Sein Geniestreich war es, nicht wie Ross Perot oder Populisten in anderen Ländern eine eigene Organisation aufzubauen und damit am Rand des politischen Spektrums zu operieren, sondern eine etablierte Partei mit ihrem Apparat zu kidnappen und zum Vehikel seiner Ambitionen zu machen.

Instrumentalisierung einer Partei

Am 19. Juli 2016 nominierten die republikanischen Delegierten Trump auf einem chaotischen Wahlparteitag in Cleveland als Präsidentschaftskandidaten. Mit 70 Prozent der Stimmen erzielte er das schlechteste Ergebnis seit 40 Jahren, viele in der Partei verweigerten ihm nach wie vor die Gefolgschaft. Es bildete sich sogar eine Gruppe von moderaten und konservativen Republikanern, die als «Never Trump»-Bewegung gegen ihn agitierte und für die Libertäre Partei zu stimmen versprach. Das war kein gutes Zeichen für den Hauptwahlkampf, zumal sogar nur 29 Prozent seiner Unterstützer Trump für «wohlinformiert» und nur 21 Prozent für «bewundernswert» hielten, 42 Prozent dagegen für «extrem».[30] Das einzige, was die Partei zu verbinden schien, war der Hass auf Hillary Clinton. Viele Delegierte intonierten «Sperrt sie ein», wann immer ihr Name fiel, einer wollte sie hängen, ein Bundesstaatsparlamentarier forderte, sie vor ein Erschießungskommando zu stellen.[31] In seiner Parteitagsansprache warf Trump ihr «schreckliche, schreckliche Verbrechen» vor, ihr Vermächtnis sei «Tod, Zerstörung und Terrorismus und Schwäche».[32]

Ende des Monats nominierten die Demokraten wie erwartet Clinton als ihre Kandidatin. Mitte August ermittelte das Wahlvorhersageinstitut *FiveThirtyEight* eine 89-prozentige Wahrscheinlichkeit, dass sie ins Weiße Haus einziehen werde. In der Tat hatte Trump mit großen Herausforderungen zu kämpfen: Obamas Zustimmungsrate lag laut einer Gallup-Umfrage bei 53 Prozent, die Wirtschaft wuchs seit sieben Jahren ununterbrochen, die Arbeitslosenquote war von zehn Prozent auf dem Höhepunkt der Krise 2010 auf unter fünf Prozent gefallen. Zugleich legten jene gesellschaftlichen Gruppen demografisch zu, bei denen die Demokraten überproportional gut abschnitten: ethnische Minderheiten, religiös Ungebundene, besser Ausgebildete. Die Klientel, die tendenziell stärker den Republikanern zuneigte – Weiße, Ältere und Gläubige – verlor hingegen. Clinton hatte ein größeres und erfahreneres Beraterteam, die besseren Organisationsstrukturen in den wichtigen Swing States und mehr Spendengelder. Obwohl sich Trump wiederholt damit brüstete, so reich zu sein, dass er seinen Wahlkampf selbst finanzieren könne, war er in der Realität knausrig mit seinem Privatvermögen. Letztlich stellte er seiner Kampagne mickrige zehn Millionen Dollar zur Verfügung – und die lediglich als Überbrückungskredit, bis neue Spenden eingingen. Sogar seine Wohltätigkeitsstiftung missbrauchte Trump für Wahlkampfzwecke. Ende 2019 musste er deshalb auf gerichtliche Anordnung hin zwei Millionen Dollar Schadenersatz bezahlen.

Zudem lief Trumps Wahlkampf nicht rund. Nachdem er schon im Juni sein kleines Team ausgetauscht hatte, scheiterte auch der neue Wahlkampfmanager Paul Manafort, ein Lobbyist mit dubiosen Verbindungen nach Russland, der dysfunktionalen Kampagne Struktur und Ordnung zu verleihen. Auf Rat des erzkonservativen Milliardärs Bob Mercer und seiner Tochter Rebekah installierte Trump Mitte August Steve Bannon, den Chef der von den beiden finanzierten ethnopopulistischen Website *Breitbart News*, und Kellyanne Conway, eine wenig bekannte Meinungsforscherin, als Wahlkampfleiter. Das Magazin *Time* brachte am 22. August ein Cover mit einem stilisierten Bild von Trumps Gesicht in Auflösung und einem Wort: «Kernschmelze».

Dass Trump überhaupt Chancen auf einen Sieg hatte, lag an drei Faktoren. Erstens schlägt der Zeiger bei Präsidentschaftswahlen wie bei einem Metronom meist in die andere Richtung aus, wenn eine Partei das Weiße Haus acht Jahre kontrolliert. Die Wähler wollen danach offenbar einen Wandel. Seit mehr als sechs Dekaden war nur einmal ein Parteifreund einem zwei Amtszeiten regierenden Präsidenten nachgefolgt – George H. W. Bush 1988 dem überaus populären Reagan. Zweitens half Trump, dass er mit Mike Pence, dem ultrareligiösen

Gouverneur von Indiana, einen bei der zentralen republikanischen Wählergruppe der Evangelikalen äußerst beliebten Kandidaten für die Vizepräsidentschaft benannte. Drittens schließlich hatte sich Clinton erst nach zähem Ringen in den Vorwahlen gegen den Sozialisten Bernie Sanders durchgesetzt, war also parteiintern umstritten. Trump mag der unpopulärste Präsidentschaftskandidat einer der beiden großen Parteien seit Beginn der Umfragen gewesen sein, aber Clinton war die zweit-unpopulärste. Zudem hatte sie im Kampf um die demokratische Nominierung 2008 gegen den Jung-Senator Obama gezeigt, dass sie eine schlechte Wahlkämpferin war und selbst eine sicher geglaubte Wahl noch verlieren konnte.

Auf Rat seines neuen Wahlkampfleiters Bannon, der ein enzyklopädisches Wissen über schmutziges Material zu Clinton besaß, erkor Trump die Demokratin zum Hauptangriffsziel seines hyperaggressiven Wahlkampfs.[33] Er überzog sie mit Bestechlichkeitsvorwürfen, brandmarkte sie als Verteidigerin des «verfilzten Status quo» und nannte die Clinton-Stiftung das «korrupteste Unternehmen in der politischen Geschichte».[34] Zu Beginn der heißen Wahlkampfphase nach dem Labor Day Anfang September führte Clinton mit vier Prozentpunkten.[35] Wenige Tage später beging sie einen schweren Fehler. In einer Rede bei einer Spendenveranstaltung der LGBT-Gemeinde in New York sagte sie, unterbrochen von Gelächter und Applaus, man könne grob vereinfachend «die Hälfte von Trumps Unterstützern im ... Korb der Bedauernswerten (deplorables) verorten. ... Sie sind rassistisch, sexistisch, homophob, fremdenfeindlich, islamophob»[36]. Damit verstieß Clinton gegen Wahlkampfregel Nummer Eins: Nie die Leute beschimpfen, um deren Stimmen man buhlt.

Obwohl sie sich am nächsten Tag entschuldigte, war der Schaden beträchtlich. Bei einer Umfrage hielten 65 Prozent der Wähler die Charakterisierung für «unfair», unter Republikanern waren es sogar 84 Prozent.[37] Trump schlachtete Clintons Patzer den Rest des Wahlkampfes aus. Immer wieder lud er «deplorables» zu sich auf die Bühne, in seinem Shop konnte man T-Shirts mit einem entsprechenden Aufdruck kaufen. Ein weiteres Einfallstor für Trumps erbarmungslose Attacken auf Clinton bildete die Tatsache, dass sie als Außenministerin ihren privaten E-Mail-Server für Amtsgeschäfte genutzt hatte, darunter für 65 als «geheim» und 22 als «streng geheim» klassifizierte Nachrichten. Es kam zu einer Untersuchung durch das FBI, dessen Direktor James Comey ihr Verhalten als «äußerst sorglos» bezeichnete, indes empfahl, keine Anklage zu erheben.[38] Trotzdem diffamierte Trump sie weiter als «betrügerische (crooked) Hillary». Am 20. September lag Trump nur noch knapp hinter Clinton.

Doch die folgenden vier Wochen gerieten für Trump zum Debakel. Zunächst ging Clinton aus der ersten TV-Debatte allen Umfragen zufolge als Siegerin hervor. Sie konnte ihre Erfahrung und politische Expertise ausspielen, während Trump in persönliche Angriffe und Phrasen flüchtete. Dann veröffentlichte die *Washington Post* am 7. Oktober eine bis dato unbekannte Audioaufzeichnung der NBC-Show *Access Hollywood* aus dem Jahr 2005, in der sich Trump gegenüber dem Moderator damit brüstete, als Star könne er Frauen ungestraft «zwischen die Beine greifen» (grab 'em by the pussy).[39] Die gesamte republikanische Führung distanzierte sich von diesen vulgären Macho-Sprüchen. Arnold Schwarzenegger, republikanischer Ex-Gouverneur Kaliforniens, kündigte an, zum ersten Mal seit seiner Einbürgerung 1983 nicht für den Kandidaten seiner Partei zu stimmen. Fast ein Drittel der republikanischen Senatoren schloss sich ihm an. Andere riefen Trump auf, seinen Platz für Pence zu räumen. Aber Trump machte unbeirrt weiter. Er entschuldigte sich in einer Video-Botschaft dafür, ein paar «dumme Dinge» gesagt zu haben – und ging sofort zum Gegenangriff über: Bill Clinton habe «Frauen missbraucht» und Hillary habe dessen Opfer «tyrannisiert, attackiert, beschämt und eingeschüchtert».[40] Seine sexistischen Äußerungen spielte er als «Umkleidekabinen-Gerede» herunter und versprach per

50

Twitter: «Die Medien und das Establishment wollen mich unbedingt aus dem Rennen haben – ICH WERDE NIE ZURÜCKTRETEN; WERDE NIE MEINE ANHÄNGER IM STICH LASSEN!»[41] *[handschriftlich: Opfer + Darstellung ⇒ Loyalität zeigen]*

Trump war ein unermüdlicher Wahlkämpfer, in den letzten zwölf Wochen absolvierte er 106 Auftritte, Clinton nur 70. Auch war seine Internet-Werbekampagne der seiner Gegnerin weit überlegen. So schaltete sein Digitalteam von Juni bis November 5,9 Millionen Anzeigen auf *Facebook*, Clintons 66 000.[42] Trotzdem schien das Rennen so gut wie gelaufen: Nach zwei weiteren Niederlagen in den TV-Duellen lag Trump zwölf Tage vor der Abstimmung sechs Prozentpunkte hinter der Demokratin. Siegessicher kauften die Clintons ein Haus neben ihrem Anwesen in New York, um dort die Personenschützer unterzubringen, die Hillary als Präsidentin umgeben würden.[43] Obwohl FBI-Chef Comey kurz darauf die Untersuchung von Clintons E-Mails erneut eröffnete und zwei Tage vor den Wahlen wieder schloss, deutete fast alles auf eine Niederlage Trumps hin. Das *Princeton Election Consortium* gab ihm eine Siegchance von sieben Prozent, die *New York Times* von 16. Selbst *FiveThirtyEight*, das 2012 den Gewinner in allen 50 Bundesstaaten sowie Washington, D. C. vorhergesagt hatte, *[handschriftlich: Siegwsl. 7 – 29 %]* bezifferte die Wahrscheinlichkeit auf lediglich 29 Prozent. In *[handschriftlich: pro Trump]* Trumps Team rechnete ebenfalls niemand mit einem Sieg. «Wir brauchen ein Wunder, um zu gewinnen», sagte Co-Wahlkampfleiterin Conway bei Schließung der Wahllokale.[44] Man hätte es schon als Erfolg betrachtet, wenn der Abstand zu Clinton nicht zu hoch ausfallen würde. Trump schien sich mit seiner Niederlage abgefunden zu haben, zumindest lehnte er es ab, sich mit Plänen für eine Amtsübernahme zu beschäftigen.

Am 8. November 2016 gewannen Clinton 48,2 Prozent, Trump 46,1 Prozent, Gary Johnson von der Libertären Partei 3,3 Prozent und Jill Stein von den Grünen 1,1 Prozent der Stimmen. Die Wahlbeteiligung betrug 54,7 Prozent, was nach deut-

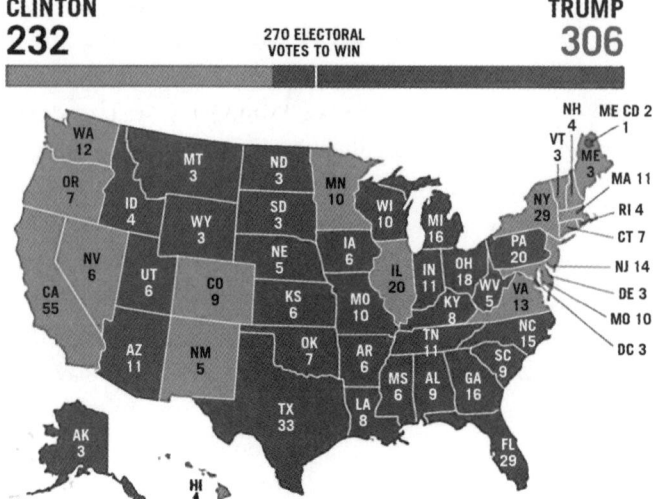

CLINTON
232

270 ELECTORAL
VOTES TO WIN

TRUMP
306

Obwohl Trump am 8. November 2016 fast drei Millionen Stimmen weniger bekam als Clinton, gewann er die Mehrheit im entscheidenden Wahlmännergremium.

scher Berechnungsmethode 59,2 Prozent entspricht. Clinton lag fast auf die erste Stelle nach dem Komma beim von *FiveThirtyEight* prognostizierten Wähleranteil, Trump 1,2 Prozentpunkte darüber. Der Clou war: Trotz eines Rückstands von 2,1 Prozentpunkten bei den Wählerstimmen hatte Trump die Mehrheit im entscheidenden Wahlmännergremium erzielt. In den 140 Jahren davor war das lediglich drei mal passiert, zuletzt 2000, als George W. Bush gegen Al Gore mit 0,5 Prozentpunkten beim Wählervotum hinten lag, jedoch mehr Wahlmänner holte.

Trumps Sieg war also eine historische Anomalie, aber kein Zufall. Da die überwiegende Mehrzahl der Bundesstaaten fest in der Hand einer Partei war, hatte es für Trump nur einen Weg ins Weiße Haus gegeben: die wichtigen Swing States Florida und Ohio zu gewinnen – und einige der 18 Staaten der «Blue

Wall», wo bei den letzten sechs Präsidentschaftswahlen Demokraten triumphiert hatten. Tatsächlich siegte Trump in Wisconsin, Michigan und Pennsylvania mit einer hauchdünnen Mehrheit von zusammen 77 744 Stimmen. Was ihm dort am meisten half, war Clintons Unbeliebtheit bei weißen Wählern ohne College-Abschluss. Gegenüber Obama 2012 brach ihre Unterstützung durch diese Gruppe in den drei Rostgürtel-Staaten zwischen fünf und neun Prozentpunkten ein und damit stärker als auf nationaler Ebene, während Trump zwischen drei und vier Punkten im Vergleich zu Romney, dem letzten republikanischen Kandidaten, hinzugewann. Im Durchschnitt lag Trump bei schlechter ausgebildeten Weißen 30 Punkte vor Clinton. Da deren Bevölkerungsanteil in Wisconsin, Michigan und Pennsylvania überproportional groß war und ihre Wahlbeteiligung weit höher ausfiel als 2012 und von den Demoskopen erwartet, entschieden sie die Wahl.[45] Die von Trump von Tag Eins der Kampagne an hofierte Wählergruppe der «deplorables» hatte ihm nach der Nominierung der Republikanischen Partei nun auch die Präsidentschaft gesichert.

Im letzten erfasste Trump die Wahlkampf-Spielregeln in Zeiten der höchsten je gemessenen parteipolitischen Polarisierung besser als Clinton und die meisten Beobachter. Es ging um die Mobilisierung der eigenen Klientel und, noch wichtiger, um die Demobilisierung der gegnerischen, und erst dann darum, die kleine Zahl unentschlossener Wechselwähler in der politischen Mitte zu gewinnen. Das erreichte man am besten, indem man Wut schürte und Zweifel säte. Trump, der Spalter und Provokateur, war wie geschaffen für diese neuen Bedingungen. Intuitiv verstand er, dass seine Anhänger seine Hau-drauf-Rhetorik als Ehrlichkeit und Entschlossenheit interpretieren würden und ihn sein Status als Berühmtheit vor den strikteren ethischen Standards schützte, denen Politiker unterlagen. Er wiegelte seine ihm fast bedingungslos ergebenen Fans auf im Wissen, dass die beiden anderen großen Wählerblöcke der Republikaner, die Wirtschaftsliberalen und die

Evangelikalen, die vieles an Trump verabscheuten, am Ende nicht anders konnten, als ihm doch ihre Stimme zu geben. Für sie war Clinton, die für staatliche Regulierungen und liberales Abtreibungsrecht stand, nie eine Alternative, und Trump tat alles, sie durch brutale Attacken auf ihren Charakter zu dämonisieren oder Werbespots über ihre angeblichen Gesundheitsprobleme zu schalten. Am Ende der dritten TV-Debatte nannte er sie sogar eine «bösartige Frau» (nasty woman). Der Erfolg gab ihm Recht: Eine Mehrheit seiner Wähler sagte, gegen Clinton gestimmt zu haben, nicht für ihn.[46] Sehr viele Bürger hielten sie für «extremer» als Trump.

In ihren Wahlkampfmemoiren «What Happened» führte Clinton später eine ganze Reihe zusätzlicher Gründe für ihre Niederlage an: die Wiederaufnahme der Untersuchungen der E-Mail-Affäre durch FBI-Direktor Comey knapp zwei Wochen vor der Wahl, die systematische russische Pro-Trump-Propaganda über Soziale Medien, die mangelnde Hilfe durch Obama, das Fernsehen, das Trump freie Berichterstattung im Wert von 5,2 Milliarden Dollar gewährte, ihr Vorwahlkonkurrent Bernie Sanders, der sie nur halbherzig unterstützte, die grüne Präsidentschaftskandidatin Jill Stein, die ihr Stimmen links der Mitte wegnahm. Wichtiger war wohl, wie Umfrageforscher Stanley Greenberg meinte, dass ihre «Kampagne zu optimistisch war in Fragen der Wirtschaft, zu links in Fragen der Einwanderung und nicht lautstark genug in Fragen des Außenhandels»[47]. Tatsächlich kann bei einem so überaus knappen Wahlergebnis jeder einzelne Faktor den Ausschlag dafür gegeben haben, dass 39 000 Bürger in Wisconsin, Michigan und Pennsylvania Trump statt sie wählten und damit den Gang der Geschichte radikal änderten. Manche der Argumente sind plausibler als andere, die Wissenschaft hat allerdings keine Möglichkeit, definitiv herauszufinden, ob einer von ihnen entscheidend war. Was blieb, war: Trump hatte das Unerwartete, ja das höchst Unwahrscheinliche geschafft und die Wahl gewonnen. Zunächst nahm er das Ergebnis ungläubig auf, dann entsetzt. Doch Trump wäre nicht Trump, hätte er nicht eine weitere Stufe der Metamorphose vollzogen: Rasch überzeugte er sich, dass er den Sieg verdiente und für das Präsidentenamt hervorragend geeignet sei.[48] In seinen Jahren im Weißen Haus kam er dauernd auf seinen Wahltriumph zu sprechen, den er als seine einzigartige Genieleistung herausstellte.

3. «Ich bin der einzige, der zählt»: Führungsstil und Mitarbeiter

Zu den Charakteristika des politischen Systems der USA gehört, dass die gesamte Exekutivgewalt laut Verfassungsartikel II «einem Präsidenten ... übertragen» ist. Ein konstitutionell verankertes Kabinettsprinzip mit Mehrheitsentscheiden seiner Mitglieder, ein Vetorecht des Finanzministers bei ausgaberelevanten Beschlüssen oder ein Ressortprinzip mit höchstmöglicher Eigenverantwortung der Minister wie in Deutschland existieren nicht. Der Präsident ist vielmehr Regierungschef, Staatsoberhaupt und Oberbefehlshaber der Streitkräfte in einer Person, dazu höchster Diplomat, wichtigster Gesetzesinitiator, Parteichef und moralischer Führer der Nation. Wie er diese Rollen ausfüllt, wie er die Regierungsarbeit organisiert und wen er als Berater wählt, hängt deshalb maßgeblich von der Persönlichkeit und vom Führungsstil des jeweiligen Amtsinhabers ab. Trump sprengt auch auf diesem Feld alle bisherigen Normen.

Die Trump-Show

Der neue Präsident verfügte über keine Erfahrung, wie man eine komplexe Organisation leitet, schon gar nicht eine wie die amerikanische Regierung mit ihren zwei Millionen zivilen Mitarbeitern. Seine Firma führte Trump seit Jahren mit seinen Kindern Donald jr., Eric und Ivanka als Vizepräsidenten und einem kleinen, ihm vertrauten und ergebenen Team. Am liebsten entwickelte er spektakuläre Ideen und verkaufte sie Investoren und der Öffentlichkeit; Businesspläne und Bilanzen interessierten ihn kaum. Wie in der Trump Organization war im Wahlkampf alles auf ihn zugeschnitten gewesen: Er traf die zentralen Entscheidungen, redete bei seinen Auftritten ohne Manuskript oder Teleprompter, worüber er wollte, machte seine eigene Öffentlichkeitsarbeit per Twitter und TV-Interviews, stellte Mitarbeiter nach Belieben ein und entließ sie ebenso schnell wieder. Und wie als Wahlkämpfer wollte Trump als Präsident seinen Instinkten vertrauen. Er sieht sich als Alpha-Mann, der aufgrund seiner Intuition Zusammenhänge besser erfasst als die Experten, und verachtet Langzeitpläne und strukturierte Beratungsprozesse. «Mein Bauch sagt mir manchmal mehr», prahlte er, «als mir das Gehirn von jemandem anderen je sagen kann.»[1] Einen alarmierenden Bericht seiner eigenen Regierung zu den Folgen des Klimawandels tat er ab mit einem lapidaren «Ich glaube es nicht»[2]. Die Geheimdienste schätzte der Präsident gering. Ihren morgendlichen Bericht las er fast nie, und die unter Obama tägliche Lagebesprechung hielt er lediglich einmal pro Woche ab. In einem Interview sagte er, er sei häufig anderer Meinung als seine Geheimdienstchefs. Wenn sie ihm widersprachen wie im Januar 2019 zu Fragen der Bedrohung durch den Iran, Nordkorea und den IS, riet er ihnen öffentlich «zurück in die Schule zu gehen», sie seien in Fragen des Iran «extrem passiv und naiv».[3] Selbst höchste Militärs überzog er mit Hohn. Nach einem Briefing im Pentagon, das seine isolationistischen und nationalistischen Instinkte hinterfragte, nannte er die versammelten Generäle und Admiräle «einen Haufen Weicheier und Babys»[4].

Von den Traditionen seines Amts hat Trump allenfalls eine vage Idee. «Die Vorstellung von der Präsidentschaft als institutionellem und politischem Prinzip», schrieb der Journalist Michael Wolff, «mit einer Betonung auf Ritual, Korrektheit und symbolischen Botschaften – staatsmännischem Auftreten –, überstieg sein Begriffsvermögen.»[5] In seiner Inaugurationsansprache am 20. Januar 2017, in der der frisch vereidigte

Ein Revoluzzer im Weißen Haus: Nach seiner Amtseinführung streckt Trump seinen Fans die erhobene Faust entgegen.

Präsident normalerweise die Nation in einer versöhnlichen Rede zusammenführt, attackierte Trump in übelster Wahlkampfmanier die gesamte politische Klasse frontal, gebärdete sich als Kämpfer für die kleinen Leute und verkündete: «Das amerikanische Gemetzel (American carnage) endet genau hier und genau jetzt.»[6] Am Ende streckte er seine rechte Faust wie ein Revoluzzer in den Himmel. «Das war ein verrückter Scheiß (weird shit)», kommentierte Ex-Präsident George W. Bush die Ansprache.[7]

Zudem waren Trump die Grenzen seiner exekutiven Vollmachten nicht klar. Artikel II der Verfassung, so behauptete er etwa, gebe ihm das Recht, «als Präsident zu tun, was immer ich will»[8]. Dass die Verfassung ein Amtsenthebungsverfahren bei gravierendem Fehlverhalten vorsieht, das Prinzip der Checks and Balances verankert und dem Kongress bewusst in Artikel I explizite Kontrollrechte zuweist, wollte der neue Präsident nicht wahrhaben. Paul Ryan, der Sprecher des Repräsentantenhauses, meinte, Trump «wisse nichts über das Regierungssystem»[9]. Außenminister Rex Tillerson sagte nach seinem Rücktritt, er habe den Präsidenten mehrmals davon abhalten müssen, Gesetze zu brechen.[10]

Wie als Wahlkämpfer schmähte Trump auch als Präsident dauernd zentrale Einrichtungen des amerikanischen Lebens: die Gerichte, den Kongress, die Medien, die Nachrichtendienste, das Justizministerium, das FBI, Hollywood, die Zentralbank. Unabhängige Institutionen, rechtsstaatliche Grundsätze und präsidentieller Ehrenkodex zählten nichts, für ihn war alles ein Ringen zwischen Personen. Dauernd äußerte er den Verdacht, ein «tiefer Staat» (deep state) in Regierungs-, Militär- und Geheimdienstzirkeln wolle seine Agenda torpedieren. Bei Konflikten reagierte der Präsident dünnhäutig und nachtragend. Dem republikanischen Senator McCain, der sich gegen seinen isolationistischen Kurs gestellt und die Abschaffung von Obamacare verhindert hatte, zürnte er über dessen Tod hinaus. Als der Senator im August 2018 starb, weigerte sich Trump zunächst, die Flagge über dem Weißen Haus auf Halbmast zu setzen. Später verunglimpfte er ihn mit den Worten, McCain sei «der schlechteste Absolvent seines Ausbildungsjahrgangs» an der Flottenakademie gewesen, und er habe «ihn nie sehr gemocht».[11] Und Trumps tiefer Hass auf Obama hatte wohl auch damit zu tun, dass ihn dieser in einer Dinnerrede vor hunderten Medienvertretern 2011 verspottet hatte. Bannons wesentliche Einsicht über seinen Ex-Chef lautete: «Er wurde immer *bei allem* persönlich, er konnte einfach nicht anders.»[12]

Informationen nimmt Trump, wenn überhaupt, in sehr spezieller Form auf. «Trump las nicht. Er überflog nicht einmal. Gedrucktes existierte für ihn nicht», erfuhr Wolff, der zu Beginn der Amtszeit exzellenten Zugang zum Weißen Haus genoss. «Aber er las nicht nur nicht, er hörte auch nicht zu. Er redete lieber selbst.... Zudem war seine Aufmerksamkeitsspanne extrem kurz, selbst dann, wenn er jemanden seiner Aufmerksamkeit für würdig hielt.» Briefings dauern deshalb lediglich ein Viertel so lang wie bei Obama.[13] Zu linearem Denken und stringenten Argumentieren war der Präsident nicht fähig, er «sprang von A über G zu I und dann zu Z», analysierte der Investigativjournalist Bob Woodward. «Oder er kehrte zu D oder S zurück».[14] Als ihm ein Mitarbeiter im Wahlkampf die US-Verfassung erklären wollte, begann Trump beim vierten Verfassungszusatz mit den Fingern an seiner Unterlippe zu zupfen und die Augen zu verdrehen.[15] Seinen zweiten Sicherheitsberater H. R. McMaster fand der Präsident schulmeisterlich, seine Präsentationen langweilig. Die Berater gingen deshalb dazu über, ihm Bilder oder Graphiken zu zeigen, um sein Interesse zu wecken und ihn zu einer bestimmten Handlungsweise zu bewegen.

Ivanka zum Beispiel präsentierte ihm Fotos von toten Babys mit Schaum vor dem Mund, als sie ihn nach einem Giftgaseinsatz des syrischen Diktators Baschar al-Assad gegen Zivilisten Anfang April 2017 von der Notwendigkeit einer militärischen Reaktion überzeugen wollte. Mitarbeiter des Nationalen Sicherheitsrats verzichteten in ihren auf eine Seite begrenzten Memoranden auf alle Nuancen, bauten Fotos und Karten ein und erwähnten möglichst oft den Namen des Präsidenten, um ihn zum Weiterlesen zu animieren.[16] Für Schmeicheleien war dieser nämlich immer empfänglich, ohne sie schien er nicht existieren zu können. Im Herzen, schrieb der Journalist Joshua Green, sei «Trump ein Opportunist, getrieben von einer unersättlichen Gier nach öffentlichem Applaus»[17]. Trump hasst Kritik, Belehren oder Hinterfragen seiner Autorität. Er will stets im Mittelpunkt stehen und duldet keine Figuren neben sich, die ihm das Rampenlicht streitig machen könnten. Auch deshalb führte er einen unerbittlichen Kampf gegen alle Kräfte, die anzweifelten, dass der Wahlsieg allein seinem Genie zuzuschreiben war – selbst wenn er dafür die Erkenntnisse seiner eigenen Geheimdienste leugnen musste. «Ich bin der einzige, der zählt», erklärte er im Januar 2018. «Wenn es darauf ankommt, lege ich fest, was die Politik sein wird.»[18]

So engagiert Trump im Wahlkampf öffentliche Auftritte absolviert hatte, so wenig hielt er als Präsident von den Mühen des alltäglichen Regierungsgeschäfts. 2017 verbrachte er ein Drittel der Zeit auf seinen Privatanwesen. Im Durchschnitt spielte er alle 4,7 Tage Golf, natürlich stets auf eigenen Plätzen, was insgesamt 30 Acht-Stunden-Arbeitstage beanspruchte.[19] Das kostete den Steuerzahler in den ersten gut zwei Amtsjahren 102 Millionen Dollar für extra Reise- und Sicherheitserfordernisse. Dabei hatte Trump seinen Vorgänger 27 Mal wegen dessen häufigen Golfens kritisiert und versprochen, als Präsident den Sport aufzugeben.[20] In Washington schätzte Trump einen wenig strukturierten Tagesablauf. Das belegen seine offiziellen Terminpläne, die dem Internet-Nachrichtendienst *Axios* Anfang Februar 2019 zugespielt wurden: Der Präsident hatte in den vorausgegangenen drei Monaten an Werktagen zwischen acht und 17 Uhr nur 15 Prozent seiner Zeit mit formalen Besprechungen verbracht, dagegen waren 59 Prozent, also etwa fünf Stunden pro Tag, für «Executive Time» reserviert. In dieser Zeit sah er fern, telefonierte und twitterte.[21] Entscheidungen traf er nicht nach ausgiebigen Beratungen, sondern in einem impulsiven Ad-hoc-Stil. Strategiedebatten waren ihm ein Gräuel, schon in seinen ersten Memoiren hatte er bekannt: «Ich ziehe es vor, jeden Morgen aufs Neue abzuwarten, wie sich die Dinge entwickeln.»[22] Ständig mussten Berater öffentlich so tun, als seien sie in die abrupten Kurswechsel des Präsidenten eingeweiht, um den Eindruck des völligen Chaos in der Regierung zu verwischen.[23] Viele von ihnen wachten morgens «in völliger Panik» auf, weil sie nicht wussten, welche wilden Tweets er über Nacht wieder abgesetzt hatte.[24]

Dauernd rief Trump alte Bekannte an und sprach mit ihnen darüber, wen er entlassen und welche Politik er verfolgen sollte. Mit *Fox News*-Moderator Sean Hannity konferierte er bisweilen sechs oder sieben Mal am Tag. Einen angeordneten Luftschlag gegen den Iran sagte er am 20. Juni 2019 nach einem

Trumps Führung unberechenb(ar)

Telefonat mit Tucker Carlson, einem anderen Lieblingsmoderator, wieder ab. Seiner Ministerin für Heimatschutz warf er unter Verweis auf zwei rechte Kommentatoren des TV-Senders vor: «Lou Dobbs hasst Sie, Ann Coulter hasst Sie, Sie lassen mich schlecht aussehen.»[25] Viele dieser Geschichten gelangten umgehend in die Medien, überhaupt plauderten ständig Mitarbeiter mit Journalisten über Interna im Weißen Haus. Der Präsident war geheimniskrämerisch und geschwätzig zugleich. Einerseits ließ er unter Bruch der bisherigen Praxis Aufzeichnungen über ein Vier-Augen-Gespräch mit Putin vernichten und unterrichtete weder seinen eigenen Beraterstab noch die Kongressführer über dessen Inhalt. Andererseits posaunte er gegenüber den Medien und per Tweet streng vertrauliche Geheimdienstinformationen aus.

TV- und Twitter-Präsident

Vor elf Uhr kam Trump fast nie aus seinem Wohnbereich ins Büro oder ins nebenan gelegene Esszimmer, wo es einen Fernseher gab. Gleich zu Beginn seiner Amtszeit hatte er Flachbildschirme in seinem Schlafzimmer installieren lassen, um die Nachrichtenshows von *Fox News*, *MSNBC* und *CNN* parallel schauen zu können. Pro Tag sah der Präsident zwischen vier und acht Stunden fern. Sein Verhältnis zum TV, das in seinem Leben stets eng war, wurde nun symbiotisch. Der Fernseh-Chefkritiker der *New York Times* meinte sogar: «Donald Trump ist keine Person. Er ist eine TV-Persönlichkeit.»[26] Der Präsident wusste, was das Fernsehen wollte, Rummel, Drama, Überraschung, Action, Konflikt, und er lieferte es zuverlässig – nicht als Schauspieler wie Reagan einst, sondern als jemand, für den es keinen Unterschied gab zwischen Rolle und Realität. Für ihn existierte alles durchs, fürs und vom TV. Vor seiner Amtsübernahme sagte er Mitarbeitern, sie sollten jeden Tag angehen als «eine Folge in einer Fernsehshow, in der er

Rivalen bezwingt»[27]. Wie Francis Underwood in «House of Cards» riss Trump die vierte Wand ein, aber nicht allein für einen Moment wie der fiktive Politiker, sondern er zog das gesamte Publikum auf Dauer in seine Reality Show mit ihm als siegreichen Kämpfer für Amerika hinein. Oft reagierte er mit Tweets oder Anordnungen direkt auf das, was er in den Morgen- und Abendsendungen sah oder hörte – was dann wiederum selbst von den Medien aufgegriffen und so fast zu einer Nachrichten-Endlosschlaufe wurde.

Das Problem dabei war: Um die Aufmerksamkeit des Publikums zu halten, muss jede Folge lauter, schriller, schockierender sein als die vorhergegangene. Einige gemäßigte Mitarbeiter im Weißen Haus sahen es bald als ihre wichtigste Aufgabe, Trumps Impulse zu managen. Ihr größter Vorteil war, dass der Präsident Dinge schnell wieder vergaß, wenn er sie nicht direkt vor Augen hatte. Eine beliebte Strategie bestand deshalb darin, den Entwurf von heiklen Präsidialerlassen hinauszuzögern. Half selbst das nicht, griff mancher bisweilen zu dubiosen Mitteln. Sein Wirtschaftsberater Gary Cohn etwa klaute in einem «administrativen Staatsstreich» (Bob Woodward) einen Brief von Trumps Schreibtisch, in dem dieser das Freihandelsabkommen mit Südkorea aufkündigen wollte. Stabssekretär Rob Porter ließ im April 2017 eine Vorlage des Leiters der Umweltbehörde verschwinden, die den Austritt aus dem Pariser Klimaabkommen ankündigte.[28] Andere Berater gingen soweit, die Fernsehfixierung des Präsidenten zu nutzen, um ihre politischen Vorschläge in seine Lieblingsshows zu bekommen, weil sie dann eine größere Chance hatten, von ihm wahrgenommen zu werden als bei den seltenen formalen Sitzungen. Sein erster Stabschef Reince Priebus setzte Trumps Rückflüge von seinen Wochenendresidenzen am Sonntag gezielt so spät an, dass er die Abendsendungen verpasste, die ihn regelmäßig zu Twitter-Stürmen veranlassten. Die gefährlichen Zeiten frühmorgens und am Sonntagabend nannte Priebus «Stunde des Hexers» und das Präsidentenschlafzimmer «Giftküche».[29]

Denn in seinen Tweets, Interviews und improvisierten Reden bemühte sich der Präsident wie schon im Wahlkampf nicht um faktische Korrektheit. Seine Mitarbeiter waren oft damit beschäftigt, seine Stellungnahmen zu erläutern oder umzuinterpretieren. Wie absurd das sein konnte, wurde schon am Tag nach Trumps Amtseinführung klar, zu der deutlich weniger Menschen gekommen waren als zu den beiden Inaugurationen Obamas. Trump dagegen behauptete, es sei eine Rekordzahl von ein bis eineinhalb Millionen Menschen gewesen. Er intervenierte persönlich beim Chef des zuständigen Nationalparkdienstes, Fotos so zu bearbeiten, dass die Menge eindrucksvoller aussah. Pressesprecher Sean Spicer ließ er verkünden, es sei das «größte Publikum bei einer Amtseinführung aller Zeiten»[30] gewesen. Präsidentenberaterin Conway verteidigte Spicers Aussagen damit, dieser verfüge über «alternative Tatsachen»[31].

Zudem beharrte Trump auf der Sicht, Clinton habe ihre Wählermehrheit bis zu fünf Millionen illegaler Stimmen zu verdanken. Obwohl die Wahlleiter aller Bundesstaaten in einem gemeinsamen Statement «keine Belege» für diese Aussage fanden und nicht eine einzige wissenschaftliche Studie Wahlbetrug feststellte, setzte der Präsident eine «Kommission für Wahlintegrität» ein. Diese konnte ebenfalls keine Beweise für unrechtmäßig abgegebene Stimmen finden, was ihn aber nicht davon abhielt, am Gegenteil festzuhalten.[32] Trump machte so häufig und immer schneller falsche Aussagen, dass die *Washington Post* einen eigenen Ticker dafür einrichtete: Nach einem Amtsjahr waren es 1999, nach zwei Amtsjahren 7688, nach drei 16 241. Zu den meistwiederholten Unwahrheiten gehörten: Die Wirtschaftslage sei die beste aller Zeiten, die Mauer zu Mexiko werde bereits gebaut, seine Steuerreduzierung sei die größte in der Geschichte, und die USA verlören Geld wegen des Handelsdefizits.[33] Solche Aussagen hatten nicht allein mit Trumps pathologischer Angeberei und Irreführung zu tun, sondern bildeten ein zentrales Element einer Strategie, derer sich auch andere illiberale Führer auf der Welt bedienten. Falls sie abweichende Stimmen nicht zum

Schweigen bringen konnten, ertränkten sie sie in einer Flut von Fehlinformationen und verwischten damit den Unterschied zwischen Realität und Fiktion.[34] Als *Twitter* Ende Mai 2020 einen Tweet des Präsidenten zu angeblichem Briefwahlbetrug der Demokraten mit einem Link versah, der die Leser zur Nachrecherche aufforderte, antwortete dieser mit einem wohl illegalen Dekret, Soziale Medien stärker zu reglementieren.

Es gab eigentlich kein Thema mit Ausnahme des Baugeschäfts und der Selbstvermarktung, von dem Trump wirklich etwas verstand. Das führte wiederholt zu peinlichen Situationen. Er behauptete, Präsident Andrew Jackson sei wütend über den Bürgerkrieg gewesen, obwohl dieser 16 Jahre vor dessen Ausbruch gestorben war, sprach von zwölf Artikeln der Verfassung, obwohl sie nur sieben hat, wusste nicht, was in Pearl Harbor passiert war, oder lobte die «Jahrtausende zurückreichenden» guten Beziehungen zwischen den USA und Italien. Nach einem zehnminütigen Gespräch mit Chinas Präsidenten Xi Jinping sagte Trump zum Schrecken seiner Berater, dieses habe seine gesamte Sicht des Korea-Problems verändert.[35] Verteidigungsminister James Mattis meinte nach einer frustrierenden Beratung zur Sicherheitspolitik, der Präsident habe das Verhalten und den Intellekt eines «Sechst- oder Siebtklässlers» an den Tag gelegt.[36]

Trumps Wissenslücken waren so eklatant, dass Mitarbeiter im Juli 2017 für ihn einen 90-minütigen Crashkurs zu Amerikas Rolle in der Welt mit vielen Karten und Graphiken im Pentagon arrangierten. Er endete in einem Fiasko, der Präsident kanzelte seine hochrangigsten Berater für ihren Internationalismus ab.[37] Außenminister Tillerson nannte ihn daraufhin intern einen «beschissenen Trottel» (fucking moron).[38] In den meisten Fragen erwies sich Trump als beratungsresistent und lernunwillig. Er glaubte, über so unterschiedliche Bereiche wie das Militär, Steuern, die Verteidigungspolitik, erneuerbare Energien oder das Regierungssystem mehr zu wissen als jeder andere.[39] Folglich waren für ihn Spezialisten überflüssig.

Im Wahlkampf hatte Trump auf die Frage eines Journalisten, wen er denn zur Außenpolitik konsultiere, ohne jede Ironie geantwortet: «Ich spreche mit mir selbst, … weil ich ein sehr gutes Gehirn habe und eine Menge gesagt habe. … Mein primärer Berater bin ich selbst, und ich habe einen guten Instinkt für das Zeug.»[40]

Als Präsident behielt er das grenzenlose Vertrauen in seine Urteilsfähigkeit bei: Er agierte abwechselnd als sein eigener Stabschef, Pressesprecher, Wahlkampfleiter, Hauptberater, Terminplaner, Veranstaltungsmanager. Formale Presseunterrichtungen im Weißen Haus, seit 1969 tägliche Ereignisse, fanden immer sporadischer statt und wurden ab März 2019 de facto eingestellt. Dauernd mischte Trump sich in Details ein, etwa im September 2019 mit einem Tweet, in dem er Alabama vor einem angeblich heranziehenden Hurrikan warnte. Als ihm die Nationale Behörde für Meeres- und Wetterforschung widersprach, zeigte der Präsident im Fernsehen eine Warntafel mit dem Weg des Sturms, in der der Gefahrenkorridor mit Filzstift per Hand retuschiert war, und ließ Druck auf die unbotmäßigen Meteorologen ausüben. Er drohte einzelnen Unternehmen, die Arbeitsplätze ins Ausland verlagerten, mit Sondersteuern, schaltete sich in ein schwedisches Gerichtsverfahren gegen einen US-Hip-Hop-Star ein, wählte die Farben für die neue Air Force One persönlich aus, ließ sich Prototypen für die geplante Mauer zeigen, ordnete an, die neuen Grenzbarrieren schwarz zu bemalen, und kümmerte sich um die Einzelheiten der Militärparade, die er am 4. Juli 2019 unbedingt haben wollte, seit er den französischen Aufmarsch in Paris zwei Jahre zuvor als Ehrengast miterlebt hatte. Wo manche seiner Vorgänger oft so viel wussten, dass sie sich obsessiv in Detailfragen verrannten, lag bei diesem Präsidenten der Fall anders, wie Matthew Dallek, Professor für Politikmanagement, feststellte: Er wisse so wenig, «dass mikroskopische Angelegenheiten Ziele in und für sich darstellen»[41].

Ein enger Mitarbeiter porträtierte Trump als grausam, unfähig und eine Gefahr für die Nation.⁴² Andere spotteten hinter seinem Rücken darüber, wie dumm er sei – was natürlich prompt seinen Weg in die Medien fand. Der Präsident war sich nicht zu schade, in einem Tweet allen Zweiflern zu antworten, er sei «wirklich klug» und «ein sehr stabiles Genie».⁴³ Dabei brachte sich Trump durch Winkelzüge, Selbstüberschätzung und Disziplinlosigkeit fortwährend in Schwierigkeiten. Die FBI-Untersuchungen der russischen Wahlbeeinflussung betrachtete er als Versuch, die Legitimität seines Sieges anzuzweifeln, und entließ trotz Warnungen von Bannon und Priebus dessen Direktor Comey. Daraufhin setzte das Justizministerium Ex-FBI-Chef Robert Mueller als Sonderermittler ein, was Trump panisch kommentierte: «Oh mein Gott. Das ist schrecklich. Das ist das Ende meiner Präsidentschaft. Ich bin am Arsch.»⁴⁴ Tatsächlich deckte Mueller vielfältige Kontakte zwischen dessen Wahlkampfteam und Russland auf, ohne indes Beweise für Trumps Mitwisserschaft zu finden. Auch das Impeachment-Verfahren gegen ihn brachte der Präsident selbst über sich, als er den ukrainischen Präsidenten im Juli 2019 in einem Telefonat drängte, gegen den Sohn seines innenpolitischen Konkurrenten Joe Biden zu ermitteln.

Ein weiteres Problem war, dass Trump kaum qualifizierte Kandidaten für Regierungsposten persönlich kannte. Typische Karrierepolitiker scharen ihr ganzes Leben Mitarbeiter um sich und bauen Kontakte auf, auf die sie bei einem Wahlsieg zurückgreifen können. Bis auf Chris Christie, den Gouverneur von New Jersey, und Rudy Giuliani, den Ex-Bürgermeister von New York, hatte Trump niemanden in seiner Entourage, der über politische Erfahrung verfügte, und keinen einzigen, der über den Washingtoner Machtapparat Bescheid wusste. Da sein Wahlsieg lange unwahrscheinlich schien, hatten sich ihm keine Berater von Format angeschlossen. Trump potenzierte das Problem durch seine Rachsucht: Von den 149 republikanischen Außenpolitik-Experten, die im Wahlkampf einen von zwei «Niemals Trump»-Aufrufen unterzeichneten, erhielt nur

ein einziger eine Stelle in seiner Regierung. Trumps Personal-
auswahl war erratisch und erinnerte oft an eine der von ihm
moderierten Casting-Shows. Äußerlichkeiten spielten eine
wichtige Rolle: John Bolton wurde zunächst nicht Sicherheitsberater, weil Trump fand, er sehe wegen seines buschigen
Schnurrbarts «nicht danach aus», für Tillerson galt das Gegenteil, Spicer bekam nach seiner ersten Pressekonferenz den
Rat, sich einen dunklen Anzug zuzulegen, Sicherheitsberater
McMaster verhöhnte er wegen seines veralteten Jacketts als
«Biervertreter»[45], an Verteidigungsminister Mattis liebte er vor
allem dessen Spitznamen «Mad Dog».

Von seinen Mitarbeitern forderte der Präsident absolute
Loyalität, ja Kadavergehorsam. Bei der ersten Zusammenkunft
am 12. Juni 2017 ließ er seine Minister und engsten Berater sich
darin überbieten, ihm vor laufenden Kameras zu huldigen.
Stabschef Priebus etwa sagte: «Wir danken Ihnen für die Gele-
genheit und den Segen, Ihrer Agenda zu dienen.»[46] Michael
Cohen, Trumps persönlicher Anwalt und Mann für dubiose
Deals, bekannte 2019 vor einem Untersuchungsausschuss des
Repräsentantenhauses, er habe für seinen Boss gelogen, betro-
gen und bedroht, weil er so in dessen Bann stand, dass er für ihn
Dinge tat, von denen er wusste, dass sie «völlig falsch waren»[47].
Er sei ihm wie einem Sektenführer gefolgt. Eine andere Mit-
arbeiterin, die mit dem Präsidenten brach, schrieb: «Trumpwelt
ist ein Persönlichkeitskult fokussiert ganz allein auf Donald J.
Trump. … Mitglieder der Trumpwelt-Sekte taten alles, was er
sagte oder worum er sie bat, direkt oder indirekt.»[48]

Der Präsident dagegen war zu seinen Untergebenen nie loyal.
Geriet einer von ihnen in Schwierigkeiten, tat er so, als kenne
er die Person kaum, und ließ sie, meist durch einen Mitarbeiter,
feuern. Über in Ungnade gefallene Minister und Berater wie
McMaster, Justizminister Jeff Sessions, Außenminister Tillerson
oder Geheimdienstkoordinator Dan Coats zog Trump solange
öffentlich her, bis sie entnervt aufgaben. Sessions nannte er
«Verräter», «geistig zurückgeblieben», «dummen Südstaatler»

und «erbärmlichen Versager». Selbst Vizepräsident Pence verspottete er hinter dessen Rücken als «religiösen Spinner».[49] Zum Trumpschen Machtprinzip gehörte, Mitarbeiter zu zwingen, vor ihm zu kriechen und ihn ständig zu loben. Taten sie das, verhöhnte er sie für ihre Schwäche.[50] Sein ehemaliger Ghostwriter Schwartz analysierte: «Wenn man Leute wie Kleenex benutzt, ist das Kleenex irgendwann voll mit Rotz, und man schmeißt es weg. So behandelt Trump jeden.»[51]

Trump kannte weder Maß noch Mitte. Sein Narzissmus ließ ihn Japans Premierminister Shinzō Abe am Telefon bedrängen, ihn für den Friedensnobelpreis zu empfehlen. Er überlegte sogar, sich selbst die Freiheitsmedaille des Präsidenten zu verleihen, eine der beiden höchsten zivilen Auszeichnungen der USA.[52] Wurde er kritisiert, verfiel er in Selbstmitleid und stilisierte sich zum Opfer dunkler Mächte. Zugleich legte er Macho-Allüren an den Tag. Junge Frauen in seiner Entourage sollten kurze Röcke tragen, auch leitete er, obwohl übergewichtig, per Twitter ein Bild von Sylvester Stallones Filmcharakter Rocky Balboa mit gestähltem nackten Oberkörper weiter, auf den sein Kopf montiert war.

Sein Pendeln zwischen Unsicherheit und Größenwahn, Mutlosigkeit und Draufgängertum und sein erratischer Führungsstil hätten es erfordert, ein klar strukturiertes Entscheidungssystem im Weißen Haus zu etablieren, um diese Schwächen zumindest ansatzweise zu kompensieren. Historisch gab es dafür zwei Modelle: Ein Präsident kann eine dezentrale und egalitäre Struktur wählen wie John F. Kennedy, Jimmy Carter, George H. W. Bush, Clinton oder Obama, wenn er eine offene Diskussion mit einer Handvoll enger Berater bevorzugte. Um gut zu funktionieren, bedarf es dafür einer führungsstarken und sachkundigen Persönlichkeit, die abweichende Meinungen zu erörtern bereit ist. Oder ein Präsident etabliert eine hierarchische Struktur wie Dwight D. Eisenhower oder Richard Nixon, in der die Bürokratie alternative Vorschläge erarbeitet und sie dem Präsidenten nach einem systematischen Aus-

Ein Präsident als
Pin-up-Boy: Trump gefällt
sich in der – montierten –
Pose des Bodybuilders.

wahlprozess zum Beschluss vorlegt. Dafür braucht es eine klare Kompetenzverteilung und geordnete Gremienarbeit, überwacht von einem starken Stabschef. Trump hingegen wollte sich an kein System binden. Er war der Auffassung, die von ihm als Unternehmenschef und Wahlkämpfer praktizierten Führungstechniken reichten aus, um das mächtigste Land der Welt zu regieren. Das erwies sich als Fehlkalkulation.

Chaos (November 2016 – Juli 2017)

Der Wahlsieg traf Trump völlig unvorbereitet, nicht einmal eine Annahmerede existierte. Chris Christie hatte er nur deshalb seit dem Frühsommer ein Team für die Planung der Übergangsphase zwischen möglichem Wahlsieg und Amtsübernahme bilden lassen, weil er gesetzlich dazu verpflichtet war. Nach Trumps Nominierung durch die Republikanische Partei im Juli begann Christie, eine Liste mit Namen für die 500 wichtigsten Regierungspositionen zusammenzustellen. Trump wollte davon nichts wissen. «Chris, Du und ich sind so klug», kommentierte er dessen Bemühungen abschätzig, «dass wir die Siegesparty zwei Stunden früher verlassen und den Übergang selbst machen können.»[53] Fast so geschah es dann auch –

allerdings ohne Christie. Er und sein Team wurden auf Drängen von Trumps Schwiegersohn und Berater Jared Kushner wenige Tage nach der Wahl entlassen. Trump wollte die Posten selber vergeben. Sogar sein Wahlkampfleiter Bannon hielt das für keine gute Idee: «Ich sagte ‹Heiliger Scheiß›, dieser Typ hat keine Ahnung. Und es ist ihm scheißegal.»

In der Tat waren wegen Trumps Desinteresse bei seinem Amtsantritt am 20. Januar 2017 erst 28 Personen für die wichtigsten 700 Regierungspositionen nominiert, die vom Senat bestätigt werden mussten. So langsam hatte noch nie ein gewählter Präsident seine Spitzenämter vergeben. Die Folgen waren grotesk: Im Landwirtschaftsministerium mit seinem Budget von 164 Milliarden Dollar zum Beispiel tauchte mehr als zwei Monate keiner von Trumps Leuten auf, um sich auf die neuen Aufgaben vorzubereiten. Erstmals betraten sie am Inaugurationstag das Gebäude, darunter ein Fernfahrer, ein Angestellter eines Telefonunternehmens, ein Gasmessgerätableser, ein Bademeister eines Country Clubs, ein Praktikant in der Republikanischen Parteizentrale und ein Duftkerzenfabrikant. Das einzige, was sie für ihre neuen Jobs qualifizierte, war, dass sie Trump im Wahlkampf loyal unterstützt hatten.[54]

In den Folgemonaten erhöhte sich das Tempo bei den Besetzungen kaum, Ende des ersten Amtsjahrs war die Hälfte der Top-Positionen vakant. Kaum jemand beherrschte das Ein-mal-Eins des politischen Handwerks, viele Mitarbeiter waren spektakulär inkompetent. Obwohl der Senat durchweg in republikanischer Hand war, mussten in den ersten 30 Monaten 65 der von Trump Nominierten ihre Kandidatur wegen gravierender Probleme zurückziehen – fast doppelt so viel wie unter Obama im gleichen Zeitraum. Das 21-köpfige Kabinett, voll von Unternehmenschefs, Bankern und Gefolgsleuten, traf der Präsident nur für Medientermine, Sachfragen beriet er mit ihm nie. Es war – gemessen am Vermögen seiner Mitglieder – das reichste in der Geschichte der USA, aber auch das konservativste und das skandalträchtigste. Dauernd traten Minister wegen Affären zurück oder wurden vom Präsidenten geschasst, nach zweieinhalb Jahren waren nur mehr neun im Amt. Viele Spitzenfunktionen besetzte Trump mit geschäftsführenden Leitern, weil sie dafür nicht vom Senat bestätigt werden mussten.

Das größte Problem war in den ersten Monaten, dass kein Plan für Aufgabenverteilung und Organisation im Weißen Haus existierte. Schon in der Übergangsphase bildeten sich eher durch Zufall als durch Absicht mehrere Machtzentren heraus. Die formal wichtigste Funktion nahm Priebus als Stabschef ein. Der langjährige Geschäftsführer der Republikanischen Partei war jedoch ein Bürokrat und Spendensammler, kein Vollblutpolitiker. Seine Berufung stellte ein Zugeständnis an die beiden mächtigen republikanischen Führer in Repräsentantenhaus und Senat, Paul Ryan und Mitch McConnell, dar, die über ihn ihre politischen Projekte ins Weiße Haus einspeisen wollten. Mit Spicer als Pressesprecher wählte Trump einen weiteren Vertreter des Parteiestablishments. Bannon, sein Wahlkampfleiter, erhielt das neugeschaffene Amt des Chefstrategen. Er hatte *Breitbart News* als Internet-Sprachrohr der Altright-Bewegung mit einer nationalistischen und fremdenfeindlichen Agenda etabliert und betrachtete sich als Trumps ideologischen Impulsgeber.

Und dann gab es noch Trumps Tochter Ivanka und ihren Mann Kushner. Beide hatten ihn schon im Wahlkampf unterstützt und standen ihm innerhalb seiner Familie am nächsten. Kushner erhielt den Titel «Hauptberater» und ein umfangreiches Portfolio, das vom Arabisch-Israelischen Konflikt bis zur Strafrechtsreform reichte. Er bezog den Raum, der dem Oval Office, dem Präsidentenbüro, am nächsten lag. Ivanka bekam als «Beraterin» ebenfalls ein Büro im Westflügel des Weißen Hauses. Ob enge Verwandte des Präsidenten überhaupt hohe Ämter im Mitarbeiterstab einnehmen durften, war seit dem Anti-Nepotismus-Gesetz von 1967 umstritten. Aber Bill Clinton hatte 1993 einen Präzedenzfall geschaffen, als er seiner

Trumps Beraterteam im Januar 2017 (von links): Stabschef Priebus, Vizepräsident Pence, Chefstratege Bannon, Pressesprecher Spicer und Sicherheitsberater Flynn. Sieben Monate später war nur Pence übrig, alle anderen waren zurückgetreten.

Frau Hillary die Leitung einer Arbeitsgruppe zur Gesundheitsreform übertrug, und Trumps Justizministerium fand die Berufung von Familienmitgliedern erwartungsgemäß unproblematisch. Politisch stand Kushner den Demokraten nahe, Ivanka war bis 2016 als «Unabhängige» bei den Vorwahlen registriert. Beide hatten genausowenig Ahnung vom Regierungsgeschäft wie Trump. Ihr wichtigster Verbündeter war Gary Cohn, ehemaliger CEO der Investmentbank Goldman Sachs, Demokrat und als Direktor des Nationalen Wirtschaftsrats ökonomischer Chefberater des Präsidenten.

Da die Kompetenzen zwischen den drei konkurrierenden Zentren – Priebus, Bannon, Kushner – ungeklärt blieben und sie inhaltlich konträre Positionen vertraten, entspann sich in den ersten sechs Monaten der Präsidentschaft ein rücksichtsloser Machtkampf. Trump war das anfangs nicht unrecht. Er besaß selbst wenige politische Kernüberzeugungen und war primär daran interessiert, dass niemand seine herausragende Rolle in Frage stellte. Als erster verlor Bannon seine Gunst.

Hatten sie in den ersten Wochen noch fast täglich zusammen zu Abend gegessen, entfremdeten sie sich schon bald. Trump war wütend, dass das Nachrichtenmagazin *Time* seinen Hauptberater auf das Cover der Ausgabe vom 13. Februar setzte mit dem Titel «The Great Manipulator» und ihn die Satireshow *Saturday Night Live* als «Präsident Bannon» titulierte. Als der Journalist Joshua Green in seinem Buch *Devil's Bargain* Bannon dann noch als Mastermind hinter der Regierung darstellte, war das Maß voll.

Manipuliert zu werden von irgendjemand und das Rampenlicht teilen zu müssen, war Trumps Horrorvision. Er begann, sich von Bannon zu distanzieren und Witze über sein Aussehen und seine schäbige Kleidung zu reißen. Kushner und Ivanka Trump desavouierten Bannon weiter, weil sie ihn für einen kruden Ideologen hielten, der an die dunkelsten Seiten des Präsidenten appellierte. Priebus fiel ebenfalls bald in Ungnade, da er dem Weißen Haus keine Struktur verleihen konnte und sein wichtigstes Projekt, die Abschaffung von Obamacare, im Kongress scheiterte. Sitzungen erinnerten mehr an das Hofhalten eines Monarchen denn an einen geordneten Diskussionsprozess. Da es zu Beginn keine Regel gab, wer an den Unterredungen teilnehmen durfte, drängten sich so viele Leute ins Oval Office wie möglich. «Ich leiste großartige Arbeit», klagte der Präsident im Frühsommer, «aber mein Stab ist zum Kotzen.»[55] Kurz darauf überschlugen sich die Ereignisse. Zunächst trat am 21. Juli Pressechef Spicer zurück, als ihm Trump einen neuen Kommunikationsdirektor, Anthony Scaramucci, vor die Nase setzte. Eine Woche später folgte ihm Priebus. Die Präsidentschaft schien ins Chaos abzudriften.

Trump zog die Reißleine. Zum neuen Stabschef berief er John Kelly, einen ehemaligen General. Als Heimatschutzminister hatte er zuvor einige der härtesten Maßnahmen gegen illegale Immigration umgesetzt und dem Präsidenten damit imponiert. Trump, der seit jeher eine Schwäche für Militärs hatte, erhoffte sich von ihm, Disziplin und Ordnung ins Weiße Haus zu bringen. Kelly zwang Scaramucci wegen eines obszönen Interviews umgehend zum Rücktritt, der damit den zweifelhaften Rekord aufstellte, mit elf Tagen die kürzeste Amtszeit eines hochrangigen Präsidentenberaters aller Zeiten absolviert zu haben. Damit löste er Michael Flynn ab, der als Trumps Sicherheitsberater im Februar 2017 nach 24 Tagen aufgeben musste, als herauskam, dass er das FBI über seine Russlandkontakte belogen hatte. Wenig später gab auch Bannon unter Kellys Druck seinen Posten auf.

Tatsächlich gelang es dem neuen Stabschef, das Durcheinander im Weißen Haus einigermaßen in den Griff zu bekommen. Niemand konnte mehr einfach ins Oval Office spazieren, wie es ihm gefiel, selbst Kushner und Ivanka mussten sich anmelden. Kelly sorgte dafür, dass allein wichtige und richtige Informationen auf dem Schreibtisch des Präsidenten landeten, und er mäßigte Trumps impulsgetriebene Politik. Gemeinsam mit Sicherheitsberater McMaster und Verteidigungsminister Mattis, ebenfalls Generäle im Ruhestand, schaffte es Kelly, mehr Professionalität und Berechenbarkeit in die Regierungsarbeit zu bringen. Der Erfolg blieb nicht aus: Im Dezember 2017 verabschiedete der Kongress eine massive Steuersenkung. Das war der größte gesetzgeberische Erfolg von Trumps Präsidentschaft.

Je stärker freilich die Rolle der Generäle wurde, desto mehr fürchtete Trump, er verliere an Kontrolle. Damit hing das Damoklesschwert über allen dreien. McMaster war im März 2018

der erste, über dem es fiel. Er vertrat in der Russland-, Nord-
korea- und Iranpolitik dezidiert andere Positionen als Trump,
stand seit Monaten im Kreuzfeuer der Konservativen und kam
weder mit dem Präsidenten noch mit Kelly zurecht. Kurz zuvor hatten bereits Wirtschaftsberater Cohn und Außenminister Tillerson ihre Posten aufgegeben. Das Personalkarussell
drehte sich immer rascher, nach 18 Monaten hatten 61 Prozent
der wichtigsten Mitarbeiter die Regierung verlassen. Kein Präsident verlor jemals auch nur annähernd so viele hochrangige
Stabsmitglieder in so kurzer Zeit. Kelly und Mattis warfen im
Dezember 2018 hin, beide zermürbt durch die ständigen Que-
relen mit ihrem Chef. Insbesondere Kushner und Ivanka betrieben Kellys Ablösung, weil er ihren Einfluss beschnitten
hatte. Kelly hatte seinen Frustrationen schon im Juni freien
Lauf gelassen, als er Senatoren sagte, das Weiße Haus sei «ein
elender Ort, zu arbeiten»[56]. Am Ende sprachen Trump und sein
Stabschef nicht einmal mehr miteinander. Mattis stellte sein
Amt zur Verfügung, weil der Präsident gegen seinen Rat ankündigte, sofort alle US-Truppen aus Syrien abzuziehen. Damit war nach zwei Jahren kein Berater von eigenständigem
Gewicht mehr in der Regierung vertreten.

Let Trump be Trump (Januar 2019 –)

Die neuen Männer – Frauen waren keine dabei –, die an ihre
Stelle traten, waren dem Präsidenten treu ergeben oder verstärkten seine Instinkte sogar noch. CIA-Chef Mike Pompeo,
ein Trumpist der ersten Stunde, wurde Außenminister, Fern-
sehanalyst Larry Kudlow Chef des Nationalen Wirtschaftsrats,
Bolton, der Trumps aggressive Ablehnung des Multilateralismus und seine harte Haltung gegenüber dem Iran spiegelte,
Sicherheitsberater. Mick Mulvaney, ein Günstling Bannons,
übernahm das Amt des Stabschefs. Der 33-jährige Stephen Miller, ein Immigrations-Hardliner, war neben Conway der letzte

ranghohe politische Überlebende aus Trumps ursprünglichem Beraterteam, was seinen Einfluss massiv anwachsen ließ. Kushner und Ivanka Trump blieben geschwächt, weil sie dem Präsidenten trotz aller familiären Verbundenheit weltanschaulich nicht allzu nahe standen und ihm oft katastrophale Ratschläge erteilt hatten, etwa Comey zu feuern oder Scaramucci zu berufen. Trump griff stärker auf Giuliani zurück, der ohne formales Amt als sein Consigliere und Mann für zwielichtige Angelegenheiten fungierte. Nach zwei Jahren des Chaos und der verordneten Mäßigung hatte der Präsident ein Team um sich versammelt, das ihm bedingungslos loyal war und ihn endlich ganz er selbst sein ließ. Bei seinem Abgang hatte Stabschef Kelly allerdings gewarnt, falls Trump einen «Ja-Sager» als neuen Stabschef berufe, würde das in einem Impeachment-Verfahren gegen ihn münden.[57]

Viele der umstrittensten Initiativen des Präsidenten – die verschärfte Einwanderungspolitik, das harte Vorgehen gegen den Iran, die Eskalation des Handelskonflikts mit China, die Attacken auf vier junge demokratische Abgeordnete mit Migrationshintergrund, die dubiosen Versuche, ausländische Regierungen für eigene Wahlkampfzwecke einzuspannen – gediehen in einem Umfeld, in dem sich Berater und Minister als Verstärker von Trumps Ideen sahen. Bisweilen ließen diese aber selbst die treuesten Mitarbeiter verdutzt zurück, etwa seine Einfälle, Grönland von Dänemark zu kaufen, Hurrikans mit Atomwaffen zu zerstören, die USA aus der Nato herauszuführen, sich Iraks Ölquellen anzueignen, der geplanten Mauer zu Mexiko einen wassergefüllten Graben mit Alligatoren und Schlangen vorzulagern, illegalen Immigranten in die Beine zu schießen, um sie aufzuhalten, oder iranische Kulturstätten zu bombardieren. Während seiner gesamten Amtszeit lernte der Präsident nicht, sich in seinen öffentlichen Äußerungen zu beherrschen, dauernd sagte er, was ihm gerade in den Sinn kam.

Bei den Zwischenwahlen im November 2018 eroberten die Demokraten in einem Erdrutschsieg das Repräsentantenhaus.

Wie viele Präsidenten vor ihm fand sich Trump damit in der zweiten Hälfte seiner Amtszeit in einer Phase der «geteilten Regierung» (divided government), die in Zeiten der extremen parteipolitischen Polarisierung die Verabschiedung neuer Gesetze massiv erschwerte. Er regierte deshalb mit Dekreten und konzentrierte sich auf Politikbereiche, in denen er ohne den Kongress handeln konnte. Neue Energie zog Trump aus dem Umstand, dass er im März 2019 die Schlacht um den «Untersuchungsbericht zur russischen Einflussnahme auf die Präsidentenwahl 2016» von Sonderermittler Mueller zumindest medial gewann. Der Bericht stellte fest, dass sich Russland systematisch und illegal in die Wahl eingemischt hatte und hochrangige Mitglieder von Trumps Wahlkampfteam dies unterstützten, weil sie sich davon politische Vorteile versprachen. Die Ermittler wiesen mehreren Beratern Falschaussage und Justizbehinderung nach, einige wurden zu Gefängnisstrafen verurteilt, selbst von Trumps Unschuld waren sie nicht überzeugt. Aber eine formale Anklage erfolgte nicht, da einem amtierenden Präsidenten außer durch das von der Verfassung aufgezeigte Impeachment-Verfahren kein Prozess gemacht werden darf. Dem Medienprofi Trump gelang es, dies als Sieg zu verkaufen, zumal sein neuer Justizminister William Barr den 448-seitigen Bericht einseitig für die Öffentlichkeit zusammengefasst hatte. Die Demokraten, die sich von Mueller unumstößliche Belege für eine Amtsenthebung erhofft hatten, standen als politische Verlierer da.

Gestärkt durch den Mueller-Bericht säuberte Trump sein Kabinett von letzten unabhängigeren Stimmen. Im Heimatschutzministerium ersetzte er im April 2019 Kirstjen Nielsen, weil sie ihm nicht hart genug gegen Immigranten vorging. Im nächsten Monat musste der Stellvertretende Justizminister Rod Rosenstein gehen, der Mueller zum Verdruss des Präsidenten zum Sonderermittler bestellt hatte. Und im Außenministerium wurden viele offene Stellen nicht mit Karrierebeamten gefüllt, sondern mit politischen Gefolgsleuten oder gar nicht.

45 der 166 Botschafterposten gingen an Leute, die für Trumps Wahlkampf gespendet hatten oder ihm politisch nahe standen – ein Rekord in der US-Geschichte. Seinen dritten Sicherheitsberater Bolton entließ er im September 2019, als sich dieser in der Nordkorea- und Afghanistanpolitik gegen den Präsidenten stellte und ein härteres Vorgehen forderte – natürlich per Tweet und ohne Rücksicht auf diplomatische Gepflogenheiten: «Ich informierte John Bolton vergangenen Abend, dass seine Dienste nicht länger benötigt werden im Weißen Haus. Ich war wie andere in der Regierung mit vielen seiner Vorschläge absolut nicht einverstanden.»[58] Trump konnte nun mit einem auf ihn und seine Politik eingeschworenen Team regieren und in den Präsidentschaftswahlkampf 2020 ziehen. Die Phase, in der ihn Mitarbeiter und Minister zu mäßigen vermochten, war zu Ende. «Das ist die Präsidentschaft eines Mannes», sagte ein ehemaliger Hauptberater. «Es ist Trump: entfesselt, ungezügelt, hemmungslos.»[59] Damit stieg freilich die Gefahr, dass Trump sich und die USA aus Maßlosigkeit und Ignoranz in Krisen hineinmanövrierte.

Folgen für die Politik

Die meisten Experten betrachten Trumps Persönlichkeit und seinen Führungsstil als ungeeignet für ein effektives Regieren. In den Augen der Historikerin Doris Kearns Goodwin, Verfasserin von «Leadership in Turbulent Times», fehlen ihm dafür entscheidende Qualitäten: «Bescheidenheit, Irrtümer anerkennen, Schuld eingestehen und aus Fehlern lernen, Empathie, Ausdauer, Teamfähigkeit, einen Draht zu Menschen herstellen und unproduktive Emotionen kontrollieren.»[60] Die hohe Mitarbeiterfluktuation, das notorische Durchstechen von Interna an die Medien und die vielen von Gerichten kassierten Präsidialdekrete waren Indizien für die Dysfunktionalität des Weißen Hauses. Ein erfahrener und weniger sprunghafter Politiker hätte mit einem professionellem Beraterstab legislativ viel mehr erreichen können, zumal es das erste Mal seit 1953 war, dass ein frischgewählter republikanischer Präsident über Mehrheiten in beiden Kammern des Parlaments verfügte. Eines der wenigen wichtigen parteiübergreifenden Gesetze in Trumps Amtszeit war im Dezember 2018 eine Strafrechts- und Gefängnisreform, die die Haftzeiten für Drogendelikte reduzieren und die Resozialisierung von Insassen verbessern soll.

Drei Faktoren halfen Trump trotz seiner Schwäche als Manager, seines chaotischen Führungsstils und seiner mangelnden Sachkenntnis immer wieder, seinen Willen im politischen System der USA durchzusetzen. Zum einen hielten seine Wähler, die ihn ins Weiße Haus gehievt hatten, unverbrüchlich zu ihm. Trump hatte zwar in seiner Amtszeit mit 40 bis 45 Prozent niedrigere Zustimmungsraten als alle seine Vorgänger. Aber die Zahlen waren erstaunlich stabil, und seine Anhänger standen fast geschlossen hinter ihm: Kein anderer Präsident der vergangenen 50 Jahre mit Ausnahme George W. Bushs direkt nach 9/11 war bei seinen Wählern so populär wie Trump. Durch seine ständigen Klagen darüber, wie übel die Eliten ihm und seinen Unterstützern mitspielten, schuf er eine Wagenburgmentalität, der sich kaum jemand entziehen konnte. Mit dieser hochmotivierten Basis im Rücken transformierte er die Republikanische Partei zur Partei Trumps. Republikanische Kongressmitglieder, die ihm persönlich oder inhaltlich kritisch gegenüberstanden, konnte er durch seine Wählerbataillone unter Druck setzen, indem er damit drohte, diese bei den Vorwahlen für einen Gegenkandidaten stimmen zu lassen. Zugleich umgarnte er per Telefon unermüdlich Abgeordnete und Senatoren und baute damit politisches Kapital auf, das er bei Abstimmungen einfordern konnte. Besonders willfährige Parteifreunde durften in der Air Force One mitfliegen, bei Veranstaltungen des Präsidenten neben ihm auf der Bühne stehen oder wurden zu Kino-Abenden ins Weiße Haus eingeladen.

«Um in Trumps Republikanischer Partei relevant zu bleiben», schrieb der Journalist Tim Alberta, «musste man sich in seinem Orbit bewegen.»[61]

Zum zweiten blieb Trump als Präsident ein Meister darin, die politische Agenda zu setzen. Ob per Tweet, Rede oder Dekret, stets bot seine One-Man-Show ein neues Drama. Das Publikum schien das bewundernd oder zumindest mit einer morbiden Faszination zu goutieren, die Zahl seiner Twitter-Follower stieg in den ersten drei Amtsjahren von unter 20 auf 66 Millionen, darunter zwölf Millionen US-Bürger im Wahlalter. In diesem Zeitraum verschickte Trump 11 400 Tweets, die Hälfte davon zwischen 6 und 10 Uhr morgens, wenn keine Berater zugegen waren. In mehr als 50 Prozent seiner Tweets griff er Gegner an, in fast 20 Prozent pries er sich selbst. Zudem leitete der Präsident 145 Nachrichten von einschlägigen Verschwörungstheorie-Konten weiter, darunter die einer russischen Troll-Einrichtung.[62] Durch sein Verletzen konventioneller Normen und seine ehrgeizigen Ziele dominierte er den öffentlichen Diskurs und die politische Debatte in einer Weise, wie es kaum einem seiner Vorgänger gelungen war. Zum dritten schließlich strahlte Trump ein unerschütterliches Vertrauen in sich selbst und die Richtigkeit seiner Anliegen aus. Allein das wirkte für viele attraktiv, zeigen wissenschaftliche Studien doch, dass Menschen sich gern Siegern anschließen, egal, ob sie sie sympathisch finden oder nicht.

4. «Ich werde eine große, große Mauer bauen»: Die Einwanderung

Das Thema, das Trumps Wahlkampf mehr als jedes andere befeuerte, war die illegale Immigration. Schon beim Ankündigen seiner Kandidatur hatte er mexikanische Einwanderer zur Zielscheibe seiner Attacken gemacht und versprochen: «Ich würde eine große Mauer bauen, und niemand baut Mauern besser als ich, glauben Sie mir das, und ich baue sie sehr günstig. Ich werde eine große, große Mauer bauen an unserer Südgrenze. Und ich werde Mexiko für diese Mauer bezahlen lassen.»[1] Bald agitierte er auch gegen andere ethnische und religiöse Minderheiten. Seine implizite Botschaft lautete, Amerika sei ein Land der Weißen und er werde alles tun, damit dies in Zukunft so bleibe. Seit mehr als einem halben Jahrhundert hatte kein Präsidentschaftskandidat einer der beiden großen Parteien derart spalterische Aussagen so explizit formuliert. Und Trump wusste, was er tat: Wissenschaftliche Studien seines Wahlerfolgs belegen, dass dieser stärker von Ressentiments getrieben wurde als von anderen Faktoren. Ein Papier identifizierte Rassismus und Sexismus als wichtigeren Grund für Weiße ohne College-Ausbildung, ihn zu unterstützen, als wirtschaftliche Sorgen. Für seine Vorgänger als republikanische Präsidentschaftskandidaten, McCain und Romney, ließ sich kein solcher Zusammenhang feststellen.[2] Selbst bei jungen weißen Wählern, den zwischen 1981 und 1996 geborenen Millenials, erhöhten rassistische Einstellungen die Wahrscheinlichkeit einer Stimmabgabe für Trump massiv.[3]

Als Präsident musste Trump diese Wählergruppe unbedingt bei der Stange halten, wollte er seine machtvolle Position in der Republikanischen Partei und seine Wiederwahlchancen sichern.

Die Einwanderungspolitik wurde deshalb zum «Fieberwahn des Trumpismus» (Michael Wolff).[4] Schon am 25. Januar 2017, nur fünf Tage nach seiner Amtseinführung, unterzeichnete der Präsident ein Dekret zu «Verbesserungen der Grenzsicherheit und der Durchsetzung der Einwanderungsbestimmungen», das den sofortigen Bau der Mauer und die Einstellung von zusätzlich 5000 Grenzpolizisten und 10 000 Immigrationsbeamten versprach. Dass selbst eine durchgehende Mauer die illegale Einwanderung nicht stoppen könnte, kam kaum zur Sprache. Ein Drittel bis die Hälfte der illegalen Immigranten war nämlich nicht über die Südgrenze in die USA gekommen, sondern mit einem gültigen Visum über einen der Flughäfen ein-, aber nach dessen Ablauf nicht ausgereist. Zwei Tage danach erließ Trump ein weiteres Dekret mit dem Titel «Schutz der Nation vor Einreisen ausländischer Terroristen in die USA». Es wies die Behörden an, Personen aus sechs muslimischen Staaten und neue Flüchtlinge für 90 beziehungsweise 120 Tage nicht mehr ins Land zu lassen, und begrenzte die Zahl der aufzunehmenden Asylbewerber 2017 auf maximal 50 000 statt wie bisher 110 000. Zwar hatten beide Dekrete keine großen Folgen, weil das erste eine Geldbewilligung des Kongresses benötigte und das zweite von einem Bezirksrichter nach einer Woche weitgehend blockiert wurde. Aber sie boten einen Vorgeschmack darauf, dass die Einwanderung das zentrale innenpolitische Thema der Trump-Präsidentschaft werden sollte.

Immigration als Chance und Problem

Die USA waren lange Zeit ein Land, das Einwanderer willkommen hieß. Das erste, was im New Yorker Hafen per Schiff eintreffende Immigranten sahen, war die 1886 errichtete Freiheitsstatue, in deren Sockel auf einer Bronzetafel ein Gedicht von Emma Lazarus mit den berühmten Zeilen stand: «Gebt mir eure Müden, eure Armen/Eure geknechteten Massen, die sich danach sehnen, frei zu atmen.» 1913 zum Beispiel waren drei Viertel der Bewohner New Yorks im Ausland geboren oder Amerikaner der ersten Generation. Auf Phasen der fast ungehinderten Einwanderung folgten indes immer wieder Phasen der Abschottung, vor allem gegenüber Nicht-Weißen. 1882 schränkte der Kongress mit dem «Gesetz zum Ausschluss der Chinesen» zum ersten Mal die freie Immigration für eine bestimmte ethnische Gruppe ein. 1917, 1921 und 1924 folgten weitere Gesetze, die Asiaten ausschlossen, durch Herkunftsquoten Ost- und Südeuropäer, die oft nicht als «weiß» galten, benachteiligten sowie Nord- und Westeuropäer begünstigten.

Während der Bürgerrechtsbewegung liberalisierten die USA 1965 ihr Einwanderungssystem, seither ist die Familienzusammenführung zentrales Kriterium bei der Immigration. Der demokratische Senator Edward «Ted» Kennedy, ein wichtiger Unterstützer der Neuregelung, versprach damals, das Gesetz werde «den ethnischen Mix unserer Gesellschaft nicht durcheinanderbringen»[5]. Doch es kam anders: Der Anteil der legalen Immigranten an der Bevölkerung stieg vom Tiefpunkt von 4,7 Prozent im Jahr 1970 auf 13,7 Prozent 2017 und damit fast wieder auf historische Höchstwerte. Stammten 1960 noch 84 Prozent der Einwanderer aus Europa und Kanada, stellten jetzt Mexikaner (25,3 %), Lateinamerikaner (25,1%) und Asiaten (27,4 %) die überwiegende Mehrheit.[6]

Dazu wuchs die Zahl illegaler Migranten. Bis in die 1970er Jahre war der Begriff so gut wie unbekannt, obwohl mexikanische Saisonkräfte häufig auf US-Farmen arbeiteten und im Land blieben. 1986 unterzeichnete der republikanische Präsident Reagan ein Gesetz, das fast drei Millionen papierlose Einwanderer amnestierte und ihnen ein Aufenthaltsrecht gewährte. In den beiden folgenden Jahrzehnten schwoll die Zahl der Illegalen aber dramatisch an, in erster Linie, weil die amerikanische Wirtschaft blendend lief und in Mexiko ein enormer Bevölkerungsdruck herrschte – 1970 hatten Frauen dort noch durchschnittlich 6,8 Kinder zur Welt gebracht. Von 1990 bis 2007 erhöhte sich die Zahl der Illegalen von 3,5 auf 12,2 Millionen. Damit machten sie ein Viertel aller Einwanderer aus. Das Thema bekam politische Relevanz. Auf der Linken waren es die Gewerkschaften, die in den vielen Zuwanderern Konkurrenten für ihre Mitglieder sahen und fallende Löhne befürchteten. Auf der Rechten erschreckte Kulturkonservative die sich rapide ändernde ethnische und religiöse Zusammensetzung des Landes. Zwischen 1970 und 2010 verdoppelte sich nämlich der Anteil der Minderheiten von 16,5 auf 36,3 Prozent. 2045 werden Weiße erstmals in der Geschichte der USA weniger als die Hälfte der Bevölkerung stellen – wie das heute bereits in Hawaii, New Mexico, Kalifornien und Texas der Fall ist.

Die ersten physischen Maßnahmen zur Eindämmung der illegalen Immigration aus dem Süden ergriff Präsident George H. W. Bush Anfang der 1990er Jahre, als er an der 3145 Kilometer langen Grenze mit Mexiko einen 21-Kilometer-Zaun zwischen Tijuana und San Diego errichten ließ. Clinton erweiterte die Anlage und erleichterte Abschiebungen. Neuen Schub erhielten Initiativen zur Grenzsicherung nach den Terroranschlägen von 9/11. Präsident George W. Bush stockte die Zahl von Grenzbeamten massiv auf und setzte 2006 das «Sichere-Zaun-Gesetz» in Kraft, das weitere 1050 Kilometer mit Sperranlagen versah. Das politische Klima hatte sich mittlerweile so sehr gegen illegale Einwanderer gewendet, dass selbst viele Demokraten, darunter die Senatoren Obama, Joe Biden und Hillary Clinton, dafür stimmten. Zwei große Immigrationsreformgesetze scheiterten unter Trumps unmittelbaren Vorgängern am Widerstand nationalistischer Republikaner und gewerkschaftsnaher Demokraten im Kongress. Parallel stiegen die Abschiebungen nach Mexiko und Zentralamerika. Unter Bush wurden zwei Millionen Menschen deportiert, unter Obama drei Millionen – wobei sich Letzterer auf Straftäter sowie Neuankömmlinge konzentrierte und diejenigen, die als Kinder eingewandert waren, ausnahm. In erster

Linie jedoch fiel die Zahl der im Land lebenden papierlosen Migranten von 12,2 Millionen im Jahr 2006 auf 10,5 Millionen 2017, weil der demografische Druck südlich der Grenze abflaute und die schlechten Jobperspektiven nach der schweren Rezession in den USA viele Mexikaner in ihre Heimat zurückkehren ließen.

Die Illusion von Sicherheit und einem weißen Amerika

Als Trump im Wahlkampf illegale Einwanderer denunzierte, war ihre Zahl so niedrig wie seit 2001 nicht mehr. Und die Illegalen, die im Land lebten, taten das mittlerweile seit durchschnittlich 15 Jahren und waren besser ausgebildet und integriert als früher. Dass Trumps Slogans bei vielen Wählern trotzdem so sehr verfingen, hatte zwei Gründe. Zum einen fürchteten sie, Amerika verliere wegen der hohen Zuwanderung seine «Identität als Nation»[7]. Zum anderen war ihre Skepsis gegenüber Immigranten und insbesondere Muslimen nach den Anschlägen von 9/11 massiv gestiegen. Beide Sorgen erhielten 2015 und 2016 frische Nahrung, als 2,3 Millionen Flüchtlinge aus islamischen Ländern in die EU strömten. Trump griff das Thema begierig auf, nannte Merkels Politik der Willkommenskultur «eine Schande» und «verrückt» und sagte, die Kanzlerin «ruiniere Deutschland». Er stellte sogar eine direkte Verbindung zu seiner Gegenkandidatin her: «Hillary Clinton will Amerikas Angela Merkel sein, und ihr wisst, was für ein Desaster diese massive Einwanderung für Deutschland und die Deutschen war.»[8]

Die mörderischen islamistischen Terroranschläge in Frankreich, darunter auf die Redaktion der Satirezeitschrift *Charlie Hebdo*, die Konzerthalle Bataclan und Besucher des Nationalfeiertag-Feuerwerks in Nizza, mit mehr als 200 Toten waren in den US-Medien ein Riesenthema und wurden von Trump im Wahlkampf ausgeschlachtet. Seine Forderungen nach einem

Mauerbau und seine Hetze gegen illegale Migranten standen symbolisch für eine Politik, die dem Land mehr Sicherheit in turbulenten Zeiten garantieren und den Weißen ihre privilegierte Stellung erhalten oder zurückbringen sollte. Wie schon als Kandidat suchte er auch als Präsident nach Gelegenheiten, politisches Kapital aus dem Rassenthema zu schlagen. Als es in Charlottesville, Virginia im August 2017 bei der größten rechtsextremen Kundgebung seit Jahrzehnten zu Zusammenstößen mit Gegendemonstranten kam, verurteilte Trump die weißen Neonazis zunächst nicht, sondern sprach von «Hass, Fanatismus und Gewalt auf vielen Seiten» und wiederholte «auf vielen Seiten».[9] Wenige Tage später begnadigte er Ex-Sheriff Arpaio, eine Galionsfigur der Ethno-Nationalisten, nachdem dieser wegen willkürlicher Verhaftung von Immigranten verurteilt worden war. Im Folgemonat spielte Trump die Verwüstung Puerto Ricos durch einen Hurrikan herunter, offenbar, weil dort fast nur hispanische Amerikaner lebten. Er griff schwarze Footballspieler, die während der Nationalhymne niederknieten, um gegen Polizeigewalt und Rassismus zu protestieren, als «respektlos gegenüber unserer Flagge» und «Mistkerle» an.[10] Er ließ Obamas Plan zurücknehmen, das Bild des Präsidenten und Sklavenhalters Andrew Jackson auf dem 20-Dollar-Schein durch das der schwarzen Freiheitskämpferin Harriet Tubman zu ersetzen. Und nachdem Ende Mai 2020 mitten in der Corona-Pandemie ein Video der brutalen Tötung eines wehrlosen, bereits verhafteten Schwarzen durch einen weißen Polizisten in Minneapolis Rassenunruhen in dutzenden Städten ausgelöst hatte, goss Trump mit einem militanten Tweet Öl ins Feuer: «Wenn die Plünderungen beginnen, beginnt das Schießen.»

Trotz aller juristischen Rückschläge, parlamentarischen Widerstände und politischen Attacken der Demokraten hielt der Präsident hartnäckig daran fest, die Immigration zu begrenzen. Nach der gerichtlichen Niederlage seines Einreisebanns für Muslime erließ er im März 2017 eine etwas großzügigere Direktive. Doch ein Bezirksgericht setzte ihre wichtigsten Ziele, das Verbot der Einwanderung aus sechs Ländern und die Obergrenze für Flüchtlinge, sofort wieder außer Kraft. Dem dritten, erneut leicht veränderten Versuch, diesmal in Form einer Proklamation, im September erging es nicht anders. Ein Berufungsgericht befand, sie überschreite die verfassungsrechtlichen Kompetenzen des Präsidenten. Die Angelegenheit landete beim Obersten Gerichtshof in Washington. In «Trump v. Hawaii» hob dieser am 26. Juni 2018 die Entscheidung der unteren Instanzen auf und entschied, der Präsident habe im Rahmen seiner Vollmachten gehandelt. Die fünf von Republikanern benannten Richter stimmten dafür, die vier von Demokraten benannten dagegen. Trump hatte sich durchgesetzt. Da er auch die Obergrenze für Flüchtlinge weiter auf 18 000 im Jahr 2020 senkte und die Liste von Ländern mit Einreiserestriktionen auf 13 erhöhte, konnte er sein Wahlkampfversprechen eines «totalen und kompletten Herunterfahrens der Einreise von Muslimen in die USA»[11] als größtenteils eingelöst betrachten.

Zugleich erschwerte die Regierung die Einwanderung mit administrativen Maßnahmen: Die Kontrollen am Arbeitsplatz wegen der Beschäftigung von Illegalen wurden vervierfacht, die Ausgabe befristeter H-1B-Visa für qualifizierte ausländische Arbeiter verlangsamt, Einwanderungsrichter zu schnelleren Deportationen angehalten. Wenn sich Trump einmal konzilianter gab, führte ihn der im Weißen Haus für Immigrationsfragen zuständige Miller auf einen harten Kurs zurück. So schien der Präsident in der Frage des Schicksals von 690 000 sogenannten «Dreamers», jungen Erwachsenen, die als Kinder illegal in die USA gebracht worden waren, zunächst kompromissbereit. Miller ließ Trump daraufhin während der Verhandlungen mit Kongressführern über Verbündete informieren, zu den Dreamers zählten Personen aus Haiti und afrikanischen Staaten. Der Präsident war entsetzt und fragte in die Runde, warum er Immigranten aus «Scheißloch-Ländern» (shithole countries) akzeptieren solle statt Einwanderer aus Orten wie

Norwegen.[12] Das war das Ende des von zwei Senatoren entwickelten parteiübergreifenden Plans. Trump ordnete an, die den Dreamers von Obama gewährten Vergünstigungen – Arbeitserlaubnis und Schutz vor Deportation – aufzuheben. Aber Mitte 2018 setzte ein Bundesrichter diesen Erlass aus, und der Supreme Court bestätigte im Juni 2020 diese Entscheidung zum Verdruss der Administration.

Noch größere Probleme bereitete der Regierung der Mauerbau. Sehr schnell war klar: Mexiko würde ihn nicht bezahlen, wie von Trump gefordert. In einer Fernsehansprache wies dessen Präsident Peña Nieto das Ansinnen zurück und sagte ein vereinbartes Treffen mit seinem amerikanischen Kollegen ab. Das Geld für die Mauer musste also anderswoher kommen. Im Februar 2017 bezifferte das Heimatschutzministerium ihre Kosten auf 22 Milliarden Dollar und damit fast auf die doppelte Summe wie Trump im Wahlkampf. Obwohl die Republikaner die Mehrheit im Kongress hatten, genehmigte das Parlament erst nach langem Ringen im März 2018 Geld für die Mauer – und nur 1,6 Milliarden Dollar, was gerade einmal für 145 Kilometer reichte. Es schien, als müsste sich Trump von seinem Lieblingsprojekt verabschieden.

Von der imaginierten zur realen Flüchtlingskrise

In den ersten 16 Amtsmonaten versuchte Trump, eine nicht-existente Immigrationskrise herbeizureden. In Wirklichkeit war die Zahl der an der mexikanischen Grenze verhafteten illegalen Einwanderer von 1,1 Millionen im Fiskaljahr 2006 auf 310 500 im Jahr 2017 und damit auf den niedrigsten Stand seit 1971 gefallen. Heimliche Grenzübertritte waren im selben Zeitraum sogar um 93 Prozent auf 62 000 zurückgegangen.[13] Entgegen Trumps Behauptungen zeigten wissenschaftliche Studien, dass Einwanderer, legale und illegale, die Verbrechensquote in den USA nicht erhöhten.[14] Und trotz der verschärften Vorschriften deportierte die Regierung unter Trump im Durchschnitt zunächst weniger Menschen als unter Obama.

Im Sommer 2018 änderte sich das Bild allerdings fundamental, als Bandengewalt, horrende Mordraten, Dürre und Hunger Zehntausende von Menschen aus Honduras, Guatemala und El Salvador zu einem Marsch 4000 Kilometer durch Mexiko aufbrechen ließen. Das bisher weitgehend imaginierte Immigrationsproblem wurde jetzt real und drängend. Im November erreichte eine Karawane von 7000 Migranten die Grenze zu den USA. Die Bilder erinnerten an die Massentrecks von Flüchtlingen Richtung EU im Herbst 2015. Auf dem Höhepunkt im Mai 2019 griffen Grenzschützer 144 000 Personen auf und damit mehr als in jedem anderen Monat seit zehn Jahren, zwei Drittel davon Familien und 11 500 unbegleitete Kinder. Dramatisch wurde die Lage dadurch, dass die meisten Festgenommenen nicht wie bei früheren Migrationswellen junge Mexikaner auf der Suche nach Arbeit waren, die man leicht zurückweisen konnte. Jetzt dominierten Menschen, die aus gefährlichen Verhältnissen flohen und die nach amerikanischem wie internationalem Recht Anspruch auf ein Asylverfahren hatten.

Die Krise war ein politisches Geschenk für den Präsidenten, und er reagierte darauf, wie er das bisher praktiziert hatte: mit schriller Rhetorik und harten Maßnahmen. Von Beginn an ließ er seinen Justizminister eine «Null-Toleranz»-Politik verfolgen und illegale Immigranten von ihren Kindern trennen. Bis ein Richter diese Maßnahmen im Juni 2018 verbot, waren um die 5000 Kinder in eigenen Einrichtungen untergebracht worden. Nicht alle konnten mit ihren Eltern wiedervereinigt werden. Im Sommer bezeichnete Trump die Karawanen als «Invasion» und erklärte, «viele Gang-Mitglieder und einige sehr schlechte Leute» sowie «unbekannte Leute aus dem Mittleren Osten» hätten sich daruntergemischt.[15] Im November 2018 entsandte er 5800 Soldaten an die Grenze und erließ ein Dekret, Personen, die illegal ins Land kamen, keinen Flüchtlingsstatus zu gewähren. Es wurde prompt von einem Richter aufgehoben. Daraufhin schafften Behördenmitarbeiter auf Anweisung des Heimatschutzministeriums Tausende Migranten nach ihrer Registrierung nach Mexiko zurück, wo sie auf ihren Termin bei einem amerikanischen Immigrationsgericht warten sollten. Trotz dieser Maßnahmen drohte das System angesichts der hohen Fallzahl zu kollabieren. Im Juni 2019 musste die Grenzpatrouille 15 000 Menschen in Räumlichkeiten unterbringen, die für 4000 ausgelegt waren, und viele wurden selbst nach einem kursorischen Ausfüllen ihres Asylantrags in die USA entlassen. Zu diesem Zeitpunkt waren vor Immigrationsgerichten bereits 800 000 Fälle anhängig, so dass Jahre bis zu einer Anhörung vergehen konnten.

Trump stand in einem zentralen Bereich seines Wahlprogramms vor dem Scheitern. Er verschärfte deshalb seine Verbalattacken und warnte potenzielle Einwanderer bei einem Grenzbesuch: «Unser Land ist voll. ... Kehrt um.»[16] Mexiko drohte er, einen Sonderzoll von fünf Prozent auf alle seine Exportgüter in die USA zu verhängen und ihn jeden Monat um weitere fünf Prozent zu erhöhen, falls das Land den Migrantenstrom nicht stoppe. Das war das erste Mal in der Geschichte, dass Washington Zölle als Druckmittel für nicht-wirtschaftliche Ziele einsetzte. Die Kampfansage wirkte. Am 7. Juni 2019 versprach die mexikanische Regierung, mehr Asylsuchende zurückzunehmen und 6500 Nationalgardisten an der Grenze zu Guatemala und 15 000 an der Grenze zu den USA zu stationieren, um Einwanderer aufzuhalten. In der Folge fielen die Zahlen der Festnahmen wegen illegalen Grenzübertritts deutlich. Am 26. Juli stimmte der guatemaltekische Präsident Jimmy Morales unter Trumps Druck einem Abkommen zu, das sein Land als «sicheren Drittstaat» definierte. Damit mussten Migranten aus Honduras und El Salvador, wenn sie durch Guatemala reisten, dort um Schutz nachsuchen. Kurz darauf folgten ähnliche Vereinbarungen mit El Salvador und Honduras. Im September ließ der Supreme Court eine Präsidialdirektive vorläufig in Kraft treten, nach der Grenzbeamte Asyl-suchende abweisen konnten, wenn sie auf ihrem Weg durch Mexiko keinen entsprechenden Antrag gestellt hatten. Bald sank die Zahl der Flüchtlinge auf das Vorkrisenniveau. Parallel schaffte die Uno-Organisation für Migration mit Geld des US-Außenministeriums Tausende Flüchtlinge per Bus und Flugzeug zurück nach Zentralamerika. Wieder hatte der Präsident, obgleich mit brachialen Methoden und auf dubioser Rechtsgrundlage, einen Teilerfolg erzielt.

Mit seinem kompromisslosen Vorgehen wollte der Präsident vor den Wahlen 2020 seine eigene Basis bei der Stange halten und die gegnerische spalten.[17] Trump bemühte sich deshalb, seine potenziellen Herausforderer in der Demokratischen Partei zu immigrationsfreundlichen Stellungnahmen zu provozieren, die er dann gegen sie verwenden konnte. Tatsächlich waren die Demokraten in der Einwanderungspolitik weit nach links gerückt. Ihre letzten beiden Präsidenten, Clinton und Obama, hatten noch eine härtere Position eingenommen und Zwangsdeportationen nach Mexiko verstärkt. Vor und während der Vorwahlen 2019 und 2020, bei denen Parteiaktivisten eine große Rolle spielten und es mehr um ideologische Reinheit als pragmatische Lösungen ging, verteidigte kein demokratischer Kandidat mehr diese Politik. Die meisten forderten eine kostenlose staatliche Krankenversicherung für Illegale – eine in den USA kaum mehrheitsfähige Position. Im Repräsentantenhaus formierte sich sogar eine radikale Pro-Immigrations-Gruppe um die neugewählte, charismatische New Yorker Abgeordnete Alexandria Ocasio-Cortez.

Als der Senat im Juli 2019 parteiübergreifend einen Nachtragshaushalt für die überlastete Grenzbehörde beschloss, verweigerten sich im Haus 95 linke Demokraten gegen den ausdrücklichen Wunsch ihrer Vorsitzenden Nancy Pelosi dem Gesetz – darunter vier neugewählte Parlamentarierinnen mit Migrationshintergrund. Angesichts ihres Votums riet ihnen Trump, doch «in ihre total kaputten und verbrechensverseuchten Heimatländer zurückzukehren, aus denen sie gekommen sind, und sie aufzubauen»[18]. Dabei waren drei in den USA geboren und die vierte als Kind ins Land eingewandert. Mit seinen Tiraden appellierte Trump an seine weißen Kernwähler, die sich von dem zunehmend durchmischten Amerika bedroht fühlen. Bei einem Wahlkampfauftritt griff er eine der Frauen, Ilhan Omar, scharf an und ließ die Menge «Schick sie zurück» skandieren. Auf Kritik an diesen Rufen verteidigte er die Krakeeler als «unglaubliche Patrioten». In seiner Partei regte sich kaum Widerstand dagegen. Nur vier Republikaner, aber alle Demokraten im Repräsentantenhaus unterstützten eine Rüge des Präsidenten für seine chauvinistischen Äußerungen. Trump wäre nicht Trump, wenn er nicht sofort nachgelegt hätte mit dem Tweet, die vier Frauen seien üble vaterlandslose Rassistinnen und Antisemitinnen und «unfähig, unser Land zu lieben»[19]. Weil er schon dabei war, bezeichnete er den mehrheitlich schwarzen Wahlkreis eines der ranghöchsten afroamerikanischen Abgeordneten, der den Zustand der Einwandererzentren kritisiert hatte, als «ekeligen, von Ratten und Nagern befallenen Verhau» und «sehr gefährlichen und dreckigen Ort».[20]

Showdown über den Mauerbau

Die Flüchtlingskrise hauchte Trumps Mauerplänen neues Leben ein. Was für ein wichtiges Symbol die Mauer für die politische Rechte geworden war, zeigte sich am Jahresende 2018. Im Bewilligungsgesetz für den Bundeshaushalt 2019 forderte Trump weitere 5,7 Milliarden Dollar für den Ausbau der Grenzanlagen. Als sich der Senat querstellte, signalisierte der Präsident, ein Budget ohne neue Mittel für die Mauer zu akzeptieren. Doch Trump hatte die Rechnung ohne die einflussreichen rechten Medienstars gemacht. Rush Limbaugh, Sean Hannity und Ann Coulter forderten ihn in ihren Shows im

Talkradio und auf *Fox News* ultimativ auf, nicht einzulenken. Coulter, die Trump früher «Gottkaiser» genannt hatte, wütete jetzt gegen den «feigen Präsidenten in einem Mauer-losen Land» und drohte: «Er ist absolut tot, wenn er die Mauer nicht baut. Tot, tot, tot.»[21] Angesichts dieses Aufstands seiner bisher loyalen medialen Hilfstruppen musste Trump um die Gunst seiner Wählerbasis fürchten und ließ den Haushaltsdeal platzen. Es folgte die längste Schließung wichtiger Regierungsteile in der US-Geschichte: 35 Tage lang erhielten Bundesbedienstete keinen Lohn, viele mussten in Zwangsurlaub, Nationalparks und Museen machten dicht. Am Ende einigten sich der republikanisch dominierte Senat und das seit Anfang 2019 demokratisch kontrollierte Repräsentantenhaus auf einen Etat, der 1,4 Milliarden Dollar für 86 Kilometer Stahlzaun vorsah. Mürrisch unterzeichnete Trump am 15. Februar das Gesetz.

Direkt danach proklamierte er einen «Nationalen Notstand an der südlichen Grenze der Vereinigten Staaten». Die Direktive verfügte, acht Milliarden Dollar an bereits genehmigten Geldern primär aus dem Verteidigungsetat für den Mauerbau umzuleiten. Ein solcher Schritt war präzedenzlos und provozierte einen scharfen politischen und juristischen Streit. Beide Parlamentskammern verabschiedeten eine Resolution gegen das Notstandsdekret, konnten aber Trumps Veto dagegen nicht mit der erforderlichen Zweidrittelmehrheit überstimmen. Und die Entscheide eines Bezirks- und eines Berufungsgerichts, die die Verwendung der Mittel für den Mauerbau blockierten, setzte der Oberste Gerichtshof am 26. Juli 2019 außer Kraft – erneut mit einer 5:4-Mehrheit entlang des gewohnten weltanschaulichen Grabens. Wie bei seinem Einreisebann hatte Trump gewonnen. «Wow! Großer SIEG bei der Mauer», triumphierte der Präsident in einem Tweet.[22] Nachdem bis dato erst einhundert Kilometer an ohnehin schon befestigten Grenzabschnitten aufgerüstet worden waren, wollte er nun unbedingt 450 Kilometer neuer Sperranlagen vor dem Wahltag 2020 fertigstellen lassen.

Trump wies seine Mitarbeiter an, die Aufträge an Baufirmen möglichst schnell zu vergeben, nötiges Privatland aggressiv zu verstaatlichen und Umweltauflagen zu missachten. Falls sie dafür Gesetze brechen mussten, versprach er, sie nach einer Verurteilung zu begnadigen.[23] Trumps Wählerbasis war zufrieden: Laut einer Umfrage stieg unter weißen Republikanern die Unterstützung für die Mauer von 75 Prozent im Jahr 2018 auf 82 Prozent Mitte 2019.[24] Bei seinen Auftritten skandierten sie begeistert «Finish the Wall.»

Der Präsident ließ nicht locker in seinem Bemühen, die Immigration Nicht-Weißer zu erschweren. Im Sommer 2019 veröffentlichte die Regierung neue Auflagen für Antragsteller auf eine Daueraufenthaltsgenehmigung. Künftig sollten allein noch Kandidaten in den Genuss einer solchen Green Card kommen, die keine Sozialhilfe wie Medicaid, Wohngeld oder Essenszuschüsse in Anspruch nahmen. Das implizite Ziel war, Migranten aus ärmeren Ländern davon abzuhalten, permanent in den USA leben und Staatsbürger werden zu können. Kurz darauf schaffte die Regierung eine seit 1997 gültige Regel ab, wonach Kinder illegaler Einwanderer nur maximal 20 Tage in Haftzentren eingesperrt werden durften. Schließlich wies er das Außenministerium an, keine Besuchervisa mehr an Schwangere auszustellen, die ihr Kind in den USA zur Welt bringen und ihm damit die amerikanische Staatsbürgerschaft verschaffen wollten. Einzige Ausnahme von den Restriktionen gegen Ausländer war das Programm für legale, temporäre Gastarbeiter primär aus Mexiko in der Landwirtschaft und anderen Niedriglohnsektoren. Ihre Zahl verdoppelte sich von 2016 bis 2019 auf gut 400 000.[25] Die Corona-Krise nutzte der Präsident, um Ausländer weiter zu dämonisieren und seine nativistische Wählerklientel ein halbes Jahr vor der Wahl daran zu erinnern, wie sehr er gegen die angeblich drohende Überfremdung kämpfte. Im April 2020 ordnete er an, 60 Tage lang keine Anträge auf unbefristete Aufenthaltserlaubnis (Green Card) in den USA mehr zu genehmigen. Im Mai verfügte seine Regierung, alle Asylgesuche an der Grenze abzuweisen und Migranten, auch minderjährige, ohne Verfahren abzuschieben.

Am Ende von Trumps Amtszeit war die amerikanische Einwanderungs- und Asylpolitik deutlich strikter geworden. Zwischen 2016 und 2019 fiel die Zahl neuer Immigranten von mehr als einer Million auf 600 000 pro Jahr.[26] Damit folgten die USA einem Trend in westlichen Industriestaaten: Australien besaß seit Jahren rigide Einwanderungsregeln und eine drakonische Flüchtlingspolitik, mittelosteuropäische Staaten nahmen kaum muslimische Asylbewerber auf, die EU versuchte, über das Türkei-Abkommen den Zustrom von Migranten zu stoppen, Ungarn hatte seine Grenze zu Serbien und Kroatien, Bulgarien seine zur Türkei, Spanien seine um die Exklave Ceuta zu Marokko mit Stacheldrahtzäunen befestigt, Großbritannien war aus der EU ausgetreten, um wieder selbst über seine Zuwanderung aus der Union bestimmen zu können, Italien verbot privaten Rettungsschiffen, die Migranten im Mittelmeer aufgriffen, das Anlanden in seinen Häfen. Selbst Deutschland, das 2015 eine Million Flüchtlinge aufgenommen hatte, verschärfte angesichts der Wahlerfolge der AfD seine Zuwanderungspraxis. Fast überall ging die Zahl neuer Immigranten zurück.

In den meisten westlichen Ländern erzielten populistische Parteien mit Forderungen nach einem Begrenzen der Zuwanderung große Wahlerfolge; in Finnland, Österreich und Italien traten sie in Koalitionsregierungen ein, in den meisten anderen Staaten beeinflussten sie die Positionen der etablierten Parteien. Trump war insofern keine amerikanische Verirrung, sondern Ausdruck einer neuen Normalität. Wie Orbán in Ungarn, Salvini in Italien, Le Pen in Frankreich oder Strache in Österreich appellierte er nicht an die ethischen Prinzipien seiner Mitbürger, sondern heizte Ängste, Ressentiments gegen andere und rassische Vorurteile an. Das Erstaunliche war, wie leicht er die Republikanische Partei auf seinen Kurs einschwören und die politische Debatte in den USA dominieren konnte.

Allerdings muss sich weisen, ob Trumps nativistische Agenda ihm und seiner Partei auf Bundesebene dauerhaft Mehrheiten sichern kann oder nur ein letztes Aufbäumen des alten, weißen Amerika darstellt. Umfragen des Pew-Instituts deuten auf Letzteres hin: Anfang 2019 meinten 62 Prozent der Amerikaner, Immigranten stärkten das Land, nur 38 Prozent, dass sie es schwächten. Generell galt: Je jünger die Befragten waren, desto positiver sahen sie Einwanderer. Hielten bei der «Stillen Generation» der zwischen 1928 und 1945 Geborenen nur 44 Prozent Immigration für vorteilhaft für die USA, waren es bei den Millenials, den Jahrgängen zwischen 1981 und 1996, 75 Prozent.[27] Den Republikanern auf Bundesebene droht damit ein ähnliches Schicksal wie ihren Parteifreunden in Kalifornien: Letztere hatten dort alle Präsidentschaftswahlen zwischen 1968 und 1988 gewonnen, lancierten 1994 allerdings «Proposition 187», die illegalen Immigranten Sozialhilfe und Gesundheitsfürsorge vorenthalten und ihren Kindern den Schulbesuch verbieten sollte. Die Annahme des Referendums erwies sich als Pyrrhussieg der kalifornischen Republikaner. Nicht nur wurde es von einem Bundesgericht kassiert, sondern es veranlasste auch die Minderheiten, sich zu organisieren und sich stärker an Wahlen zu beteiligen – meistens auf Seiten der Demokraten. Heute fristen die Republikaner ein Schattendasein im einst von ihnen dominierten Golden State.

5. «Einfach zu gewinnen»: Handelskonflikte

Seit Jahrzehnten war Trump besessen von der Idee, andere Staaten übervorteilten die USA beim Handel und amerikanische Präsidenten täten zu wenig dagegen. Während er bei der Abtreibung oder der Waffenkontrolle seine Position änderte und sie an den Mainstream in der Republikanischen Partei anpasste, hielt er an seinen protektionistischen Überzeugungen fest.[1] Grundlage dafür war sein Glaube, Handelsdefizite seien ökonomisch schädlich, weil die USA das «Sparschwein sind, das die anderen ausrauben» und das Land damit Geld und Wohlstand an seine Wettbewerber «verliert».[2] Mit dieser Ansicht stand Trump den Merkantilisten des 18. Jahrhunderts nahe, die die inländische Produktion ankurbeln und Außenhandelsüberschüsse erwirtschaften wollten. Adam Smith und David Ricardo, die beiden intellektuellen Gründerväter der Marktwirtschaft und des Freihandels, hatten diese Ansichten jedoch widerlegt. Laut der Theorie des komparativen Vorteils macht Handel alle beteiligten Staaten reicher, denn der freie Austausch von Gütern und Dienstleistungen zwingt jeden Staat, sich auf diejenigen Sektoren zu konzentrieren, in denen er effizienter oder zumindest relativ weniger ineffizient ist als die anderen.[3] Der rasante Wohlstandsgewinn der westlichen Welt nach 1945 war nicht zuletzt Folge des massiven Zollabbaus im Rahmen multilateraler GATT-Runden. Importieren Länder mehr, als sie exportieren, ist dies ökonomisch unproblematisch, solange sie dafür bezahlen können.

Wirtschaftstheoretisch lag Trump also falsch. Auch zeichnete er ein inkorrektes, zumindest unvollständiges Bild von der Realität. So hatten die USA 2016 zwar ein Defizit im Warenaustausch von 750 Milliarden Dollar. Aber im Handel mit Dienstleistungen wie intellektuellen Eigentumsrechten, Finanzgeschäften und Reisen waren die USA der weltgrößte Exporteur und erwirtschafteten einen Überschuss von 257 Milliarden Dollar – den höchsten dabei mit China und Kanada. Nicht zuletzt deshalb lag das Defizit im Außenhandel, der beide Kategorien umfasst, 2016 mit 2,7 Prozent am BIP deutlich unter seinem Höchststand von sechs Prozent 2006, dem Jahr vor dem Ausbruch der Großen Rezession. Die Hauptgründe für den Rückgang waren der Exportboom bei Dienstleistungen und geringere Ölimporte aufgrund des Frackings, mit dem sich Amerika beträchtliche neue fossile Energieträger erschloss. Politisch spielten die Entwicklungen seit Ende des Kalten Kriegs Trump allerdings in die Hände. Noch 1990 war der Anteil der Importe am US-Bruttoinlandsprodukt mit 10,5 Prozent relativ gering gewesen – Deutschlands Wert lag gut doppelt so hoch –, zudem hatte der Zollabbau primär zwischen den entwickelten Ländern stattgefunden. Darum wirkte sich der durch Freihandel verstärkte Prozess der kreativen Zerstörung, also des Verschwindens unrentabler Jobs zugunsten des Entstehens rentabler, nur begrenzt aus.

Mit dem Freihandelsabkommen Nafta mit Kanada und Mexiko 1994 und dem Eintritt Chinas in die Welthandelsorganisation (WTO) 2001 wuchs der Importanteil am BIP bis 2011 auf 17,3 Prozent. Damit erhöhte sich der Anpassungsdruck auf die amerikanische Industrie. Gesamtwirtschaftlich war dies positiv, weil es den Produzenten Effizienzgewinne durch günstigeren Einkauf von Vorprodukten, das Verlagern von Arbeitsplätzen und den Aufbau internationaler Lieferketten ermöglichte und die Verbraucher billigere Konsumgüter erhielten. Doch es verschärfte den durch die Automatisierung ohnehin stattfindenden Strukturwandel. Da sich Arbeitsplätze, die durch Importe oder Fabrikabwanderung verloren gingen, leichter identifizieren lassen als die durch den internationalen Handel hinzugewonnenen, können Protektionisten mit ihren oft anekdotischen Belegen politisch punkten. Schon Ross Perot hatte 1992 Sorgen vor Nafta geschürt, weil Mexiko angeblich Jobs mit einem «gigantischen Schlürfgeräusch» (giant sucking sound) aus den USA absaugen werde.[4]

Trump stellte sich ganz in diese Tradition. Handelsabkommen brächten «Millionen unserer Arbeiter nichts als Armut und Kummer», «verlieren Industriejobs» und führten eine «Katastrophe» herbei.[5] Unter dem Jubel seiner Anhänger verkündete er Ende Juni 2016: «Nafta war der schlechteste Handelsdeal in der Geschichte, und Chinas Eintritt in die Welthandelsorganisation ermöglichte den größten Job-Diebstahl in der Geschichte.»[6] Er nannte die von Obama 2016 mit elf Staaten unterzeichnete Transpazifische Partnerschaft (TPP) ein «totales Desaster» und versprach, Nafta neu auszuhandeln, TPP zu kündigen, massiven Druck auf Nationen mit Handelsbilanzüberschüssen gegenüber den USA wie China, Südkorea, Japan oder Deutschland auszuüben und notfalls Strafzölle einzuführen.

Für einen republikanischen Präsidentschaftskandidaten waren solche Töne revolutionär, seit dem Zweiten Weltkrieg stand die Partei für Freihandel und multilaterale Abkommen. Zwar hatte schon Präsident Reagan, ein überzeugter Marktwirtschaftler, die japanischen Autohersteller 1981 zum «freiwilligen» Beschränken ihrer Exporte in die USA gezwungen, um die Konkurrenz für die heimischen Produzenten zu lindern. Aber es waren eher die Demokraten, die wegen ihrer Nähe zu den Gewerkschaften protektionistisch agierten. Infolge der Wirtschaftskrise nach 2008, des Aufstiegs Chinas und Trumps beißender Kritik an der Globalisierung drehte sich das: Kurz vor den Wahlen sagten 85 Prozent der republikanischen Wähler, der Freihandel habe mehr Arbeitsplätze gekostet als geschaffen. Bei den Demokraten stimmten nur 54 Prozent zu.[7] Trump war es gelungen, die Debatte neu auszurichten, indem er den Protektionismus zum ökonomischen Baustein seiner Kampagne aus Isolationismus, Nationalismus und Fremdenfeindlichkeit machte. Viele republikanische Politiker, die zeitlebens überzeugte Freihändler gewesen waren, rückten wegen der veränderten Stimmungslage nun von ihren Positionen ab. Selbst Hillary Clinton, die TPP 2013 noch als wichtiges Element der amerikanischen Asienpolitik gelobt hatte, kündigte an, das Abkommen im Falle ihrer Wahl dem Kongress nicht zur Ratifizierung vorzulegen.

Als Präsident hielt Trump an seiner merkantilistischen Sichtweise fest. «Handel ist schlecht», notierte er Mitte 2017 als Leitthema für eine in Kürze zu haltende Rede.[8] Am 2. März 2018 twitterte er: «Wenn ein Land (USA) viele Milliarden Dollar im Handel mit fast jedem Land verliert, mit dem es Handel treibt, dann sind Handelskriege gut und einfach zu gewinnen.»[9] Das Umsetzen seiner Ideen legte er in die Hände von Peter Navarro und Robert Lighthizer. Navarro, ein emeritierter Wirtschaftsprofessor, nahm in der akademischen Gemeinde mit seinen protektionistischen Positionen eine Randposition ein, bevor ihn Trump zu seinem wichtigsten Handelsberater erhob. Mit seinem Buch «The Coming China Wars: Where They Will Be Fought, How They Can Be Won» hatte sich Navarro 2006 einen Namen als hyperaggressiver China-Gegner gemacht. Lighthizer, der künftige Chefunterhändler für Handelsfragen, teilte mit dem Präsidenten die Idee, andere Länder mit Strafzöllen zu Konzessionen zu zwingen.

TPP, Nafta und Strafzoll-Orgien

Wie versprochen, annullierte Trump sofort nach Amtsantritt per Präsidialdekret die amerikanische Teilnahme an der Transpazifischen Freihandelszone. Damit bereitete er Peking einen unverhofften Sieg, denn Obama wollte mit TPP ein Gegengewicht zu China in der Pazifikregion schaffen und im Verbund mit den Partnern eigene Regeln setzen, statt sukzessive chinesische Regeln akzeptieren zu müssen. Die politischen Kosten von Trumps Schritt waren immens: Er brüskierte langjährige Alliierte wie Japan, Australien oder Chile, signalisierte einen Rückzug Amerikas von seiner Führungsrolle bei multilateralen Handelsabkommen und sabotierte die Zusammenarbeit gegenüber Peking. Zudem machten die verbliebenen elf TPP-Länder allein weiter und ratifizierten den Vertrag ohne Washington.

Als nächstes nahm sich der Präsident Nafta vor. Die meisten Ökonomen stimmten darin überein, dass das Freihandelsabkommen einen positiven Effekt auf die US-Wirtschaft hatte, der aber wegen der geringen Bedeutung Kanadas und Mexikos mit maximal 0,5 Prozent Zuwachs des BIP bescheiden ausfiel.[10] Die Arbeitsplatzverluste im Industriesektor seien unbedeutend gewesen. Trotzdem kündigte Trump im Frühjahr 2017 an, Nafta neu zu verhandeln. Er drohte, aus dem Vertrag auszutreten und Strafzölle auf die mexikanischen und kanadischen PKW-Importe zu verhängen, sollten seine Forderungen nicht erfüllt werden. Sein Hauptziel war es, das Handelsdefizit von 75 Milliarden Dollar (2016) mit den beiden Ländern zu reduzieren. Das war in diesem Fall besonders absurd, weil Mexiko und zu einem geringeren Teil Kanada in hohem Maße Vorprodukte für die Endmontage in den US-Fabriken zulieferten und deshalb automatisch mehr exportierten, als sie importierten. Selbst der Handelsbilanzüberschuss-Weltmeister Deutschland erwirtschaftete mit Tschechien, der Slowakei und Ungarn ein Defizit, weil es von dort Motoren und andere Komponenten für seine Autoindustrie bezog.

Mexiko und Kanada hatten jedoch keine andere Wahl, als mit Washington über Nafta zu sprechen. Für die zwei relativ kleinen Volkswirtschaften war der riesige amerikanische Absatzmarkt zentral für ihren Wohlstand, und ein Ende des Freihandelsabkommens hätte für sie ungleich gravierendere Folgen gehabt als für die USA. In mehreren Runden versuchten die Länder, sich auf einen überarbeiteten Vertrag zu einigen. Mitte 2018 begann Washington Separatgespräche mit Mexiko und setzte ein bilaterales Abkommen durch. Es zwang den südlichen Nachbarn unter anderem, in seinen Autofabriken künftig 75 und nicht mehr 62,5 Prozent Komponenten aus Nordamerika zu verwenden und die Hälfte der Teile von Arbeitern mit einem Mindeststundenlohn von 16 Dollar fertigen zu lassen. Der *Economist* nannte die Regeln eine «Zwangsjacke» für die mexikanischen Autobauer.[11] Ende September 2018 stimmte Kanada dem Vertrag zu, nicht ohne Washington gegenüber ebenfalls Zugeständnisse gemacht zu haben.

Volkswirte waren sich einig, dass die neuen Regulierungen des, wie es ungelenk hieß, «United States-Mexico-Canada-Agreement» (USMCA) etablierte Lieferketten unterbrechen und in allen drei Ländern zu Effizienz- und Jobverlusten führen würden. Wenigstens blieben die Eckpfeiler von Nafta erhalten und war das Horrorszenario eines chaotischen vertragslosen Zustands zwischen den eng verwobenen Volkswirtschaften abgewendet. Nachdem die Demokraten noch Verschärfungen bei Arbeiternehmer- und Umweltschutzrechten sowie eine geringere Schutzdauer bei Biotech-Medikamenten durchgesetzt hatten, nahm der Kongress den Vertrag Anfang 2020 mit großer Mehrheit an. Entgegen Trumps Aussage, er sei «der beste und wichtigste Handelsdeal in der amerikanischen Geschichte»[12], schätzte die unabhängige Internationale Handelskommission der USA (USITC) den im Vergleich zu Nafta entstehenden Jobgewinn auf magere 0,12 Prozent oder 176 000 Stellen.[13] Wieder einmal erwies sich: Für Trump zählten nicht Inhalte oder reale Wirkungen, sondern Show und Schein.

Die Nafta-Neuverhandlungen waren für Trump nur das Präludium für eine protektionistische Orgie. Er wollte auch gegenüber anderen Ländern die ganze Kraft der größten Wirtschaftsmacht der Erde einsetzen, um Handelsdefizite mit ihnen abzubauen. Lange Zeit hatte Trump mit Zöllen gedroht, 2018 machte er ernst. Dass er dies überhaupt tun konnte, lag daran, dass der eigentlich für Außenwirtschaft zuständige Kongress viele Vollmachten auf den Präsidenten übertragen hatte. Im Handelsausweitungsgesetz von 1962 erlaubte er ihm in Paragraph 232, in bestimmten Fällen Zölle zu verhängen, wenn Importe die «nationale Sicherheit beeinträchtigen». Nach dem Handelsgesetz von 1974 kann er unilateral Strafen gegen jeden Staat in Kraft setzen, der internationale Handelsvereinbarungen verletzt oder die US-Wirtschaft schädigt. Der International Emergency Economic Powers Act (IEEPA) schließlich ermöglicht dem Präsidenten seit 1977, ökonomische Zwangsmaßnahmen anzuordnen, wenn er zuvor den Notstand aufgrund einer äußeren Bedrohung erklärt. Seit Anfang 2020 kann die Regierung Währungsmanipulation mit Vergeltungszöllen bestrafen.

Am 23. Januar 2018 verhängte Trump per Direktive und unter Verweis auf das Handelsgesetz von 1974 Zölle auf Solarkollektoren und Waschmaschinen in Höhe von 40 und 50 Prozent. China, Mexiko und Südkorea waren die Hauptbetroffenen. Am 8. März folgten unter Verweis auf eine Bedrohung der nationalen Sicherheit Zölle von 25 beziehungsweise 15 Prozent auf Stahl- und Aluminiumimporte, wobei die EU, Kanada und einige andere Verbündete zunächst ausgenommen waren. Sie traten aber für fast alle diese Staaten am 31. Mai in Kraft. Die EU antwortete mit Gegenzöllen auf Blue Jeans, Boote und Bourbon. Seine Zölle gegen Kanada und Mexiko hob der Präsident ein Jahr später wieder auf, nachdem die beiden Nachbarn US-Farmer, eine wichtige Wählerklientel, mit Strafmaßnahmen überzogen hatten. Zugleich drohte er Japan und der EU mit einem 25-prozentigen Zoll auf Autos.

In Europa rückte die Bundesrepublik wegen ihrer hohen Handelsbilanzüberschüsse in Trumps Fokus. Seit der Einführung des Euro waren deutsche Ausfuhren förmlich explodiert, weil die steigende Wettbewerbsfähigkeit der Industrie nicht durch Währungsaufwertungen ausgeglichen wurde, wie das noch in D-Mark-Zeiten der Fall war. Von 2003 bis 2008 exportierte global kein Staat mehr als Deutschland. Seit 2016 produzierte es den höchsten Überschuss der Welt, 2017 lag er bei fast 250 Milliarden Euro, was acht Prozent des BIP entsprach. Nachdem jahrzehntelang Frankreich wichtigster Markt für deutsche Ausfuhren gewesen war, lösten es 2016 die USA ab. Deutschland erwirtschaftete dabei gegenüber Amerika vor allem dank seiner Auto-, Maschinen- und Pharmazieexporte ein Plus von 50 Milliarden Euro und damit etwa so viel wie Japan. Sogar der französische Präsident Emmanuel Macron und IWF-Chefin Christine Lagarde kritisierten die Überschüsse, weil sie bei den Defizitländern die Nachfrage nach heimischen Produkten schmälere und damit die Arbeitslosigkeit erhöhe. Aber niemand ging mit Berlin so hart ins Gericht wie Trump. Bei seinem ersten Besuch in Brüssel im Mai 2017 nannte er die Deutschen «schlecht, sehr schlecht» und drohte: «Schaut auf die Millionen Autos, die sie den USA verkaufen. Schrecklich. Wir werden das stoppen.»[14]

Trump bezeichnete die EU im Juli 2018 in Wirtschaftsfragen als einen «Feind»[15]. Trotzdem gelang es Kommissionspräsident Jean-Claude Juncker noch im selben Monat, mit Washington einen Waffenstillstand zu vereinbaren, während die beiden Seiten über ihre Probleme verhandelten. Wie so oft mit diesem Präsidenten war die Entspannung allerdings nur temporär. Im Mai 2019 warf er Brüssel vor, «uns schlechter als China» zu behandeln.[16] Tatsächlich entschied das Berufungsgericht der WTO einige Monate später in einem 15 Jahre alten Fall, dass die EU Airbus illegal subventioniert hatte, und erlaubte den USA, Strafzölle im Umfang von 7,5 Milliarden Dollar zu erheben. Nicht ganz Unrecht hatte Trump schließlich mit seinem Vorwurf der «Währungsmanipulation» an die Europäische Zentralbank, die mit ihrer Nullzinspolitik den Euro gegenüber dem Dollar verbilligte und europäischen Firmen damit Exportvorteile verschaffte.[17]

Im letzten forderte Trump von den Europäern wie von anderen Handelspartnern einseitige Konzessionen insbesondere im Agrarbereich. Das brachte das EU-Führungsduo, Deutschland und Frankreich, in die Bredouille: Berlin war wegen seiner hohen Autoexporte zu Zugeständnissen bei Landwirtschaftsprodukten bereit, um PKW-Strafzölle zu umgehen. Paris dagegen, das kaum Autos in die USA lieferte, aber seine Bauern schützen wollte, lehnte eine liberalere Einfuhr amerikanischer Agrargüter kategorisch ab. Selbst die Zölle für PKW-Importe aus der EU kamen wieder aufs Tapet. Als Macron eine Steuer für die Online-Werbung von Internetgiganten einführte, die primär gegen Facebook und Google gerichtet war, drohte Trump mit einer Verdoppelung der Zölle auf 63 französische Importwaren. Anfang 2020 kam es zu einem Moratorium in dieser Frage.

Dem heimischen Publikum versuchte Trump vorzugaukeln, die Zölle würden ausländischen Unternehmen aufgebürdet, belasteten die heimische Wirtschaft nicht, verschafften der Staatskasse hohe Einnahmen und schufen neue Arbeitsplätze. Die Wirklichkeit sah anders aus: Es waren US-Firmen, die die Zölle auf ihre Importe bezahlen mussten. Die Kosten für die teureren Einfuhren und das Unterbrechen etablierter internationaler Lieferketten gaben sie größtenteils über Preiserhöhungen an ihre Kunden weiter. Letztendlich zahlten also die amerikanischen Verbraucher und Unternehmen die Zeche für den Protektionismus des Präsidenten. Die 50 Milliarden Dollar, die die USA in den Fiskaljahren 2018 und 2019 wegen Trumps Strafzöllen zusätzlich einnahmen, entsprangen quasi einer Sondersteuer auf Importwaren. Allein 28 Milliarden, und damit doppelt so viel wie Obamas Rettungspaket für die Autoindustrie 2009 kostete, gingen als Extra-Subventionen an die Farmer, die lukrative China-Geschäfte verloren hatten.[18]

Schließlich kamen die versprochenen Arbeitsplätze, wenn sie überhaupt geschaffen wurden, zu exorbitanten Kosten, wie das Beispiel des 50-Prozent-Zolls auf Waschmaschinen zeigt. Wie erwartet, erhöhten die Einzelhändler den Preis für ausländische Waschmaschinen. Zusätzlich verteuerten sie die nicht von Zöllen betroffenen Trockner, weil beide Geräte meist zusammen gekauft werden. Die inländischen Produzenten passten ihre Geräte dem neuen, höheren Preisniveau an. Ökonomen der Universität Chicago und der Notenbank errechneten, dass jede Waschmaschine 86 Dollar und jeder Trockner 92 Dollar mehr kosteten und die Verbraucher 1,5 Milliarden Dollar pro Jahr zusätzlich dafür ausgaben. Durch Zölle nahm das Finanzministerium dagegen 2018 nur 82 Millionen Dollar ein. Während die Importeure die zusätzlichen Kosten auf die Konsumenten abwälzten, strichen die inländischen Hersteller Sonderprofite ein. Alles in allem schufen die heimischen Produzenten als Antwort auf die Zölle 1800 Stellen – damit kostete jeder neue Arbeitsplatz 815 000 Dollar und ähnlich viel wie durch Zölle generierte Jobs in anderen Industriesektoren. Das waren 27 Mal mehr als die 30 000 Dollar, die Regierungsprogramme im Durchschnitt pro neuen Arbeitsplatz aufwendeten.[19]

Strafzölle verursachten heimischen Produzenten und Konsumenten hohe Kosten und vergifteten die Beziehungen zu anderen Ländern. Doch Trump triumphierte: Ihm ging es nicht um den ökonomischen Nutzen, sondern darum, Entschlossenheit und Stärke zu demonstrieren. Für ihn zählte allein, dass sich Mexiko, Kanada, Südkorea und im September 2019 auch Japan der geballten Macht der größten Volkswirtschaft des Planeten und ihres Präsidenten fügen mussten und er seinen Anhängern im Rostgürtel versichern konnte, die Schuldigen für ihre Misere zur Rechenschaft gezogen zu haben. Handelskriege mit kleinen und militärisch abhängigen Ländern schienen in der Tat leicht zu gewinnen zu sein – wenn man unter «gewinnen» politische Zugeständnisse an Washington versteht, die ökonomisch jedoch beiden Parteien schaden. Abzuwarten blieb, was passierte, wenn sich die USA mit einem ähnlich starken Land anlegten.

Der zentrale Handelsgegner des Präsidenten war China. 2010 hatte das Land die USA als größten Güterproduzenten der Welt und 2013 als größte Handelsnation überholt. 2015 verdrängte China zudem Kanada als wichtigsten amerikanischen Handelspartner. Bei Computern, Fernsehern, Mobiltelefonen und Klimaanlagen besaß das Land einen Anteil an der Weltproduktion von 60 bis 90 Prozent.[20] Im folgenden Jahr war es mit einem Exportüberschuss von 347 Milliarden Dollar für fast die Hälfte des US-Defizits verantwortlich – mit steigender Tendenz. «China ermordet uns», klagte Trump in einem Interview im August 2015. «Das Geld, das sie aus den Vereinigten Staaten herausziehen, ist der größte Diebstahl in der Geschichte unseres Landes.»[21] Auch wenn chinesische Unternehmen den USA natürlich kein Geld stahlen, sondern ihnen Produkte verkauften, formulierte er doch einen weit verbreiteten Unmut über deren atemberaubende Handelserfolge. Karl Marx nicht unähnlich sah Trump aber nur die Produktionsseite der Volkswirtschaft. Er verkannte, dass die amerikanischen Verbraucher insbesondere Unterhaltungselektronik, Textilien, Möbel, Spielwaren und Sportartikel durch Importe aus China viel günstiger bekamen als von heimischen Herstellern und der Lebensstandard insbesondere unterer Einkommensgruppen dadurch deutlich zunahm.

Doch Chinas Aufstieg zur Werkbank der Welt wirkte sich auf amerikanische Industriearbeitsplätze aus. Sein Anteil an den Fertigwarenimporten der USA wuchs rasant von 4,5 Prozent 1991 auf 10,9 Prozent 2001 und auf 23,1 Prozent 2011. Eine Studie kam zu dem Ergebnis, dass zwischen 1999 und 2008 von den 3,4 Millionen in Amerika verlorenen Industriejobs rund zwei Millionen auf das Konto chinesischer Einfuhren gingen.[22] Kein anderes westliches Land erfuhr in diesem Sektor einen ähnlich starken Abbau. Angetrieben wurden die chinesischen Ausfuhren durch niedrige Löhne, billige staatliche Kredite für Exporteure und die politisch gesteuerte Unterbewertung des Yuan. Zugleich diskriminierte Peking westliche Unternehmen: Ihr geistiges Eigentum war unzureichend geschützt. Wenn sie dort produzieren wollten, mussten sie eine Minderheitspartnerschaft mit einem chinesischen Betrieb eingehen und damit einem Technologietransfer zustimmen, Firmenübernahmen waren unmöglich, von staatlichen Forschungsgeldern waren sie ausgeschlossen, insgesamt wurden sie als Akteure zweiter Klasse behandelt. Mit den Jahren nahmen die politischen Wettbewerbsverzerrungen freilich ab: Wie von Freihandelsökonomen vorhergesagt, stiegen die Löhne in China infolge der Produktivitätszuwächse und des stagnierenden Arbeitskräfte-Pools kräftig an, der Yuan wertete auf, der Patentschutz verbesserte sich, das Land hielt sich an WTO-Schiedssprüche.

Als Trump Peking wegen seiner Handelsüberschüsse und unfairen Praktiken zu attackieren begann, waren die schlimmsten Verletzungen des Gleichbehandlungsprinzips Geschichte und die größten Verwerfungen vorüber, die der Eintritt von Hunderten Millionen Chinesen in die internationale Arbeitsteilung verursacht hatte. Im Mai 2015 schuf Peking mit seinem Masterplan «Made in China 2025» zwar ein neues Problem, weil es mit gewaltigen Subventionen zehn Zukunftsindustrien wie Automatisierung, Robotik, Elektromobilität oder Künstliche Intelligenz fördern wollte und damit die technologische Führerschaft des Westens, insbesondere der USA, herausforderte. Aber Washington hätte am besten eine Koalition mit der EU und Japan geschmiedet und wäre vor die WTO gezogen, um China zum Abbau seiner staatskapitalistischen Handels-, Subventions- und Investitionsmethoden zu zwingen. Das ließ sich indes nicht mit Trumps Weltbild vereinbaren, in dem auch Brüssel und Tokio Parasiten waren und die USA ihre Interessen am besten im Alleingang durchsetzten.

Gegen den Rat fast aller Ökonomen, vieler Außenhandels-organisationen und hunderter Firmen verhängte Trump am 22. März 2018 Zölle auf mehr als 1300 chinesische Import-waren in Höhe von 50 Milliarden Dollar «als Antwort auf die jahrelangen unfairen Handelspraktiken»²³. Die letzte mäßi-gende Stimme in der Administration, Wirtschaftsberater Cohn, war zuvor aus Protest gegen die Zollpläne des Präsidenten zu-rückgetreten. Unverzüglich antwortete das chinesische Wirt-schaftsministerium mit einer Beschwerde vor dem Schieds-gericht der WTO und Gegenzöllen auf 128 amerikanische Produkte. Politisch clever nahm es Regionen mit vielen Trump-Wählern ins Visier: Auto- und Stahlproduzenten an den Großen Seen, Schweinezüchter und Sojabohnenfarmer im Mittleren Westen. Wenig später begannen die beiden Seiten Gespräche, um ihren Streit beizulegen. Die USA forderten, China müsse das Defizit innerhalb von zwei Jahren um 200 Milliarden Dol-lar reduzieren. Die Treffen endeten ohne Ergebnis, und die erste Runde der Zölle trat Anfang Juli 2018 in Kraft.

Um Druck aufzubauen, plante Trump sofort eine zweite Zollrunde. Als die Verhandlungen weiter stockten, verhängte er Zölle auf chinesische Güter in Höhe von 16 Milliarden Dol-lar. Wieder schlug China zurück. Das Spiel wiederholte sich im September zum dritten Mal: Gespräche führten zu nichts, der Präsident weitete die Zölle auf zusätzliche Waren im Wert von 200 Milliarden Dollar aus, Peking hielt dagegen. Im De-zember erklärten die Kontrahenten einen Waffenstillstand und sprachen wieder miteinander. Doch im Mai 2019 eskalierte der Konflikt erneut. Washington erhöhte die Zölle von zehn auf 25 Prozent für Waren im Umfang von 200 Milliarden Dollar und verbot dem chinesischen Technologiekonzern Huawei den Verkauf seiner Produkte in den USA ohne Regierungs-genehmigung. Am 16. August 2019 erklärte das Finanzminis-terium auf Druck Trumps China trotz gegenteiliger Experten-analysen zu einem Währungsmanipulator, was das Verhängen weiterer Sanktionen erlaubte. Da Peking konterte, verkündete der Präsident in wütenden Tweets einen Zollanstieg auf 30 Prozent und wies alle Unternehmen an, sich nach Alternativen zu China umzuschauen und ihre Firmen «nach HAUSE» zu verlegen und ihre Produkte in den USA zu fertigen.[24] Von April 2018 bis November 2019 stiegen die amerikanischen Zölle auf chinesische Güter im Durchschnitt von 3,1 auf 21 Prozent, in umgekehrter Richtung von acht auf 21,1 Prozent. Für fast zwei Drittel des bilateralen Handels galten nun Strafzölle.[25]

Kurz vor einer weiteren Eskalationsrunde am 15. Dezember 2019 einigten sich beide Seiten auf einen Burgfrieden in ihrem 21-monatigen Handelskrieg. Mitte Januar 2020 unterzeichneten der Präsident und Pekings Chefunterhändler in einer aufwendigen Zeremonie im Weißen Haus die sogenannte «Phase-Eins-Übereinkunft». Sie sah vor, dass China in den darauffolgenden zwei Jahren für zusätzlich 200 Milliarden Dollar Agrarprodukte, Energieträger und Industriegüter kauft, US-Finanzdienstleistern den Zugang zum heimischen Markt erleichtert sowie den Patent- und Markenschutz verbessert. Im Gegenzug setzte Washington die angeordneten neuen Zölle aus und halbierte einige der bestehenden. Beide Seiten verpflichteten sich, künftig keine weiteren Strafzölle mehr gegeneinander zu verhängen. Politisch war das Abkommen wichtig für Trump, weil es neben Banken, Versicherern und Medikamentenherstellern zwei zentrale Wählergruppen – Farmer und Arbeiter – begünstigte. Zudem schaffte er es im Gegensatz zu seinen Vorgängern, eine breite, parteiübergreifende Front gegen China aufzubauen und als brachialer Dealmaker zu erscheinen.

Obwohl der Präsident die Übereinkunft als «phänomenal» und «historisch» lobte,[26] war sie ein Formelkompromiss, der beiden Seiten half, das Gesicht zu wahren. Im Endeffekt erzielte sie weit weniger als von ihm versprochen: denn Peking weigerte sich kategorisch, bei den großen Fragen wie Subventionen für Schlüsselindustrien und strukturellen Beschränkungen des Marktzugangs Zugeständnisse zu machen. Beim

111

Kampf gegen den erzwungenen Technologietransfer, die weitverbreitete Produktpiraterie und die staatlich geduldete, zum Teil sogar verordnete Industriespionage blieb es bei Absichtserklärungen. Dass diese Streitpunkte, wie angekündigt, in Phase 2 der Gespräche gelöst werden, scheint unwahrscheinlich. Trump hatte sich verspekuliert: Die Idee, dass er am längeren Hebel saß, weil China vier Mal mehr Waren nach Amerika exportierte als umgekehrt, erwies sich als falsch. Das wäre in den 1990er Jahren noch der Fall gewesen, aber nicht im Jahr 2018, als Strafzölle auf chinesische Produkte hochintegrierte Wertschöpfungsketten zum Nachteil von US-Herstellern zerrissen. China lenkte auch nicht ein wie schwächere Nationen, sondern zahlte mit gleicher Münze heim. Damit müssen Unternehmer und Verbraucher in beiden Ländern langfristig mit hohen Zollbarrieren leben. Für die Hardcore-Protektionisten in der Regierung ist dies indes ein akzeptabler Preis für die angestrebte «Entkoppelung» (decoupling) der beiden Volkswirtschaften.

Amerikas Eigentore

Trotz aller Zölle wuchs der chinesische Handelsüberschuss 2018 auf 379 Milliarden Dollar. 2019 ging er zwar zurück, aber nur, weil US-Unternehmen jetzt verstärkt in anderen Niedriglohnländern wie Vietnam oder Mexiko einkauften. Folglich erhöhten sich die Ungleichgewichte mit diesen Staaten. Insgesamt stieg das US-Handelsdefizit in Trumps ersten beiden Amtsjahren um fast ein Viertel von 500 auf 621 Milliarden Dollar. Der Handelskrieg kostete jeden Privathaushalt mehr als 1000 Dollar pro Jahr. Noch dazu verlagerten US-Firmen kaum Jobs in die Heimat zurück, sondern bauten Fabriken in nicht von Zöllen betroffenen Niedriglohnländern. China hingegen orientierte sich weg vom amerikanischen Markt und senkte Zölle auf Importe aus anderen Staaten.

Fast kein Ökonom teilt die Besessenheit des Präsidenten mit Handelsdefiziten. Auch sind bilaterale Handelskriege das falsche Mittel zu einem Abbau der Ungleichgewichte und in einer hochverflochtenen Welt nicht zu gewinnen. Denn die wechselseitigen Zollerhöhungen verschlechtern die Wettbewerbsfähigkeit von Firmen aus beiden Ländern, wovon die Anbieter aus den restlichen WTO-Mitgliedstaaten profitieren. Trumps Strafzollpolitik belastet zusehends die amerikanische und die globale Wirtschaft. Der Konsum geht zurück, Unternehmen reduzieren oder vertagen angesichts der Unsicherheiten ihre Investitionen.

Am schlimmsten war, dass Trump das Vertrauen in die Berechenbarkeit und Zuverlässigkeit amerikanischer Zusagen zerstörte und das von den USA selbst geschaffene multilaterale Handelssystem der WTO beschädigte. Er paralysierte die Organisation Ende 2019 sogar, indem er die Neubesetzung des Schiedsgerichts verhinderte. Blockaden und Strafzölle vermag ein künftiger Präsident sofort zurückzunehmen, verlorene Glaubwürdigkeit wird Washington allenfalls langfristig wieder herstellen können – wenn überhaupt. Schließlich dürften es seine fadenscheinigen Argumente für protektionistische und planwirtschaftliche Maßnahmen anderen Mitgliedern in Zukunft erleichtern, Freihandelsregeln zu verletzen. Um das Handelsbilanzdefizit zu reduzieren, hätte es für Trump nur einen effektiven, ökonomisch vernünftigen Weg gegeben: Die hohe Neuverschuldung des Bundes abzubauen und damit den heimischen Konsum zu drosseln, der in Zeiten, in denen die eigene Wirtschaft voll ausgelastet war, vor allem durch Importe befriedigt wird.[27] Solche makroökonomischen Zusammenhänge nicht zu verstehen und stattdessen einzelne Überschussländer ins Visier zu nehmen, bildet den Kern der fehlgeleiteten Handelspolitik des Präsidenten.

6. «Beste Wirtschaft der Geschichte»: Deregulierung und Steuersenkung

Für jeden Präsidenten ist die ökonomische Entwicklung wichtig für seine Wiederwahl. Das letzte Mal, dass ein Amtsinhaber trotz robusten Wachstums verlor, war 1892. Jimmy Carter und George H. W. Bush, die beiden letzten Präsidenten mit nur einer Amtszeit, scheiterten primär an ihrer schlechten Wirtschaftsbilanz. Da im Herbst 2016 die Ökonomie der einzige Sachbereich war, in dem die Wähler Trump eine höhere Kompetenz zuwiesen als Clinton,[1] gilt dies für ihn im besonderen Maße – zumal sich die republikanische Wählergruppe der Wirtschaftsliberalen wegen seines Protektionismus und seiner Immigrationspolitik ohnehin nur langsam für ihn erwärmt hatte. Als Geschäftsmann hielt sich Trump für prädestiniert, die ökonomische Lage zu verbessern. Im Wahlkampf versprach er, das Wachstum auf drei Prozent anzukurbeln, neue Arbeitsplätze im Industriesektor und im Kohlebergbau zu schaffen und die Staatsschulden innerhalb von acht Jahren zurückzuzahlen. Außer durch das Reduzieren der Einwanderung und den Abbau des Handelsdefizits wollte er das erreichen, indem er Regulierungen strich, Obamas Gesundheitsreform zurücknahm, Einkommens- und Unternehmenssteuern senkte und massiv in die Infrastruktur investierte.

Dabei hinterließ Trumps Vorgänger auf den ersten Blick eine florierende Wirtschaft. Sein Konjunkturprogramm und die Zinssenkungen der Zentralbank hatten zu Beginn seiner Amtszeit dafür gesorgt, dass die Ökonomie nach ihrem dramatischen Einbruch im Zuge der Immobilien- und Finanzkrise 2008 wieder auf die Beine kam. Im Sommer 2009 waren die Rezession überwunden und die Wachstumsraten wieder positiv. Die Arbeitslosigkeit, die im Oktober 2009 mit zehn Prozent ihren Höhepunkt erreichte, fiel bis zum Ende von Obamas Regierungszeit auf 4,7 Prozent. Das Budgetdefizit, 2009 fast zehn Prozent des BIP, ging bis 2016 auf 3,1 Prozent und damit auf seinen historischen Durchschnittswert zurück. Insgesamt erholte sich die US-Wirtschaft schneller als die der Eurozone.

Allerdings verlief der Aufschwung, wie historisch nach Finanzkrisen stets der Fall, nicht spektakulär und deutlich schwächer als der Clinton-Boom der 1990er Jahre. Während das Bruttoinlandsprodukt von 1991 bis 2001 um 43 Prozent zulegte, wuchs es in den zehn Jahren nach 2009 nur um 25 Prozent. Auch war die Erholung je nach Region, Sektor, Ausbildung und Geschlecht unterschiedlich ausgeprägt. In Florida, Nevada und Arizona, den Staaten mit dem stärksten Immobilienzuwachs vor 2008, erreichte die Baubranche nie wieder ihr Vorkrisenniveau. In Michigan, Ohio und Wisconsin, Staaten mit einem hohen Anteil alter Industrien, nahm die Beschäftigung in diesen Sektoren dauerhaft ab. Nachdem die Zahl von Fabrikarbeiterjobs von 18 Millionen im Jahr 2000 bis zur Großen Rezession 2007 bereits um drei Millionen gesunken war, ging sie danach um weitere zwei Millionen zurück. Männer verloren während der Rezession ihre Jobs zweieinhalb Mal häufiger als Frauen.[2] Viele Arbeitslose suchten danach überhaupt keine Beschäftigung mehr, weil ihre Fähigkeiten nicht mehr gefragt waren. Die Erwerbsquote fiel von 66 Prozent vor der Krise auf 63 Prozent 2016, hauptbetroffen waren weiße Männer der unteren Mittelklasse mit schlechter Ausbildung. Dagegen legten die Digital-, Gesundheits- und Freizeitbranchen weit überproportional zu – Sektoren, in denen technische, soziale und kommunikative Kompetenzen zählen. Jobs für Frauen und Collegeabsolventen wuchsen schneller als die für Männer und Niedrigqualifizierte, Dienstleister als die Industrie, Städte als das Land, Küstenregionen als der Mittlere Westen.

Trotz der positiven Entwicklung fast aller makroökonomischen Kennziffern gab es also durchaus Probleme, die ein neuer Präsident angehen konnte. Allerdings argumentierten die meisten Ökonomen, dass sie nur langfristig zu lösen waren, indem man den unvermeidlichen Strukturwandel abfederte: durch staatliche Fortbildungs- und Umschulungsprogramme für Arbeiter, deren Jobs verschwinden und selbst im Aufschwung nicht wieder in der alten Form entstehen; durch Verbessern der Infrastruktur in ländlichen Gebieten; durch Einrichten von Sonderwirtschaftszonen mit Steueranreizen und Fördermitteln für Unternehmen und entschlackter Bürokratie; durch Ansiedeln von Bundes- oder Einzelstaatsbehörden in Krisenregionen; durch Stärken der Arbeitnehmerrechte und der Gewerkschaften; durch Erhöhen der Steuergutschriften auf niedrige Arbeitseinkommen; durch verbesserte Bildung für Kinder und Jugendliche aus sozial schwachen Haushalten.

Der Präsident entschloss sich jedoch zu einem anderen Weg: Er setzte nicht darauf, die Veränderungen in der Arbeitswelt durch flankierende Maßnahmen zu mildern, sondern er wollte den Trend umkehren und Jobs in Bau, Minen und Herstellung zurückholen. Damit stellte er sich gegen einen historischen Trend, hatte ihr Anteil an der Gesamtbeschäftigung doch von 36,1 Prozent im Jahr 1970 über 22,8 Prozent 1990 auf 13,7 Prozent 2015 konstant abgenommen. Fließbandjobs wichen der Mechanisierung und Automatisierung. Mit immer weniger hochspezialisierten Facharbeitern produzierten amerikanische Fabriken immer mehr Güter. Wer diese Ausbildung nicht besaß, landete oft in weniger lukrativen Stellen im Dienstleistungssektor oder auf der Straße. Dagegen war der internationale Wettbewerb insbesondere durch China, von Trump notorisch als Hauptschuldiger für die Arbeitsplatzverluste in der Industrie identifiziert, nur für ein Viertel des Stellenabbaus verantwortlich.[3]

Seit den 1990er Jahren war das Bekenntnis zur Deregulierung
in der Republikanischen Partei eine Nagelprobe ideologischer
Reinheit geworden. Maßgeblich verantwortlich dafür waren
die milliardenschweren Koch-Brüder, die ihr Vermögen in der
Ölindustrie gemacht und über Jahrzehnte Lobbyisten, Ver-
schwörungstheoretiker und halbseidene Wissenschaftler finanziert hatten, um staatliche Auflagen zu bekämpfen und insbesondere Zweifel am Klimawandel zu säen.[4] Für Trump war
es deshalb in seiner Partei ein politischer Selbstläufer, Regulierungen bei Umwelt, Arbeitsschutz und Finanzen abzuschaffen. Weil Obama wegen des Widerstands des seit 2011
republikanisch kontrollierten Repräsentantenhauses die meisten Vorschriften per Direktive erlassen hatte, konnte sein
Nachfolger diese durch eine eigene Verfügung schnell wieder
außer Kraft setzen. Schon in seiner zweiten Amtswoche ordnete Trump in Executive Order 13771 an, «für jede neue Regu-
lierung mindestens zwei vorherige Regulierungen zur Aufhebung zu identifizieren».[5]
Vor allem Umweltschutzauflagen gerieten in den Fokus der
Regierung. Der Präsident erachtete sie als Hindernisse für
freies Wirtschaften und setzte auf einen Ausbau fossiler Brenn-
stoffe, um die USA unabhängig von Importen zu machen und
Jobs zu schaffen. Das schien auch wahltaktisch geboten, hatte
Trump doch von den 21 Bundesstaaten mit dem größten Pro-
Kopf-Ausstoß von Kohlendioxid 20 gewonnen.[6] Zu seinem
ersten Leiter der Umweltschutzbehörde EPA ernannte er folge-
richtig Scott Pruitt, eine der treibenden Figuren im Kampf
gegen Obamas Klimaschutzinitiativen. Als dieser wegen zahl-
reicher Skandale im Juli 2018 zurücktreten musste, machte
der Präsident den Kohlelobbyisten Andrew Wheeler zu dessen
Nachfolger. Selbst nachrangige Posten wurden mit ideologischen Gefolgsleuten besetzt, unkündbare Experten auf bedeu-

tungslose Stellen versetzt. Ein Drittel aller neuen EPA-Mitarbeiter war zuvor als Lobbyisten oder Anwälte der fossilen Brennstoff- oder Chemieindustrie oder ähnlicher Sektoren beschäftigt. Sie alle gingen mit Eifer ans Deregulierungswerk.

In den ersten drei Amtsjahren annullierte die Trump-Regierung fast 100 Vorschriften, darunter Obergrenzen für Luft- und Wasserverschmutzung und Schadstoffausstoß, Auflagen für Ölbohrungen, Fracking, Giftstoffe und Feuchtgebiete, das Verkaufsende für alte Glühbirnen sowie Vorgaben für Infrastrukturprojekte und für den Artenschutz. Der Präsident kündigte im Juni 2017 das Pariser Klimaschutzprotokoll, hob Obamas Plan für saubere Energie auf, der eine 32-prozentige CO_2-Reduzierung bis 2030 vorsah, senkte die Ziele für den Benzinverbrauch von Autos, öffnete Naturschutzgebiete für die Öl- und Minenindustrie und erlaubte 30 Prozent mehr Holzeinschlag auf öffentlichem Land. Im Dezember 2017 strich das Weiße Haus den Klimawandel von seiner Liste von Bedrohungen für die nationale Sicherheit, Anfang 2020 revidierte es das 50 Jahre alte wichtige Nationale Umweltschutzpolitik-Gesetz, das vor jedem größeren Infrastrukturprojekt des Bundes eine Umweltverträglichkeitsprüfung festschrieb.

Doch wie bei der Immigration lief hier ebenfalls nicht alles nach Trumps Wünschen. Bis Januar 2020 klagten Umweltschutzverbände und von Demokraten regierte Bundesstaaten 70 Mal gegen die Aufhebung von Direktiven und siegten 66 Mal vor Gericht.[7] Kalifornien verabschiedete eigene strenge Verbrauchsstandards und Emissionsnormen für Kraftfahrzeuge, die auch 13 weitere Bundesstaaten akzeptierten. Angesichts dieser wichtigen Absatzmärkte beschlossen Ford, Volkswagen, Honda und BMW, Trumps Erlass zu ignorieren und die kalifornischen Vorgaben einzuhalten. Der Präsident wütete gegen die «politisch korrekten Autohersteller» und ihre «törichten Führungskräfte».[8] Im September 2019 schlug er zurück: Er widerrief Kaliforniens Sonderrecht, den Schadstoffausstoß selbst zu regeln und löste damit einen massiven

Rechtsstreit aus. Die Regierung bediente sich parallel noch eines weiteren Instruments, um ihre Ziele zu erreichen. Sie erschwerte das Überwachen der Regulierungen, indem sie in der EPA einen Einstellungsstopp verhängte. Die Folge: Die Inspektionen gingen 2018 im Vergleich zum letzten Amtsjahr Obamas um die Hälfte zurück und die strafrechtliche Verfolgung von Umweltvergehen fiel auf ein 30-Jahre-Tief.

Beim Arbeiter- und Verbraucherschutz legte Trump ebenfalls die Axt an. So schaffte das Arbeitsministerium eine Vorschrift aus den Obama-Jahren ab, die 12,5 Millionen Beschäftigten einen Überstundenschutz gewährte, schwächte die Gewerkschaften und bekämpfte die Erhöhung des Mindestlohns. Das Erziehungsministerium erschwerte den Erlass von Studienkrediten, wenn gewinnorientierte Hochschulen Studenten mit falschen Versprechen zur Immatrikulation verleitet hatten. Der Präsident blockierte die Anordnung seines Vorgängers, dass Internet-Dienstleister die explizite Einwilligung des Kunden benötigten, bevor sie seine Web-Aktivitäten und andere sensible Daten teilten oder verkauften. Das Amt für Verbraucher-Finanzschutz, 2010 im Dodd-Frank-Gesetz zur Bankenreform etabliert, nannte Trump «ein totales Desaster» und legte es lahm, indem er Ende 2017 seinen Anti-Regulierungs-Zar und Haushaltsdirektor Mick Mulvaney zum Geschäftsführenden Direktor berief.[9]

Der große Preis beim Zurückdrängen von Schutzrechten war freilich der «Patient Protection and Affordable Care Act» (PPACA), das wichtigste Gesundheitsreformgesetz seit den 1960er Jahren. Obama und die Demokraten hatten es Anfang 2010 gegen den erbitterten Widerstand der Republikaner in beiden Häusern des Kongresses durchgesetzt, und es war 2014 vollumfänglich in Kraft getreten. Jeder Amerikaner ohne Krankenversicherung musste nun eine solche abschließen, und Versicherungsunternehmen mussten jeden Antragsteller ungeachtet seiner Vorgeschichte aufnehmen. Einkommensschwache Bürger erhielten staatliche Subventionen, finanziert durch eine 3,8-Prozent-Extrasteuer auf Kapitalerträge und einen 0,9-Prozent-Zuschlag auf die Einkommenssteuer für Einkünfte von mehr als 200 000 Dollar. Die Zahl der Amerikaner unter 65, die während eines Jahres zumindest teilweise nicht krankenversichert waren, reduzierte sich daraufhin zwischen 2013 und 2016 von 18 auf 11 Prozent. Der Rückgang wäre noch deutlicher ausgefallen, hätten nicht 13 republikanisch regierte Staaten im Süden und Mittleren Westen die von Washington finanzierte Ausweitung der Krankenversicherung auf Bedürftige (Medicaid) boykottiert. Aber «Obamacare», wie das Gesetz schon bald umgangssprachlich hieß, hatte auch Schwächen: Die Zuschüsse für Niedrigverdiener waren zu gering, die Versicherungsprämien stiegen schneller als erwartet.

Seit die Republikaner 2011 die Mehrheit im Haus stellten, sabotierten sie das Gesundheitsgesetz systematisch. Die Zusage, Obamacare zu beseitigen, gehörte nun zum Lackmustest für jeden Präsidentschaftsbewerber dieser Partei. Trump bestand ihn: Das Gesetz sei «ein Monster», ein «Job-Killer» und «eine der größten Gefahren für unser Land», er werde es, versprach er, am ersten Tag seiner Präsidentschaft annullieren und durch einen «wunderbaren», «großartigen» und «unglaublichen» eigenen Plan ersetzen.[10] Zwei Wochen vor der Wahl erklärte er: «Obamacare abzuschaffen und Hillarys Übernahme des Gesundheitssystems zu stoppen, ist einer der wichtigsten Gründe, dass wir am 8. November gewinnen müssen.» Trump garantierte, niemand werde seine Versicherung verlieren und alles würde billiger werden für den Staat, die Patienten und die Versicherer. Allerdings erwies es sich als leichter, gegen Obamacare zu agitieren, als sich auf ein Ersatzmodell zu einigen. Die Diskussion republikanischer Alternativen führte im Frühjahr 2017 ironischerweise dazu, dass die öffentliche Unterstützung für das bestehende Gesetz mit 55 Prozent einen Höchstwert erreichte.[11] In einem Akt unfreiwilliger Selbstentblößung meinte Trump, «niemand konnte wissen, dass das Gesundheitssystem so kompliziert ist»[12].

Nachdem Sprecher Paul Ryan Ende März 2017 einen Gesetzesentwurf für eine republikanische Alternative im Repräsentantenhaus wegen des Widerstands in den eigenen Reihen hatte zurückziehen müssen, stimmte die Kammer unter massivem Druck des Präsidenten im Mai für eine leicht geänderte Fassung. Allerdings verweigerten sich die Republikaner im Senat und legten einen eigenen Plan vor. Bei der Abstimmung Ende Juli votierten indes drei gemäßigte Parteifreunde, darunter John McCain, dagegen. Damit war die Abschaffung von Obamacare de facto gescheitert. Das ganze legislative Tohuwabohu hatte offengelegt, wie unvorbereitet und handwerklich inkompetent Trump und seine Partei die Reform des Gesundheitssystems betrieben. Doch der Präsident gab nicht auf. Mit Dekreten versuchte er, einzelne Teile des Gesetzes zu Fall zu bringen und die Zugangsbarrieren zu erhöhen. Auch hebelte der Kongress die Versicherungspflicht aus, indem er die Strafen für Verweigerer auf null setzte und damit einen Eckpfeiler aus der Gesundheitsreform niederriss. Seit 2018 stieg die Zahl der Nicht-Versicherten wieder an. Mit der Machtübernahme der Demokraten im Haus können die Republikaner Obamacare auf dem Gesetzesweg nicht mehr im Alleingang ändern. Aber sie wollen es dadurch weiter aushöhlen, dass sie jede Kooperation zur Reform erkannter Schwächen verweigern und erneut gerichtlich dagegen vorgehen, obwohl sie vor dem Supreme Court 2012 und 2015 schon zwei Niederlagen einstecken mussten.

Summa summarum gelang es Trump und den Republikanern, einige der ökologischen und sozialen Neuerungen Obamas zurückzunehmen. Da in den vergangenen 24 Jahren jedoch 68 864 Vorschriften eingeführt worden waren, kratzten die unilateralen Maßnahmen der Regierung nur an der Oberfläche des umfangreichen Regulierungssystems der USA. Ihr wirtschaftlicher Nutzen hielt sich deshalb in Grenzen. Nach zwei Jahren Deregulierung verkündete die Regierung Einsparungen von 33 Milliarden Dollar, die meisten davon im Gesundheits- und Sozialbereich. Angesichts eines Bruttoinlandprodukts von 20,5 Billionen Dollar waren das gerade einmal 0,08 Prozent pro Jahr. Nicht gegengerechnet sind dabei die Kosten der Deregulierung. Das Aussetzen der Ausweispflicht des Zuckergehalts von Lebensmitteln zum Beispiel mag den Herstellern Geld sparen, aber Staat und Gesellschaft Mehrausgaben wegen höherer Diabetesraten und ähnlicher Krankheiten verursachen. Die meisten Ökonomen sahen deshalb keine substanziellen Effekte der kleinteiligen Deregulierung unter Trump – im Gegensatz zu den großen Liberalisierungsmaßnahmen in Luftfahrt 1978 oder Telekommunikation 1984. Einzelne Firmen der fossilen Brennstoffindustrie oder des produzierenden Gewerbes mögen von der Deregulierung profitieren, aber Ölpreis, Zinssätze oder Zollpolitik haben einen weitaus größeren Einfluss auf die Gesamtwirtschaft.

Steuersenkungen und Infrastrukturprogramm

Ökonomisch wichtiger als die Deregulierung sind auch Steuerpolitik und Infrastrukturprogramme, weil sie kurzfristig Geld in die Wirtschaft pumpen und langfristig die Effizienz steigern können. Im Wahlkampf hatte Trump große Einschnitte bei den Steuern für Unternehmen und Arbeiter und massive Investitionen in die marode Infrastruktur angekündigt. Tatsächlich gelang es ihm, im November 2017 den «Tax Cuts and Jobs Act» durch den Kongress zu bekommen. Es war der größte legislative Triumph seiner Amtszeit. Bis auf 13 Abweichler im Haus stimmten alle republikanischen Parlamentarier dafür. Kein einziger Demokrat unterstützte das Gesetz. Es sah vor, die im internationalen Vergleich hohen Unternehmenssteuern von 35 auf 21 Prozent sowie die Einkommenssteuer zu reduzieren. Der Freibetrag bei Erbschaften wurde verdoppelt, Steuern musste man hier künftig erst ab einer Summe von 11,2 Millionen Dollar zahlen.

Obwohl alle Einkommensgruppen profitierten, konzentrierten sich die meisten Ersparnisse bei den Spitzenverdienern. Selbst die marktliberale *Financial Times* sprach von einem «Steuerplan gestrickt für Plutokraten»[13]. Die 20 Prozent einkommensstärksten Haushalte erhielten 60 Prozent der Reduktionen, das oberste eine Prozent allein 17 Prozent oder 30000 Dollar pro Haushalt und Jahr. Die 20 Prozent einkommensschwächsten Haushalte, die wegen des Grundfreibetrags keine Einkommenssteuer bezahlen, gingen dagegen fast leer aus. Die Steuerreform verschärfte somit die ohnehin in den USA im internationalen Vergleich hohe Einkommens- und Vermögensungleichheit. Die Anhänger der beiden Parteien bewerteten sie diametral unterschiedlich. Während Anfang 2019 nur zwei von zehn Demokraten die Steuerreform gut fanden, waren es bei Republikanern acht von zehn.[14] Trump hatte sein überragendes politisches Ziel erreicht: über Steuersenkungen seine Wählerklientel zufriedenzustellen.

Gesamtwirtschaftlich waren die Wirkungen der Reform begrenzt. Ihr Wachstumseffekt auf das Bruttoinlandsprodukt fiel 2018 mit 0,2 Prozentpunkten geringer aus als von der Regierung erwartet. Das lag daran, dass Reiche, die das zusätzliche Geld kaum ausgeben, am meisten sparten. Zudem investierten die Unternehmen ihre Steuerprofite nur zu einem Teil, sie nutzen sie vielmehr für Aktienrückkäufe und Dividendenerhöhungen – was die Gewinne der Vermögenden weiter nach oben trieb. Da die Wirtschaft nahe an der Vollbeschäftigung operierte, waren die Arbeitsplatzgewinne ebenfalls gering. Letztlich verbesserten Trumps Steuersenkungen die finanzielle Situation der Einkommensstärkeren auf Kosten der Einkommensschwächeren und künftiger Generationen.

Ein weiteres Problem der Steuerreform war, dass sie Defizit und Schulden des Bundes nach oben trieb. Das überparteiliche Haushaltsbüro des Kongresses (CBO) schätzt ihre Gesamtkosten bis 2027 auf 1,9 Billionen Dollar. 2018 schoss das Budgetminus auf 4,1, 2019 auf 4,6 Prozent des BIP. Die Hälfte davon geht auf die von Trump und vom Kongress beschlossenen Steuersenkungen und Neuausgaben zurück. Dabei hätte Washington nach zehn Jahren soliden Wirtschaftswachstums eigentlich Überschüsse erzielen müssen. Trumps Lieblingsbehauptung, die Strafzölle auf Produkte aus China könnten den Haushalt sanieren, war gleich doppelt falsch: Zum einen machten sie 2019 mit 71 Milliarden Dollar nur zwei Prozent der Gesamteinnahmen des Bundes aus, zum anderen wurden sie von US-Importeuren bezahlt, nicht von chinesischen Firmen.

Ein ähnlicher Erfolg wie bei den Steuersenkungen blieb dem Präsidenten bei seinem zweiten binnenwirtschaftlichen Großprojekt, einem Infrastrukturpaket, versagt. Seit den frühesten Tagen seiner Kandidatur erklärte Trump, er wolle Amerikas alternde Infrastruktur erneuern. Bei diesem Projekt sollten seine Fähigkeiten als Immobilienentwickler und Dealmaker voll zum Tragen kommen. «Wir werden unsere Innenstädte reparieren und unsere Autobahnen, Brücken, Tunnel, Flughäfen, Schulen, Krankenhäuser wieder aufbauen», prahlte er in seiner Siegesansprache am Wahlabend vor einer jubelnden Menge. «Wir werden unsere Infrastruktur erneuern, die danach erstklassig sein wird. Und wir werden Millionen von Menschen Arbeit geben beim Wiederaufbau.»[15] Das Infrastrukturprogramm war Trumps populärstes Versprechen während der Kampagne. Zwei Drittel der Wähler unterstützten es, und da es die Demokraten ebenfalls wollten, bot es die Chance auf die von ihm zugesagte parteiübergreifende Zusammenarbeit. Es lag auch ein objektives Problem vor: Das World Economic Forum ermittelte in seinem «Bericht zur globalen Wettbewerbsfähigkeit 2016/17», dass die USA von 138 analysierten Ländern Rang zwölf bei der Qualität der Infrastruktur einnahmen. Ursache war, dass die in den 1950er und 1960er Jahren mit großem Aufwand gebauten Highways, Brücken, Dämme und Stromnetze veralteten und den häufigeren extremen Wetterereignissen immer weniger Stand hielten.

Es dauerte freilich ein Jahr, bis der Präsident einen ersten Infrastrukturplan vorlegte. Die Versuche, Obamacare abzuschaffen, die Einwanderungsregeln zu verschärfen und die Steuerreform durch den Kongress zu bekommen, hatten das notorisch dysfunktionale Weiße Haus überlastet und keine Zeit für das Ausarbeiten eines entsprechenden Entwurfs gelassen. Der Plan vom Februar 2018 sah Bundesausgaben von 200 Milliarden Dollar über einen Zeitraum von zehn Jahren vor, die durch ein Anreizsystem weitere 1,3 Billionen an Investitionen bei Bundesstaaten, Kommunen und Privatwirtschaft generieren sollten. Da neue Steuern für die Republikaner inakzeptabel waren, gab Trump auf die Frage nach der Finanzierung des Plans lediglich die unglaubwürdige Antwort, das Geld werde durch Budgetkürzungen an anderer Stelle bereitgestellt. Alles war sehr vage, Republikaner und Demokraten lehnten viele der Ideen ab, selbst Trump kritisierte die angestrebten öffentlich-privaten Partnerschaften und nannte den Entwurf seines Wirtschaftsberaters Cohn später «dumm».[16]

Anfang 2019 legte er eine neue Version vor. Im April traf er die Führung der Demokraten, die jetzt das Haus kontrollierten, zu Verhandlungen. Beide Seiten vereinbarten, ein Zwei-Billionen-Dollar-Infrastrukturprogramm voranzutreiben. Viele Republikaner distanzierten sich umgehend wegen der Kosten von dem Plan und weigerten sich, die Idee einer Erhöhung der Benzinsteuer zu erwägen. Die Demokraten forderten den Präsidenten auf, zu sagen, wie er sich dessen Finanzierung vorstelle. Trump suchte einen Ausweg für das Dilemma, in das er sich manövriert hatte, zumal das Defizit aufgrund der Steuersenkungen bereits bedenklich anschwoll. Kurz vor dem Treffen mit den Führern der Demokraten, Nancy Pelosi und Chuck Schumer, am 22. Mai schrieb er ihnen, ein Infrastrukturgesetz könne erst nach Annahme seines neuen Handelsvertrags mit Mexiko und Kanada durch den Kongress weiterbesprochen werden. Als Pelosi am Morgen vor der Zusammenkunft den Präsidenten der Vertuschung der Russlandaffäre bezichtigte, empfing er die beiden zwar im Weißen Haus, aber nur, um nach einer Tirade gegen Pelosi aus dem Raum zu stürmen und vor Medienvertretern über die Demokraten herzuziehen. Damit war ein Infrastrukturgesetz vom Tisch.

Das Märchen vom Trump-Boom

Trump hatte versprochen, mit seinen Maßnahmen die Wirtschaft anzukurbeln. Nach drei Jahren im Amt zeigte sich jedoch, dass die beiden wichtigen Bereiche, das Wachstum und die Arbeitslosigkeit, sich wie seit 2010 weiterentwickelten. Unter Obama war die Ökonomie seit Ende der Rezession durchschnittlich um 2,2 Prozent pro Jahr gewachsen und hatte netto monatlich 186 000 neue Stellen geschaffen, unter Trump lauteten die Zahlen 2,5 Prozent und 193 000 Stellen. Entsprechend fiel die Arbeitslosenquote weiter von 4,7 Prozent (Dezember 2016) auf 3,5 Prozent (Februar 2020) und damit auf den niedrigsten Stand seit 50 Jahren. Im Juli 2019 expandierte die Wirtschaft seit vollen zehn Jahren ohne Unterbrechung. Damit überholte sie den bis dato längsten Boom in der US-Geschichte während der 1990er Jahre. 62 Prozent der Amerikaner zeigten sich Anfang Januar 2020 mit der konjunkturellen Lage zufrieden. Was sich früher positiv auf die Zustimmungsraten des Präsidenten niederschlug, spielte seit Obamas Wahl kaum mehr eine Rolle, weil die extreme parteipolitische Polarisierung die ökonomischen Fundamentaldaten überlagerte.[17] Damit galt die alte Regel, dass die Wiederwahlchancen eines Amtsinhabers von der Wirtschaftslage abhingen, bei Trump nur mehr sehr eingeschränkt.

In seinen ersten beiden Amtsjahren wuchs der Industriebereich (Minen, Bau, Produktion) stärker als in den vorangegangenen drei Dekaden. Arbeiter auf dem Land und in kleineren Städten, also tendenziell seine Wählerklientel, profitierten überproportional davon. Ihre Nominallöhne stiegen 2017 und

2018 mit drei Prozent zudem schneller als in den zehn Jahren davor, 2019 sogar um außergewöhnliche zehn Prozent.[18] Das schlug sich auch auf die Armutsrate nieder, die 2018 mit 11,8 Prozent auf den niedrigsten Stand seit 2001 zurückging. Besonders half das Minderheiten und schlecht ausgebildeten Arbeitern. Aber das lag weniger an der Wirtschafts- und Anti-Immigrationspolitik des Präsidenten als vielmehr an Einmaleffekten wie der Steuersenkung und den tiefen Energiepreisen sowie der geringen Arbeitslosigkeit, die die Verhandlungsmacht der Beschäftigten stärkte. 2019 verdüsterte sich die Lage im Industrie- und Agrarbereich allerdings, weil der Handelskrieg mit China Unternehmen verunsicherte und Peking mit seinen Gegenzöllen auf Sektoren und Regionen mit vielen Trump-Wählern zielte. General Motors, US Steel und Halliburton, die Giganten der Auto-, Stahl- und Ölausrüstungsbranche, strichen Arbeitsplätze, die Landwirtschaft hatte ein schlechtes Jahr. Obwohl sich die Wirtschaft insgesamt als robust erwies, fiel das Jobwachstum in ökonomisch gebeutelten Industriestaaten wie Wisconsin, Michigan und Pennsylvania verhältnismäßig niedrig aus. Für Trump, der seinen Einzug ins Weiße Haus einer hauchdünnen Mehrheit in genau diesen Staaten verdankte, war dies politisch bedrohlich.

Doch anstatt das Vertrauen von Unternehmen und Verbrauchern zu stärken, indem er seine erratische Handelspolitik beendete, konsistente wirtschaftliche Botschaften aussandte und angesehene Ökonomen als Berater um sich scharte, suchte er nach einem Sündenbock. Er fand ihn in Notenbankpräsident Jerome Powell. Der Präsident hatte ihn 2018 selbst ins Amt gebracht, jetzt unternahm er ihm jedoch zu wenig, das Wachstum zu stimulieren. Seit Ende 2015 hatte die US-Notenbank, die Fed, den Leitzins von 0 auf 2,5 Prozent Ende 2018 erhöht. Angesichts der Handelskonflikte senkte sie ihn im Juli 2019 wieder auf 2,25 Prozent. Trump wollte noch niedrigere Zinsen, und er wollte sie schneller. In einem Tweet fragte er in einem präzedenzlosen Akt der öffentlichen Kritik am Notenbankchef, wer «unser größerer Feind» sei, Powell oder Chinas Staatschef Xi. «Ich bin nicht glücklich mit Jay Powell», sagte der Präsident Journalisten, er würde ihn nicht aufhalten, wenn er seinen Rücktritt anböte.[19] Das war typisch Trump: Jede wirtschaftliche Erfolgsmeldung verbuchte er als Konsequenz seiner eigenen Aktionen, negative Entwicklungen schob er anderen in die Schuhe. Dabei war die Realität banaler. Präsidenten konnten wegen der schieren Dimension der US-Wirtschaft mit ihren Maßnahmen den Konjunkturverlauf weniger beeinflussen, als sie die Öffentlichkeit glauben machten.

Musterhandeln Trumps

7. «Das ist eure letzte Chance»: Kulturkriege

Mit seiner aggressiven Einwanderungs- und Strafzollpolitik hatte Trump die Wutbürger, mit seinen Deregulierungen und Steuersenkungen die Wirtschaftsliberalen zufriedengestellt. Nun musste er noch seinen dritten großen Wählerblock bedienen: die weißen fundamentalistischen Christen, die Evangelikalen. Für sie schien Trump ein unwahrscheinlicher Fürsprecher – ein zum dritten Mal verheirateter Playboy, der Spielcasinos betrieb, fast nie in die Kirche ging und früher das Recht auf Abtreibung verteidigt hatte. In den Vorwahlen unterstützte die Mehrheit der Evangelikalen noch Ted Cruz, den frömmelnden Senator aus Texas. Aber nachdem Trump Kandidat der Republikanischen Partei geworden war, schwenkten sie auf ihn um. Mit 81 Prozent der Stimmen schnitt Trump bei dieser Gruppe am Wahltag besser ab als bei jeder anderen und besser als die drei vorhergegangenen republikanischen Kandidaten Bush, McCain und Romney.

Drei Dinge trieben die Evangelikalen in seine Arme. Da war das Gefühl, im Kampf gegen die Verweltlichung der Gesellschaft auf der Verliererstraße zu sein. Ihr Anteil an der Bevölkerung fiel, ihre Normen waren unter Druck, 2015 legalisierte der Supreme Court sogar gleichgeschlechtliche Ehen. Dann gab es die an Paranoia grenzende Angst, eine Präsidentin Hillary Clinton würde ihre religiösen Privilegien beschneiden, die Rechte von Homo- und Transsexuellen stärken und – am wichtigsten – Schwangerschaftsabbrüche erleichtern. Schließlich waren die Evangelikalen enttäuscht vom republikanischen Establishment. Seit den 1980er Jahren hatten ihnen Politiker der Partei in Aussicht gestellt, im Falle eines Wahlsiegs ihr Hauptanliegen umzusetzen: das im Supreme Court-Urteil «Roe

v. Wade» von 1973 festgeschriebene Abtreibungsrecht, eines der liberalsten in der Welt, abzuschaffen oder zumindest einzuschränken. Waren Republikaner freilich erst einmal im Amt, verfolgten sie dieses Ziel auf Bundesebene ohne Elan, weil es dafür keine politische Mehrheit gab.

Bei seinen Wahlkampfauftritten vor weißen Evangelikalen warnte Trump, er sei ihre «letzte Chance», sie in diesem Kulturkrieg zu beschützen und Amerikas christliches Erbe zu verteidigen.[1] Er versprach ihnen, als Präsident ausschließlich konservative Richter zu nominieren und sich bedingungslos hinter Israel zu stellen. Seine Wahl von Pence als Kandidaten für die Vizepräsidentschaft verstanden viele Evangelikale als freundliches Signal – und genau so war es gedacht. Pence, selbst wiedergeborener Christ, hatte als Gouverneur von Indiana das Abtreibungsrecht verschärft und es Individuen wie Firmen erlaubt, sich auf ihre religiöse Überzeugung zu berufen, wenn sie zum Beispiel Homosexuelle in ihrem Restaurant nicht bedienten und als Bäcker oder Floristen Hochzeiten von Schwulen und Lesben nicht belieferten.

Rechte Richter

Die Ernennung von Bundesrichtern war für Evangelikale aus mehreren Gründen das zentrale Thema. Erstens werden sie in den USA auf Lebenszeit ernannt und können deshalb die Rechtsprechung weit über die Amtszeit eines Präsidenten hinaus bestimmen. Zweitens hat die parteipolitische Polarisierung ihren Einfluss gewaltig gesteigert. Da Republikaner und Demokraten kaum mehr Kompromisse bei strittigen Themen finden, sich gegenseitig blockieren und damit den Gesetzgebungsprozess lahmlegen, rufen sie oder ihre ideologischen Verbündeten oft die Gerichte an, um ihre Positionen durchzusetzen. Es war der Supreme Court, der in den vergangenen Jahrzehnten so zentrale Fragen wie Abtreibung, Schwulenehe,

Quotensystem bei Universitätszulassungen, Wahlkampffinanzierung und Gerrymandering, das politisch motivierte Ziehen von Wahlkreisgrenzen, entschied. Im Dezember 2000 bestimmte er in «Bush v. Gore» sogar den Präsidenten. Drittens durchleuchten rechte und linke Vereinigungen potenzielle Richterkandidaten mittlerweile so genau, dass juristische Kompetenz weniger wichtig ist als politische Gesinnung. 1953 war es etwa noch möglich, dass ein republikanischer Präsident, Dwight Eisenhower, seinen Parteifreund Earl Warren zum Obersten Richter des Supreme Court berief, der dann unerwartet zum Vorkämpfer für Bürgerrechte mutierte. Eine ähnliche Transformation ist heute unvorstellbar, weil vor einer Nominierung jede Äußerung und Tat eines Kandidaten auf ihre weltanschaulichen Implikationen seziert werden. Viertens schließlich herrschte im Obersten Gericht des Landes seit Jahrzehnten in etwa ein Gleichgewicht zwischen konservativen und progressiven Mitgliedern. Von einer Veränderung des Mehrheitsverhältnisses zu ihren Gunsten versprachen sich beide Parteien mit Recht einen langanhaltenden Einflussgewinn.

Republikaner und Demokraten kämpfen deshalb mit harten Bandagen darum, ihnen nahestehende Richter ins Amt zu bringen. Dabei schrecken sie vor gravierenden Regeländerungen nicht zurück. So war es historisch Usus, dass der Senat Bundesrichter nicht mit einfacher Mehrheit, sondern mit einer «Supermehrheit» von zuletzt drei Fünfteln bestätigt. Da Republikaner und Demokraten fast nie über eine solche Supermehrheit verfügten, nominierten Präsidenten meist über ideologische Grenzen hinweg vermittelbare Kandidaten. Aus parteipolitischem Kalkül schafften die regierenden Demokraten 2013 die Supermehrheit für Bezirks- und Berufungsrichter ab, und es war nur eine Frage der Zeit, bis dasselbe für Verfassungsrichter geschah. Seither muss ein Präsident, dessen Partei eine Mehrheit im Senat hat, kaum mehr weltanschauliche Rücksichten nehmen. Wie verbissen der Kampf um die Gerichte mittlerweile geführt wurde, zeigte die Nachfolge des konservativen Supreme Court-Richters Antonin Scalia. Er war am 13. Februar 2016 überraschend gestorben. Verfassungsgemäß nominierte Obama einen Nachfolger. Der republikanisch dominierte Senat verweigerte ihm jedoch in einem Akt beispielloser Obstruktion eine Beratung und Abstimmung in der Hoffnung, dass ein republikanischer Präsident nach seiner Amtsübernahme im Januar 2017 einen konservativen Kandidaten vorschlagen werde.

Trumps Wahlsieg ließ dieses die Normen der Verfassung aufs äußerste dehnende Kalkül aufgehen. Schon eine gute Woche nach seinem Einzug ins Weiße Haus benannte er den konservativen Bezirksrichter Neil Gorsuch für die vakante Stelle. Als demokratische Senatoren Widerstand leisteten, schafften die Republikaner Anfang April die bis dahin nötige Supermehrheit für eine Bestätigung ab und setzten ihren Kandidaten mit 54 zu 45 Stimmen durch. Nur ein Oberster Richter seit 1888 war knapper ins Amt gelangt, früher hatte es meist überwältigende Mehrheiten gegeben, oder Nominierte waren gar per Akklamation gewählt worden. Trump hatte einen großen Erfolg erzielt. Damit nicht genug: So langsam der Präsident Spitzenpositionen in seiner Regierung besetzte, so systematisch und schnell füllte er Stellen an Bezirks- und Berufungsgerichten. Davon gab es insgesamt etwa 870, und bis Anfang 2020 berief Trump dank vieler, vom republikanischen Senat in den letzten beiden Obama-Jahren erzwungener Vakanzen fast 200 Kandidaten.[2] Vor allem bei den wichtigen Berufungsrichtern hatte kein Präsident vor ihm in so kurzer Zeit mehr Posten gefüllt – «mit der Effizienz eines Bulldozers», wie ein Gerichtsexperte bemerkte.[3] Dabei stellte das Weiße Haus sicher, dass es fast ausschließlich jüngere Kandidaten nominierte, die konservative Vereinigungen wie die Federalist Society oder die Heritage Foundation zuvor politisch auf Herz und Nieren geprüft und auf eine Liste von akzeptablen Richtern gesetzt hatten.

Im Juli 2018 fiel Trump der größte Preis in den Schoß: Mit dem altersbedingten Rücktritt von Anthony Kennedy konnte er schon im zweiten Amtsjahr eine weitere Stelle am Supreme Court besetzen. Da sich Kennedy oft zwischen den vier konservativen und den vier progressiven Richtern positioniert hatte, ergab sich damit für den Präsidenten die Chance, die Ausrichtung des Gremiums entscheidend zu verändern. Er nominierte Brett Kavanaugh, einen stramm Rechten, den der Senat nach harten Auseinandersetzungen mit 50 zu 48 Stimmen bestätigte. Dieses mit einer Ausnahme knappste Ergebnis in der 230-jährigen Geschichte der USA bescherte dem Obersten Gericht erstmals seit Franklin Roosevelts Tagen eine konservative Mehrheit. Dass Trump davon eine Unterstützung seiner Politik erwartete, verstand sich von selbst. Immer wieder hatten Bezirks- und Berufungsrichter seine Erlasse zur Einwanderungs- und Asylpolitik außer Kraft gesetzt. Einen von ihnen verunglimpfte der Präsident wutentbrannt als «sogenannten Richter», einen anderen als «Obama-Richter». Das ging sogar dem Vorsitzenden des Supreme Court John Roberts, selbst von George W. Bush ernannt, zu weit. Er trat solch flagranten Politisierungsversuchen mit dem Statement entgegen, die USA hätten keine «Obama-Richter oder Trump-Richter, Bush-Richter oder Clinton-Richter». Der Präsident schlug umgehend in einem Tweet zurück: «Es tut mir leid, Chief Justice Roberts, aber natürlich gibt es ‹Obama-Richter›, und sie sehen die Dinge ganz anders als die Leute, die sich qua Amt um die Sicherheit unseres Landes kümmern müssen.»[4]

Dass Trump nicht Unrecht hatte, demonstrierte das Abstimmungsverhalten an Roberts' eigener Institution, dem Supreme Court. Gorsuch zum Beispiel etablierte sich rasch als konservativstes Mitglied des Gremiums und votierte zuverlässig für Initiativen des Präsidenten, die beim Gericht zur finalen Entscheidung landeten – darunter der Einreisebann für Muslime, das Verbot des Militärdiensts für Transsexuelle, die Freigabe von Mitteln aus dem Verteidigungshaushalt für den Mauerbau und die Beschränkung des Asylrechts. Durch die rechte Mehrheit am Obersten Gericht ermutigt, verabschiedeten neun von Republikanern dominierte Staaten drakonische Anti-Abtreibungsgesetze. Alabama zum Beispiel verbot Schwangerschaftsabbrüche in allen Fällen, selbst nach Vergewaltigung oder Inzest, solange nicht das Leben der Mutter ernsthaft gefährdet war. Dies verstieß gegen geltendes Bundesrecht, das es den Staaten nur gestattete, Abtreibungsregeln ab der 24. Schwangerschaftswoche festzulegen. Diese spekulierten allerdings darauf, dass Bezirks- und Berufungsgerichte ihre Gesetze annullierten, so dass sie im nächsten Schritt beim Supreme Court um einen endgültigen Entscheid nachsuchen konnten. Die Hoffnung war dabei nicht unbedingt, Roe v. Wade zu kippen, sondern Abtreibungen Schritt für Schritt zu erschweren, bis sie für die meisten Frauen unerreichbar wurden. Als Reaktion liberalisierten demokratisch regierte Staaten wie Illinois oder New York die Möglichkeit zum Schwangerschaftsabbruch weiter.

Der neue Kyros

Außer mit seinen Richterernennungen punktete Trump bei evangelikalen Wählern noch mit seiner harten Anti-Immigrationspolitik und seinem Bann für Einreisen von Muslimen. Dies war bei ihnen, die in nostalgischer Verklärung ein weißes, protestantisches Amerika zurücksehnten, sehr populär. Sein Nationalismus zog viele an, die in den USA Gottes auserwähltes Land sahen. Seine aggressive, bombastische und autoritäre Rhetorik vermittelte ihnen das Gefühl, jemand kämpfe in Zeiten der existenziellen Bedrohung ihres Wertesystems mit aller Macht für sie. Nicht zuletzt profitierte Trump davon, dass er weder weiblich war wie Hillary Clinton noch schwarz wie Obama. Denn die für Evangelikale alleinverbindliche Bibel kannte nur männliche Heroen, und die weiße evangelikale Bewegung in den Südstaaten, vor allem die Southern Baptists, hat eine lange rassistische Tradition.[5]

Trump veränderte auch viele staatliche Vorschriften nach den Wünschen der Evangelikalen. Wenige Monate nach seiner Amtsübernahme unterzeichnete er, umringt von religiösen Führern, einen Erlass zur «Förderung der freien Rede und der religiösen Freiheit» und betonte: «Zu lang hat die Bundesregierung ihre Macht als Waffe gebraucht, um gläubige Amerikaner zu schikanieren und sogar zu bestrafen.»[6] In den folgenden Jahren schränkten Ministerien insbesondere die Möglichkeiten zur Abtreibung und die Rechte Nicht-Heterosexueller ein. Seit 2018 durften sich Arbeitgeber aus religiösen Gründen weigern, Maßnahmen zur Geburtenkontrolle zu finanzieren, wie von Obamacare vorgeschrieben. 2019 wurde Organisationen, die Gelder vom einzigen Bundesprogramm zur Familienplanung bekamen, verboten, Abtreibungen vorzunehmen oder zu empfehlen. Dagegen erhielt die Anti-Abtreibungsgruppe Obria, die gegen jede hormonelle Verhütung war und stattdessen die Knaus-Ogino-Methode propagierte, einen Staatszuschuss von 1,7 Millionen Dollar. Einer staatlichen Adoptionsstelle in South Carolina wurde erlaubt, gleichgeschlechtliche und nicht-christliche Familien als Bewerber abzulehnen.[7] Während Trump mit solchen Maßnahmen allein bei sehr religiösen Wählern Zuspruch fand, unterstützte eine große Mehrheit der Amerikaner seinen Kampf gegen Abtreibungen im dritten Trimester, wie das einige Demokraten propagierten. Um seine fundamentalistische Basis weiter zu umgarnen, trat er als erster amerikanischer Präsident im Januar 2020 bei der traditionellen Großdemonstration von Abtreibungsgegnern in Washington, D. C. auf.

Von enormer Bedeutung für Evangelikale erwies sich schließlich Trumps bedingungslose Unterstützung Israels. Das war auf den ersten Blick überraschend, hatten Christen doch fast tausend Jahre Juden diskriminiert, vertrieben und ermordet mit Verweis auf das Matthäus-Evangelium, wo es in Kapitel 27 Vers 25 heißt, das jüdische Volk habe die Hinrichtung Jesu mit dem Satz begrüßt: «Sein Blut komme über uns und unsere Kinder!« Dass gerade weiße Evangelikale sich jetzt so sehr für Israel begeisterten, lag auch an ihrer Interpretation des Alten Testaments. Ausgangspunkt ist Gottes Versprechen an Abraham in Genesis 12:3, jene zu belohnen, die die Juden segnen, und jene zu bestrafen, die sie verfluchen. Politisch wirkmächtig wurde diese Idee in den USA mit dem Aufstieg der Religiösen Rechten unter Führung Falwells und Robertsons in den 1970er Jahren. Falwell gab 1981 die Parole aus: «Gegen Israel zu sein, heißt gegen Gott zu sein.... Wir glauben, die Geschichte und die Heilige Schrift beweisen, dass Gott so mit Nationen umgeht, wie diese mit Israel umgehen.»[8]

Dieser christliche Zionismus wurde in den folgenden Jahrzehnten zu einem Eckpfeiler evangelikaler Lehre. Acht von zehn Evangelikalen sind überzeugt, dass Gott das Land Israel den Juden übergab und nicht anderen Völkern.[9] Mehr auf die Zukunft bezogen ist eine weitverbreitete Version des christlichen Zionismus, der Dispensationalismus. Seine Anhänger lesen das Alte und das Neue Testament, wie der Theologe Jürgen Moltmann schreibt, «als verschlüsselten göttlichen Fahrplan für die Weltgeschichte»[10]. Deshalb ist die Offenbarung des Johannes für sie die wichtigste Stelle der Bibel. Dispensationalisten glauben, Gottes Bund mit den Juden sei ewig und ihre Rückkehr ins Heilige Land eine Voraussetzung für die Wiederkehr Jesu Christi und das Jüngste Gericht.[11] Popularisiert wurden solche Ideen durch die 16-teilige Romanreihe «Finale – Die letzten Tage der Erde» (Originaltitel: Left Behind), die zwischen 1995 und 2007 erschien und sich 80 Millionen Mal verkaufte. Sie brachte den primär evangelikalen Lesern biblische Endzeitprophezeiungen nahe, indem sie auf seichte, aber unterhaltsame Weise mit Weltuntergangsängsten und messianischen Heilserwartungen spielte.

Politisch leitet sich für die Evangelikalen aus ihrer Bibelinterpretation eine absolute Existenzgarantie für Israel ab. Seit

9/11 hat sich zudem das Gefühl verstärkt, Seite an Seite mit den Juden gegen den islamistischen Terror zu stehen. Von 2001 bis 2016 stieg die Quote weißer evangelikaler Republikaner, die mehr mit Israel als mit den Palästinensern sympathisieren, von 59 auf 85 Prozent.[12] Die vom Megakirchen-Pastor und TV-Prediger John Hagee 2006 gegründete Organisation «Christians United for Israel» (CUFI) war 2018 mit fünf Millionen Mitgliedern die größte Pro-Israel-Gruppe in den USA. Evangelikale Führer arbeiteten dabei in Israel besonders eng mit dem expansionistischen Flügel der rechten Likud-Partei zusammen. Wie wichtig CUFI für Politiker beider Staaten geworden war, zeigte die Tatsache, dass bei ihrer Jahreskonferenz am 8. Juli 2019 in Washington sowohl der israelische Premierminister Benjamin Netanyahu als auch Vizepräsident Pence und Außenminister Pompeo sprachen.

Trump erfüllte alle Erwartungen der Evangelikalen an seine Israel-Politik: Er kritisierte Obama scharf dafür, dass unter ihm die Beziehungen zum langjährigen Verbündeten gelitten hatten. Er besuchte Israel auf seiner ersten Auslandsreise und betete als erster amtierender Präsident an der Klagemauer. Er machte die Gründung einer amerikanisch-israelischen Anti-Terrorallianz zur Kernbotschaft seines Aufenthalts. Er verlegte die US-Botschaft von Tel Aviv nach Jerusalem und erkannte die Souveränität des jüdischen Staats über die 1968 eroberten Golanhöhen an. Er kündigte die amerikanische Mitgliedschaft im UN-Hilfswerk für Palästinaflüchtlinge im Nahen Osten (UNRWA). Er ordnete den Austritt der USA aus dem Menschenrechtsrat der Vereinten Nationen an, weil dieser notorisch Israel verurteilte. Er beschwor «jüdisch-christliche Werte»[13], um sich vom Islam und anderen Religionen abzugrenzen. Er warf vier weiblichen Kongressabgeordneten der Demokraten mit Migrationshintergrund vor, schreckliche Dinge über Israel zu sagen und gegen Israel zu unternehmen, und drängte Jerusalem in einem beispiellosen Akt, sie nicht ins Land einreisen zu lassen. Er machte meist keinerlei Unterschied zwischen amerikanischen und israelischen Interessen, als ob sie siamesische Zwillinge seien. Er war gegenüber dem Iran ähnlich kompromisslos wie die israelische Regierung. Nicht zuletzt nutzte er die Treueschwüre zu Israel als Code für die Unterstützung des ethnonationalistischen Projekts, das die in Jerusalem herrschende Regierungskoalition verfolgte und das viele Rechtspopulisten als Vorbild sahen. Diese einseitige Parteinahme zugunsten Israels fanden nur 38 Prozent der amerikanischen Juden richtig, aber 72 Prozent der weißen Evangelikalen.[14]

Schon bald galt Trump den meisten Evangelikalen als Präsident, der mehr für sie getan hatte als alle seine Amtsvorgänger seit Reagan. Einige erklärten ihn sogar zu einem neuen Kyros, der das Persische Reich im 6. Jahrhundert vor Christus regiert und die in Babylon gefangenen Juden befreit hatte: Wie den heidnischen König habe Gott auch den säkularen Trump als Gefäß für die Zwecke der Rechtgläubigen eingesetzt. Eine Reporterin, die zwei Jahre lang Dutzende evangelikaler Veranstaltungen besuchte, berichtete, fast alle dort Anwesenden glaubten, Trump sei «ein direkt vom Himmel gesandtes Wunder, um die Nation zurück zum Herrn zu führen». Kurz vor den Zwischenwahlen im November 2018 zeigten eintausend amerikanische Kinos den Film «Die Trump-Prophezeiung», produziert von der christlich-fundamentalistischen Liberty University, in der ein evangelikaler Schriftsteller den Präsidenten als Instrument der Vorsehung identifiziert, «uns vor dem kulturellen Kollaps» zu bewahren.[15]

Nach zweieinhalb Amtsjahren stimmten 73 Prozent weißer Evangelikaler Trumps Amtsführung zu.[16] Bei keiner anderen Wählergruppe schnitt er nur annähernd so gut ab. Führende Pastoren wie Robert Jeffress, Betreiber einer Megakirche in Dallas und protestantischer Medienstar, und Jerry Falwell jr., Präsident der Liberty University und Erbe des Religionsimperiums seines Vaters, standen unverbrüchlich zu ihm. Der Vorsitzende der «Glaube-und-Freiheit-Koalition» Ralph Reed begrüßte Trump im Juni 2019 bei einer Megakonferenz seiner

Organisation unter dem Beifall der Anwesenden überschwänglich: «Es hat noch nie jemanden gegeben, der uns mehr verteidigt und mehr für uns gekämpft hat als Donald J. Trump. Niemanden.»[17]

Kein Wunder, dass solche Worte dem nicht zur Demut neigenden Präsidenten zu Kopf stiegen. Bei einer Pressekonferenz zwei Monate später bezeichnete er sich als «den Auserwählten» (the chosen one), um das Handelsdefizit mit China zu reparieren. Diese Blasphemie erklärte er zwar schnell zu einem Scherz, wie so oft, wenn er sich von einer missratenen Aussage distanzieren wollte, ohne einen Fehler einzugestehen. Aber kurz darauf twitterte Trump an seine 70 Millionen Follower – mit herzlichen Dankesworten an den Verfasser – das Zitat eines Verschwörungstheoretikers, der ihn «König von Israel» nannte und behauptete, jüdische Israelis liebten ihn «wie den wiedergekehrten Messias».[18] Solche Entgleisungen verziehen ihm die Evangelikalen genauso wie seinen Gebrauch profaner Wörter wie «gottverdammt». «Er erfreut sich einer unglaublichen Zustimmung bei den Gläubigen nicht wegen seiner Sprache, sondern trotz seiner Sprache», entschuldigte ihn Pastor Jeffress. «Die meisten Amerikaner hatten nichts gegen die kernige Ausdrucksweise General Pattons. Alles, was ihnen am Herzen lag, war, dass er sie zum Sieg [im Zweiten Weltkrieg, S. B.] führte. Viele Christen denken, wir befinden uns in einem Krieg ... für die Kultur, für die Seele Amerikas.»[19]

Letztlich beruhte der Fokus auf weiße Evangelikale, wie vieles bei Trump, auf einer rein geschäftlichen Transaktion: Wählerstimmen gegen Unterstützung. Auch bildete er keine aussichtsreiche Zukunftsstrategie für die Republikanische Partei. Hatte der Anteil weißer Evangelikaler an der Bevölkerung nämlich 2004 noch 23 Prozent betragen, war er bis 2018 auf 15 Prozent gefallen. Zu diesem Zeitpunkt zählten sich 26 Prozent der mehr als 65-Jährigen dazu, jedoch nur acht Prozent der 18- bis 29-Jährigen. Selbst ihre stetig gewachsene Wahlbeteiligung und Zustimmung zu den Republikanern kann den demografischen Einflussverlust nicht mehr lange kompensieren. Die Gründe für diesen Rückgang lagen an der geringeren Empfänglichkeit besser gebildeter junger Menschen für Religion im Allgemeinen und für die kulturkriegerischen Botschaften der traditionalistischen Kirchenführer im Speziellen sowie an den vielen Fällen von sexuellem Missbrauch durch Pastoren. Zugleich war die Politisierung der Evangelikalen ein zweischneidiges Schwert: Dass sich ihre fundamentalistische Mehrheit so eng mit dem reaktionären Flügel der Republikaner und der rechtsradikalen Alt-Right-Bewegung verband, konnten viele politisch moderate Mitglieder nicht mit ihrem Glauben vereinbaren. Sie kehrten ihren Kirchen den Rücken.[20] Michael Gerson, ein konservativer Kommentator, führte den Niedergang der Evangelikalen sogar direkt auf deren Verehrung Trumps zurück, weil «viel zu viele ... ihre Anliegen mit einem Führer verbunden haben, der moralisch korrupt ist und andere entmenschlicht».[21]

8. «America First»: Die Trump-Doktrin

Seit dem Zweiten Weltkrieg hatten die USA in der westlichen Welt ein Ordnungssystem etabliert, das auf den Prinzipien Demokratie, Marktwirtschaft und Multilateralismus sowie auf Institutionen wie Nato, Gatt, Internationalem Währungsfonds und Weltbank gründete. Mit dem Kollaps der Sowjetunion und dem Ende des Kalten Kriegs strebte Washington unter Präsident Bill Clinton (1993–2001) danach, das System auf andere Regionen auszuweiten. Dieser liberale Internationalismus wurde nach den Terrorattacken 2001 verdrängt vom Versuch George W. Bushs (2001–09), Amerikas Abschreckungsfähigkeit wiederherzustellen, und mit seiner überwältigenden Militärmacht feindliche Regime in Afghanistan und im Irak zu beseitigen und durch demokratische Regierungen zu ersetzen.

Die beiden Interventionen erwiesen sich jedoch als schwieriger, kostspieliger und unpopulärer als erwartet. Obama siegte bei den Präsidentschaftswahlen 2008 nicht zuletzt deshalb, weil er den Irakkrieg von Beginn an als Fehler gebrandmarkt hatte und die Truppen von dort und nach einem Sieg über die Taliban auch aus Afghanistan zurückzuholen und sich unter dem Schlagwort «Nation-building at home» um die Sorgen und Nöte der eigenen Bürger zu kümmern versprach. Zwar hielt er am liberalen Multilateralismus fest, aber er wollte die Verpflichtungen der USA reduzieren und den Verbündeten mehr Lasten aufbürden. Vor allem war Obama nicht bereit, durch ein Eingreifen in den syrischen Bürgerkrieg oder das Entsenden von Stabilisierungstruppen nach Libyen neue militärische Aufgaben zu übernehmen.

Trump führte die bei einer großen Zahl der Wähler verbreitete Frustration über die amerikanische Rolle in der Welt in eine neue Dimension. Mit dem Rückenwind von Interventions-fiaskos, Weltfinanzkrise und IS-Terror rückte er zwei alte außenpolitische Ideen in den Mittelpunkt seines Wahlkampfs: den Isolationismus und den Unilateralismus. Beide Traditio-nen hatten den Höhepunkt ihres Einflusses im 19. Jahrhundert, aber sie waren nie völlig verschwunden – gerade nicht im Mitt-leren Westen – und erlebten seit dem Ende des Kalten Kriegs eine Renaissance. In den Wahlkämpfen Bush sr. gegen Clinton 1992, Al Gore gegen Bush jr. 2000 und Obama gegen McCain 2008 hatte jeweils der Kandidat gewonnen, der weniger außen-politisches Engagement der USA versprach.

Trumps Ideen waren nicht originell, vielmehr bediente er sich des gesamten Arsenals an Argumenten aus vergangenen Zeiten: Für seinen Neo-Isolationismus übernahm er vom Kon-gress der 1920er Jahre die rassistische Immigrationspolitik, vom Nazi-Sympathisanten Charles Lindbergh und vom Natio-nalisten Pat Buchanan das Nicht-Interventionsdogma und die Ablehnung internationaler Organisationen, von Perot die Ver-dammung von Nafta und des Freihandels, von den Gewerk-schaften und Linken die Globalisierungskritik. Für seinen Unilateralismus konnte Trump auf Beispiele aus früheren Tagen zurückgreifen, als die USA regelmäßig in Lateinamerika interveniert hatten, um ihre Interessen durchzusetzen und missliebige Regierungen zu stürzen.[1] Diesen Mix an Gedan-ken verschmolz er unter dem Slogan «America First», den er ebenfalls von Lindbergh übernahm. «Von diesem Tag an wird eine neue Vision unser Land regieren», verkündete Trump in seiner Inaugurationsansprache, «von diesem Tag an wird nur noch Amerika an erster Stelle stehen. Amerika an erster Stelle.»[2]

Neu an der Trumpschen Außenpolitik war ihre Radikalität. Zum einen sollten Isolationismus und Unilateralismus nicht Ausnahme und auf bestimmte Sachbereiche und Regionen begrenzt bleiben, sondern einzige Handlungsoption der USA sein. Die Nato erklärte Trump für obsolet, den Brexit für gut, die EU für überholt, Alliierte zu Betrügern, Trittbrettfahrern und Schmarotzern. Zum anderen verlieh er seinen Forderungen eine überaus aggressive Note. China warf er vor, die USA zu «vergewaltigen», mexikanischen Immigranten, «Drogen und Verbrechen» zu bringen und «Vergewaltiger» zu sein, Nafta erklärte er zum «schlechtesten Handelsvertrag der Geschichte». Dem IS drohte er, ihn mit Bomben zu pulverisieren, dem Irak, seine Ölquellen an sich zu reißen als Entschädigung für amerikanische Kriegskosten.

Trumps Weltbild kennt keine internationalen Abhängigkeiten, multilateralen Kooperationen und gewachsenen Allianzen, sondern allein den Glauben an die eigene Macht. Außenpolitik versteht er rein geschäftsmäßig als Abwickeln von punktuellen, in erster Linie wirtschaftlichen Transaktionen, wobei Verlässlichkeit, Transparenz und Vertrauen keine Rolle spielen. Deshalb können Partner rasch gewechselt werden, Gegner schnell zu Freunden mutieren – und umgekehrt. Trump bewundert autoritäre Führer wie Russlands Wladimir Putin, Chinas Xi Jinping, Ägyptens Abdel Fattah al-Sisi, Rodrigo Duterte von den Philippinen oder Recep Tayyip Erdoğan aus der Türkei, weil sie ohne innenpolitische Rücksichtnahme von Mann zu Mann Deals mit ihm aushandeln können. Fast manisch ist er vom Ziel getrieben, die Außenpolitik Obamas, die er als Symbol amerikanischer Schwäche betrachtet, auszuradieren. Wie bei allem in seinem Leben geht es ihm letztlich jedoch primär um Selbstglorifizierung. Wenn es eine Trump-Doktrin gibt, so besteht sie darin, ihn als starken, entschlossenen und unkonventionellen Führer erscheinen zu lassen.

Wie bei vielen seiner Vorgänger, so vermitteln auch bei Trump die Ansprachen vor der Generalversammlung der Vereinten Nationen jeweils im September einen guten Einblick in sein außenpolitisches Denken. Seine erste Rede 2017 verband neokonservative und nationalistische Positionen zu einem konzeptionellen Potpourri. Zu Beginn beschwor Trump die Gefahren, die von Schurkenstaaten und Atomwaffen ausgehen, und knüpfte damit an Ideen an, die George W. Bush 15 Jahre zuvor entwickelt hatte, als er nach 9/11 von einer «Achse des Bösen» sprach. Die vielen rechtschaffenen Staaten müssten zusammenarbeiten gegen jene wenigen, «die uns mit Chaos, Tumult und Terror bedrohen».

Drei Regime nahm der Präsident direkt ins Visier: Nordkorea müsse seine Nuklearwaffen aufgeben und damit rechnen, dass es die Vereinigten Staaten im Falle eines Angriffs «total zerstören» würden; der Iran sei ein «mörderisches Regime», das «Tod und Zerstörung» anstrebe, das Atomabkommen mit Teheran «das schlechteste und einseitigste Geschäft, auf das sich die USA je eingelassen haben»; Venezuela bringe «Schmerz und Leid» über seine Bürger, was Amerika nicht hinnehmen werde. Am Ende kehrte Trump den Nationalisten heraus: Er wetterte gegen «multinationale Handelsabkommen, unverantwortliche internationale Tribunale und mächtige globale Bürokratien», die die amerikanische Mittelklasse schwer geschädigt hätten, und rief zu einem «Wiedererwachen der Nationen» auf.[3] Die Rede spiegelte in ihrer Inkohärenz und Widersprüchlichkeit die unterschiedlichen weltanschaulichen Gruppen, die im Weißen Haus um Einfluss rangen. Während Trump, Bannon und Miller die Außenpolitik revolutionieren wollten, versuchten seine wichtigsten außenpolitischen Berater wie Tillerson und Mattis und die Karrierebeamten, ein Mindestmaß an Kontinuität zu wahren.

Seine Ansprache 2018 fiel noch bombastischer aus als im Jahr zuvor, das Selbstlob so hemmungslos, dass die Zuhörer zu seinem Verdruss in Gelächter ausbrachen. Inhaltlich verschärfte der Präsident seinen Angriff auf den Multilateralismus. Er rechtfertigte den Rückzug der USA aus dem Menschenrechtsrat der Vereinten Nationen, griff Institutionen wie den Internationalen Strafgerichtshof an und betonte: «Wir werden Amerikas Souveränität nie einer nicht-gewählten, unverantwortlichen globalen Bürokratie preisgeben. Amerika wird von Amerikanern regiert. Wir weisen die Ideologie des Globalismus zurück und umarmen die Doktrin des Patriotismus. Auf der ganzen Welt müssen sich verantwortungsvolle Nationen gegen die Bedrohung ihrer Souveränität verteidigen – nicht nur durch die Global Governance, sondern auch durch andere, neue Formen des Zwangs und der Dominanz.» Erneut stellte Trump den Iran und Venezuela an den Pranger und prahlte, seine Politik des größtmöglichen Drucks zeitige Erfolge. Markantester Unterschied zu 2017 war die 180-Grad-Wende im Umgang mit Nordkorea. Hatte der Präsident dessen Diktator Kim Jong-un damals noch als «Raketenmann» (rocket man) verspottet, so dankte er ihm nun – nach der Gipfelbegegnung von Singapur – für seinen «Mut und für die Schritte», die er unternommen hat.[4]

Auch in seiner dritten UN-Rede 2019 änderte der Präsident seine Botschaft nicht. «Die Zukunft gehört nicht den Globalisierern. Die Zukunft gehört den Patrioten», verkündete er und pries die nationale Souveränität als einzige Basis für Demokratie und Kooperation. Er attackierte China für seine unfairen Handelspraktiken und forderte eine drastische Reform der Welthandelsorganisation. Es war eine klassische Trump-Rede, die im Laufe der Jahre jedoch ihren Überraschungseffekt verloren hatte und vom Publikum gleichmütig aufgenommen wurde. Der Präsident schien das ähnlich zu empfinden, er trug seine Ausführungen ohne den Enthusiasmus vor, den er normalerweise an den Tag legte, wenn er über seine Lieblingsthemen sprach. Wieder hatte Miller die Rede verfasst und mit immigrationsfeindlichen Parolen gespickt. Erwartungsgemäß warf Trump dem Iran «Unterstützung von Terrorismus» und «Blutlust» vor. Allerdings gab er sich sonst Teheran gegenüber ungewohnt gemäßigt, obwohl es der Hauptverdächtige war, kurz zuvor die wichtigste saudische Ölanlage angegriffen und schwer beschädigt zu haben. Der Präsident betonte sogar, Amerika sei bereit zur «Freundschaft mit allen, die ernsthaft Frieden und Respekt suchen». Sein Land habe nie «an ewige Feindschaften» geglaubt, Ziel sei es nicht, «endlose Kriege fortzusetzen». Deshalb wolle er auch in den Konflikten mit Nordkorea und den Taliban diplomatische Lösungen suchen.[5]

In seinen UN-Reden blieb Trump seinem im Wahlkampf postulierten populistischen Nationalismus treu. Freilich war sein außenpolitisches Weltbild nicht so schlüssig, wie es der Slogan «America First» nahelegte. Globaler Führungsanspruch und Ablehnung internationaler Institutionen, Unilateralismus und Isolationismus standen durchaus in einem Spannungsverhältnis zueinander. Zudem sah der Präsident das Verhältnis zu anderen Ländern durch die Brille von Handelsungleichgewichten und persönlichen Beziehungen: Nordkorea verhieß er «Feuer und Zorn», nur um sich wenig später mit Kim zu treffen und ihn bald als seinen Freund zu bezeichnen, China verwickelte er in einen Handelskrieg, gleichzeitig pries er Xi als «brillanten Führer», der Türkei drohte er im Oktober 2019 mit der Zerstörung ihrer Wirtschaft, um wenige Wochen später Präsident Erdoğan im Weißen Haus zu hofieren.

Eine langfristig angelegte außenpolitische Strategie ließ sich mit Trumps widersprüchlichen Ideen und seinem auf Effekthascherei und Improvisation angelegten Regierungsstil nicht verfolgen. Zugleich unterminierte der Präsident durch seine Sprunghaftigkeit das Vertrauen vieler Länder in amerikanische Sicherheitsgarantien, indem er zum Beispiel im Juni 2019 angeordnete Luftschläge gegen iranische Stellungen abrupt abblies oder Verbündete wie die Kurden im Oktober 2019 ohne Warnung fallen ließ. Das diplomatische Mantra Theodore Roosevelts, des 26. Präsidenten der Vereinigten Staaten, «Sprich sanft und trage einen großen Stock» stellte Trump auf den Kopf. Er bediente sich martialischer Rhetorik, scheute aber vor harten Maßnahmen zurück. Damit desavouierte er ein zentrales Element der internationalen Vormachtstellung der USA: die Gewissheit, sich im Ernstfall auf ihren Schutz verlassen zu können, weil sie den Ankündigungen Taten folgen ließen.

Nationalismus in der Praxis

Ein wesentliches Merkmal von Trumps «America First»-Politik war der Rückzug der USA aus einer ganzen Reihe internationaler Abkommen und Institutionen: der Transpazifischen Partnerschaft, weil sie angeblich amerikanische Jobs gefährdete; dem UN-Menschenrechtsrat, nachdem der zuständige Hochkommissar die USA wegen ihres Umgangs mit Immigranten an der mexikanischen Grenze (Trennung von Eltern und Kindern) gescholten hatte; der Unesco wegen ihrer angeblichen antiisraelischen Ausrichtung; dem INF-Vertrag mit Russland, der landgestützte Mittelstreckenraketen verbot; dem Atomabkommen mit dem Iran, das die fünf Vetomächte im Sicherheitsrat und Deutschland mit Teheran ausgehandelt hatten; dem Vertrag über den Waffenhandel, der seit 2012 den Handel mit konventionellen Waffen regelt und den 130 Staaten unterzeichnet hatten; dem Open Skies-Vertrag, der unbewaffnete Aufklärungsflüge über dem Territorium der anderen Mitglieder erlaubt. Darüber hinaus schien der Präsident bereit, den New Start-Vertrag mit Russland über Obergrenzen bei strategischen Atomwaffen 2021 auslaufen zu lassen. Selbst die Nato, die zentrale Organisation der westlichen Sicherheitspolitik, stellte er offen zur Disposition.

Einige der Institutionen und Vereinbarungen waren in der Tat problematisch. Dass im Menschenrechtsrat etwa brutale Unterdrückerstaaten wie Eritrea, China, Saudi-Arabien, Kuba oder Venezuela mit Stimmrecht saßen, konterkarierte Namen und Absicht des Gremiums. Der INF-Vertrag hatte sich weitgehend überlebt, weil er andere Länder mit bodengestützten nuklearen Mittelstreckenraketen, allen voran China, nicht erfasste. Der WTO war es weder gelungen, seit der Uruguay-Runde 1994 eine neue Freihandelsinitiative zu verabschieden, noch die unfairen Praktiken des chinesischen Staatskapitalismus wirkungsvoll zu beschränken. Doch anstatt den mühevollen Weg zu gehen, Organisationen und Abkommen durch Nach- oder Neuverhandeln zu verbessern, kündigte Trump einfach die amerikanische Teilnahme oder legte sie wie die WTO lahm, weil das in seinen Augen Entschlossenheit und Stärke ausstrahlte. Damit sabotierte er die liberale regelbasierte Weltordnung gerade zu dem Zeitpunkt, als sie den USA am nützlichsten hätte sein können. Denn die zunehmend aggressiv auftretenden Rivalen China und Russland sind durch Allianzen leichter einzuhegen als im Alleingang. TPP zum Beispiel hätte es ermöglicht, mit elf Partnern Handelsregeln im Pazifikraum ohne Peking zu etablieren. Der New Start-Vertrag garantierte Obergrenzen für strategische Nuklearwaffen und reduzierte die Wahrscheinlichkeit von teuren Rüstungswettläufen. Das Iran-Atomabkommen schließlich reduzierte zumindest bis 2025 die Gefahr, dass Teheran eine Nuklearwaffe baute.

Die Einsicht, auch mit unvollkommenen Verträgen und Organisationen leben zu müssen, widersprach allerdings diametral Trumps Charakter und Wahlversprechen. Deshalb halluzinierte er sich und seinen Unterstützern eine Welt herbei, in der Washington seinen Willen international allein besser durchsetzen konnte als im Verbund mit anderen. Das war schon im militärischen schwierig, wo die USA nach wie vor die mit Abstand größte Macht der Welt waren, andere Staaten wie China oder Russland aber quantitativ und qualitativ aufholten. Obwohl die Lastenverteilung mit den Verbündeten nicht immer fair war, profitierte Washington doch enorm von seinen Basen in befreundeten Ländern und dem geheimdienstlichen Austausch. Insbesondere trafen die Souveränitätsfantasien nicht mehr im ökonomischen Bereich zu, wo 2018 die Anteile der USA an der Weltwirtschaft 24 Prozent und am

Welthandel 16 Prozent betrugen, und bei globalen Problemen wie dem islamischen Terrorismus oder der Erderwärmung.

Ein Paradebeispiel für den Isolationismus des Präsidenten stellt die Kündigung des Pariser Abkommens dar. Es war am 12. Dezember 2015 auf der UN-Klimakonferenz in der französischen Hauptstadt verabschiedet worden und am 4. November 2016 in Kraft getreten. Das Abkommen schreibt das Ziel fest, die globale Erwärmung auf deutlich unter zwei Grad gegenüber vorindustriellen Werten zu begrenzen. Wie die einzelnen Staaten ihre Ziele erreichen, bleibt ihnen überlassen, sie müssen ihre nationalen Aktionspläne und entsprechende CO_2-Reduktionsziele jedoch bei der Uno einreichen. Im Wahlkampf hatte Trump die Erderwärmung als «Schwindel» und «Unsinn» bezeichnet. Das Konzept, so twitterte er bereits 2012, sei «von und für die Chinesen geschaffen worden, um die Wettbewerbsfähigkeit des verarbeitenden Gewerbes in den USA zu schädigen»[6]. Obwohl sich seine Tochter Ivanka und sein Schwiegersohn für einen Verbleib des Landes im Pariser Abkommen aussprachen, verkündete der Präsident am 1. Juni 2017 den Ausstieg: «Das Pariser Abkommen behindert die US-Wirtschaft, um Lob von genau jenen ausländischen Hauptstädten und globalen Aktivisten zu bekommen, die seit langem Wohlstand auf Kosten unseres Landes schaffen wollen. … Ich bin gewählt worden, um die Bürger Pittsburghs zu vertreten, nicht die von Paris. … Unser Rückzug vom Abkommen stellt eine Wiedererlangung von Amerikas Souveränität dar.»[7] Mehrere Forschungseinrichtungen und Zeitungen wiesen Trump nach, dass keines der von ihm vorgebrachten Argumente einer Überprüfung Stand hielt.[8]

Die offizielle Kündigung erfolgte am 4. November 2019, weil das Abkommen nach Inkrafttreten drei Jahre nicht verlassen werden konnte. Die Austrittsfrist beträgt zwölf Monate. Ironischerweise wird die Kündigung damit genau einen Tag nach der Präsidentschaftswahl 2020 effektiv. Zwar bedeutet der Rückzug aus dem Abkommen kein Ende für die amerikanischen Klimaschutzbemühungen, weil viele Bundesstaaten, Städte und Unternehmen die Vorgaben weiter einhalten wollen und die besonders schädlichen Kohlekraftwerke aus Rentabilitätsgründen zunehmend abgeschaltet werden. Aber Trumps Entscheidung machte die USA zum klimapolitischen Paria, weil sie als einziges der 194 Unterzeichnerländer aus dem Abkommen ausscherten, untergrub ihren internationalen Führungsanspruch und schwächte ihren Nimbus als Vorkämpferin gegen globale Bedrohungen.

Bei allem Chaos, das der Präsident in der internationalen Politik verbreitete, folgte seine Außenpolitik doch einer gewissen Logik. Sein Instinkt trieb ihn, wie das Beispiel des Klimaschutzes dokumentierte, immer in dieselbe Richtung: sich aus globaler Verantwortung und internationalen Institutionen lösen, den Multilateralismus zurückdrängen und die Souveränität und Unabhängigkeit der USA stärken, die Position der Supermacht nutzen, um gegenüber Schwächeren Vorteile herauszuschlagen und Kosten abzuwälzen, bilaterale Deals in Verhandlungen mit anderen Staats- und Regierungschefs anstreben und alle Außenbeziehungen «transaktional», also rein geschäftlich, betrachten. Damit stellte er nicht nur die Eckpfeiler des Systems zur Disposition, das die Ära seit dem Zweiten Weltkrieg im Westen zur «Pax Americana» gemacht hatte, sondern auch den größten Vorteil, den die USA gegenüber Rivalen wie China und Russland besaßen: die große Zahl an Alliierten von Europa über Ostasien bis in den Südpazifik, insgesamt mehr als 60 und damit fast ein Drittel der Länder des Planeten. Nicht wie Moskau und Peking andere Länder als Satelliten oder Vasallen behandelt, sondern als Partner gewonnen zu haben, war *das* Erfolgsrezept amerikanischer Vorherrschaft. Trumps «America First»-Politik setzte dieses Modell in einer Mischung aus Ahnungslosigkeit, Leichtfertigkeit und Mutwillen aufs Spiel.

9. «Einer der größten Feinde»:
EU, Nato und Deutschland im Fadenkreuz

In den vier Jahrzehnten nach 1948 waren die USA und Westeuropa füreinander die engsten Partner auf dem Planeten gewesen. Washington initiierte mit dem Marshallplan den Wiederaufbau des Kontinents, stationierte Truppen zu dessen Verteidigung und fungierte als Geburtshelfer bei seinem Einigungsprojekt. Obwohl es dabei zu Zwisten über die Verteilung der Rüstungslasten, politische Strategien oder wirtschaftliche Ungleichgewichte kam, sorgte die Bedrohung der Sowjetunion stets dafür, dass die beiden Seiten zusammenfanden und zusammenstanden. Der Sieg im Kalten Krieg war nicht zuletzt ein Erfolg dieser Geschlossenheit des Westens. Mit seinem Ende traten die divergierenden Interessen der USA und Europas, die sich aus den Unterschieden bei Machtposition, geografischer Lage und weltanschaulichem Selbstverständnis ergeben, stärker und stärker zu Tage. In den 1990er Jahren besaßen die Partner mit der Befriedung des Balkans und der Nato-Osterweiterung noch gemeinsame Projekte, aber die Interventionen in Afghanistan und im Irak im Gefolge der Terroranschläge von 9/11 ließen die Differenzen hervortreten: Die USA agierten als Weltmacht mit globalem Ordnungsanspruch, die meisten europäischen Staaten blieben ihren regionalpolitischen Zielen verhaftet und wollten nicht in Kriege in entfernten Regionen hineingezogen werden. Dazu kamen wachsende Diskrepanzen bei den militärischen Fähigkeiten.

Während der Präsidentschaft des in Europa überaus beliebten Obama konnten die vermehrten transatlantischen Konflikte oft durch Kompromisse wie etwa beim Atomabkommen mit dem Iran oder beim Klimaprotokoll entschärft werden.

Doch schon sein Verteidigungsminister Bob Gates kritisierte die Verbündeten im Juni 2011 für einen Mangel an Militärausgaben und politischem Willen und warnte vor einer «trüben, wenn nicht düsteren Zukunft» für die Nato, falls sich nicht mehr Mitgliedstaaten aktiver an ihren Aktivitäten beteiligten: «Die unverblümte Wirklichkeit ist es, dass Appetit und Geduld im US-Kongress schwinden – und in der amerikanischen Politik insgesamt –, zunehmend knappe Mittel für Nationen auszugeben, die offenbar nicht willens sind, die notwendigen Ressourcen bereitzustellen oder die notwendigen Änderungen zu unternehmen, um ernsthafte und fähige Partner bei ihrer eigenen Verteidigung zu sein.»[1] Das war primär an Deutschland gerichtet, das sich bei der Afghanistan-Mission weit weniger engagierte als andere Staaten und sich 2011 als einziges Nato- und EU-Mitglied bei der UN-Sicherheitsratsresolution zum Schutz der Zivilbevölkerung in Libyen enthielt. Beim Luftkrieg Frankreichs und Großbritanniens gegen Gaddafi und bei der Organisation der westlichen Antwort auf Russlands Überfall auf die Ukraine wurde deutlich, wie wenig die Europäer selbst begrenzte Militäreinsätze über einen längeren Zeitraum ohne amerikanische Aufklärung, Logistik und Hardware durchführen konnten. Obama ärgerte sich öffentlich über die «Trittbrettfahrer» und warnte Großbritannien, es könne nicht von einer «special relationship» mit den USA sprechen, solange es nicht zwei Prozent seines BIP für Verteidigung aufbrachte.[2]

Doch nicht nur in Sicherheits-, sondern auch in Wirtschaftsfragen kam es unter Obama immer wieder zu Spannungen mit den Europäern, insbesondere den Deutschen. So versandeten die 2013 begonnenen Verhandlungen über das Transatlantische Freihandelsabkommen (TTIP) zwischen den USA und der EU nach 15 Verhandlungsrunden, weil sich beide Seiten nicht in einem einzigen der 27 Teilbereiche einigen konnten. Vor allem die traditionell an offenen Märkten interessierte Bundesrepublik ließ angesichts öffentlichen Widerstands gegen TTIP jede

Führung vermissen. Beim Umgang mit der Euro-Krise gab es ebenfalls gravierende Unterschiede. Während Berlin auf eine Sparpolitik und rigide Sanierungsauflagen für hochverschuldete Staaten setzte und einen Ausstieg Griechenlands aus der Währungsunion nicht ausschloss, drängte Washington auf großzügige Rettungspakete und einen Schuldenerlass, um die internationalen Finanzmärkte zu stabilisieren.

Transatlantische Konfrontationen

Das transatlantische Verhältnis war also schon problematisch, als Trump seine Kampagne ums Weiße Haus begann. Er begegnete Europa jedoch mit einer Mischung aus Missachtung und offener Feindseligkeit und hob die Konfrontation damit auf eine neue Ebene. Im Wahlkampf fachte er europäische Urängste an, indem er die Nato für «obsolet» erklärte und die amerikanischen Truppen aus Europa abzuziehen drohte. Kurz vor dem Nominierungsparteitag der Republikaner sagte Trump, Allianzpartnern im Falle eines Angriffs nur dann beizustehen, «wenn sie ihren [finanziellen, S. B.] Verpflichtungen uns gegenüber nachkommen»[3]. Er revidierte die positive Haltung aller seiner Amtsvorgänger zur europäischen Integration und feierte die Brexit-Abstimmung als «eine großartige Sache»[4]. Im Mittelpunkt seiner Kritik an der EU stand deren hoher Handelsbilanzüberschuss im Güteraustausch von 147 Milliarden Dollar im Jahr 2016, den er durch Strafzölle reduzieren wollte. Deutschland, das 44 Prozent des Ungleichgewichts erwirtschaftete, rückte dabei in Trumps Fokus, und er versprach, Partnerschaften nur mehr aufgrund ihres ökonomischen Nutzens zu bewerten. Zugleich kündigte er an, aus multilateralen Vereinbarungen wie dem Atomabkommen mit dem Iran und dem Pariser Klimaprotokoll auszusteigen.

Trumps Wahlsieg am 8. November 2016 sandte deshalb Schockwellen durch Europas Hauptstädte – gefolgt von Beschwörungen der gemeinsamen Interessen und Werte. In einem Brief drängten ihn der Präsident des Europäischen Rats Donald Tusk und EU-Kommissionschef Jean-Claude Juncker zur Kooperation bei Herausforderungen wie dem IS, der Bedrohung der ukrainischen Souveränität, dem Klimawandel und der Einwanderung und schlugen ein baldiges Gipfeltreffen vor. Bundeskanzlerin Merkel betonte in ihrem Gratulationsschreiben, Deutschland und Amerika seien «durch Werte verbunden». Aber schon deren explizites Aufzählen – «Demokratie, Freiheit, Respekt vor dem Recht und der Würde des Menschen, unabhängig von Herkunft, Hautfarbe, Religion, Geschlecht, sexueller Orientierung oder politischer Einstellung» – offenbarten Merkels Zweifel, ob sich der Wahlsieger ihnen ebenfalls verpflichtet fühlte. Diese Sorge unterstrich sie mit dem nächsten Satz: «Auf der Basis dieser Werte biete ich dem künftigen Präsidenten der Vereinigten Staaten von Amerika, Donald Trump, eine enge Zusammenarbeit an.»[5]

Nach Trumps Amtsantritt versuchten die Europäer, ihn auf unterschiedliche Weise von seinem Konfrontationskurs abzubringen. Weil dieser seine wichtigsten Mitarbeiterposten so langsam besetzte und die außenpolitische Kompetenzverteilung in der Regierung unklar blieb, erwies es sich als schwierig, klassische bürokratische Kanäle dafür zu nutzen. Im März 2017 reiste Merkel zu ihrem ersten persönlichen Treffen mit dem Präsidenten nach Washington, bei dem er ihr nicht einmal die Hand gab. Durch den Aufbau einer guten Beziehung zu seiner Tochter und Beraterin Ivanka hoffte die Kanzlerin, sich Gehör bei Trump für die deutschen und europäischen Anliegen zu verschaffen. Frankreichs neuer Präsident Emmanuel Macron lud Trump als Ehrengast zum Nationalfeiertag am 14. Juli 2017 ein, um mit ihm der Militärparade auf der Avenue des Champs-Élysées beizuwohnen. «Nichts wird uns je trennen», sagte Macron in der anschließenden Rede, Trumps Gegenwart sei «das Zeichen für eine zeitlose Freundschaft»[6]. Doch weder das Beschwören gemeinsamer Werte noch das

Nutzen von Familienbanden oder Pomp und Schmeicheleien halfen, den US-Präsidenten in die Gemeinschaft der westlichen Staats- und Regierungschefs einzubinden und auf einen kooperativen Kurs zu verpflichten.

Sein erster Europabesuch Ende Mai 2017 machte dies überdeutlich. Zunächst schalt Trump bei einem Treffen mit Tusk und Juncker in Brüssel den hohen deutschen Handelsbilanzüberschuss mit den Worten: «Die Deutschen sind schlimm, sehr schlimm.»[7] Dann drängte er die Nato-Alliierten in einer Rede, das 2014 vereinbarte Ziel einzuhalten, ihre Rüstungsausgaben innerhalb von zehn Jahren auf zwei Prozent des BIP zu erhöhen: «23 von 28 Staaten zahlen nicht, was sie zahlen sollten.... Das ist nicht fair gegenüber dem Volk und den Steuerzahlern der USA.»[8] In einem direkten Affront erwähnte der Präsident die amerikanische Beistandspflicht für die Alliierten nicht, obwohl das von Sicherheitsberater, Außen- und Verteidigungsminister abgesegnete Manuskript dies vorgesehen hatte.[9] Schließlich weigerte er sich beim G7-Gipfel in Sizilien, den Verbleib seines Landes im Klimaprotokoll zuzusagen. Beim umstrittenen Handelsthema einigte man sich in der gemeinsamen Schlusserklärung auf die Kompromissformel, Freihandel zu stärken, Protektionismus zu bekämpfen und alle handelsverzerrenden Praktiken abzuschaffen.[10] Aber die dreitägigen Treffen mit Trump ließen die Europäer desillusioniert zurück. Kanzlerin Merkel, lange Jahrzehnte eine überzeugte Transatlantikerin, kommentierte wenig später in einer Bierzeltrede in München ernüchtert: «Die Zeiten, in denen wir uns auf andere völlig verlassen konnten, die sind ein Stück vorbei, das habe ich in den letzten Tagen erlebt.»[11]

Nach diesem schlechten Start in den amerikanisch-europäischen Beziehungen ging es in den darauffolgenden Jahren weiter bergab. Nach und nach ersetzte Trump seine traditionell pro-europäischen Berater wie Tillerson, McMaster und Mattis mit Personen, die ganz auf seiner aggressiven Linie lagen. Im Mai 2018 kündigte er das Atomabkommen mit dem Iran, und

Beim G7-Gipfel in Kanada versuchen die anderen Teilnehmer Trump von seinem unilateralen Kurs abzubringen. Dass die Bundesregierung gerade dieses Foto veröffentlichte, das Merkel und Trump als Hauptkontrahenten zeigte, sagte alles über den Zustand der bilateralen Beziehungen.

am 1. Juni verhängte er Zölle auf Stahl (25 %) und Aluminium (15 %), die auch die EU betrafen. Brüssel antwortete mit einer Klage vor der WTO und eigenen Strafmaßnahmen. Beim G7-Gipfel in Kanada eine Woche später demonstrierte Trump seine Geringschätzung der anderen Staats- und Regierungschefs, indem er am Freitag zu spät ankam und eine angesetzte Unterredung mit Macron verpasste und am Samstag zum Frühstück über das Thema Geschlechtergerechtigkeit erst nach dessen Beginn eintraf und dann verfrüht abreiste. Dazu überraschte Trump alle mit der Forderung, Moskau, das 2014 nach seinem Krieg gegen die Ukraine aus dem Gremium ausgeschlossen worden war, wieder zu den Treffen zuzulassen und die Krim als Teil Russlands anzuerkennen. In vielen Fragen wie dem Iran-Atomabkommen, dem Klimaprotokoll oder dem Kampf gegen den Plastikmüll war er isoliert, so dass der Gipfel mehr wie ein G6+1-Meeting als eine einvernehmliche Zusammenkunft der Führer der sieben wichtigsten westlichen Volkswirtschaften erschien.

Am kontroversesten waren erneut die Handelsgespräche, in denen Trump jeden einzelnen Teilnehmer mit Vorwürfen wegen angeblicher unfairer Praktiken überzog. Im Anschluss polterte der Präsident vor Journalisten: «Wir sind das Sparschwein, das jeder plündert, und das hört jetzt auf.» Trotzdem gelang es zumindest, ein Schlusskommuniqué zu erarbeiten. Als es Gastgeber Justin Trudeau vorstellte, aber sich gleichzeitig gegen eine Auslaufklausel beim neuen Nafta-Vertrag aussprach, explodierte Trump. Er hatte die Pressekonferenz auf dem Flug nach Singapur zum Treffen mit Kim im Fernsehen verfolgt. Per Twitter wies er die US-Delegation an, die Zustimmung zum Kommuniqué zu widerrufen, und beschimpfte den kanadischen Premier als «sehr verlogen und schwach»[12]. Zum ersten Mal in der 43-jährigen Geschichte endete ein Weltwirtschaftsgipfel ohne gemeinsame Erklärung.

Die EU als Feind

Wer gehofft hatte, die transatlantischen Konflikte könnten nicht weiter eskalieren, sah sich schnell getäuscht: Beim Nato-Gipfel am 11. und 12. Juli 2018 erreichten Trumps Attacken auf die Alliierten einen neuen Höhepunkt. Zunächst sagte er vereinbarte Treffen mit den Staats- und Regierungschefs Rumäniens, Aserbaidschans, der Ukraine und Georgiens ab, dann feuerte er beim Begrüßungsfrühstück mit Generalsekretär Jens Stoltenberg eine Salve auf Berlin ab: «Es ist sehr traurig, wenn Deutschland massive Öl- und Gasgeschäfte mit Russland tätigt, wo es sich eigentlich gegen Russland schützen sollte, und Deutschland geht hin und zahlt Russland Milliarden und Abermilliarden Dollar pro Jahr. ... Deutschland wird total von Russland kontrolliert, weil es 60 bis 70 Prozent seiner Energie von Russland und der neuen Pipeline bekommen wird. ... Noch dazu bezahlt Deutschland ein bisschen mehr als ein Prozent [an Rüstungsausgaben als Anteil am BIP, S. B.], während die Vereinigten Staaten ... 4,2 Prozent bezahlen. ... Ich glaube nicht, dass das fair gegenüber den USA ist ... Wir können das nicht hinnehmen.»[13]

Merkel kommentierte kühl, sie habe am eigenen Leib erfahren, als ein Teil Deutschlands von der Sowjetunion kontrolliert wurde. Weil man heute vereinigt und frei sei, könne man eine «unabhängige Politik verfolgen und unabhängige Entscheidungen treffen»[14]. Obwohl es auf operativer Ebene Fortschritte gab, etwa bei der Mobilität oder der Interoperabilität der Streitkräfte, entwickelte sich der Gipfel politisch zu einem der konfliktreichsten in der Geschichte. Schon im Vorfeld hatte Trump gegenüber Beratern wiederholt, die Allianz langweile ihn. Außerdem verabscheute er kollektive Zusammenkünfte, wo er auf eine geschlossene Ablehnungsfront treffen konnte, und kam zu einer der Hauptsitzungen zu spät. Dort attackierte er erneut die Länder, die ihr Zwei-Prozent-Ziel nicht einhielten, und deutete an, die Nato zu verlassen, falls sie nicht mehr für die Verteidigung ausgäben. Bei einer spontanen Pressekonferenz im Anschluss sinnierte er, er könne dies wohl ohne Zustimmung des Kongresses tun, und nannte solche Drohungen «sehr wirkungsvoll», um höhere Beiträge von den Europäern zu bekommen. Zum Schrecken der Mittelosteuropäer sagte er, falls ihn Putin beim anstehenden Gipfel darum ersuche, Militärmanöver in den baltischen Staaten einzustellen, werde er mit ihm darüber reden. Der russische Präsident sei auch nicht «mein Feind», sondern «ein Wettbewerber» und vielleicht einmal «ein Freund».[15]

Als ob das nicht schon schlimm genug gewesen wäre, holte Trump während eines Stopps in London in Interviews mit dem Boulevardblatt *The Sun* und dem TV-Sender *CBS* zu einem politischen Rundumschlag aus: Gegen alle Regeln mischte er sich in die britische Innenpolitik ein, indem er Premierministerin Theresa May für ihren Kurs eines weichen Brexit schalt und für diesen Fall seine Bereitschaft zu einem bilateralen Freihandelsabkommen zurückzog und ihren innerparteilichen

Rivalen Boris Johnson als «sehr talentierten Kerl» lobte, der «einen guten Premierminister abgeben» würde.[16] Im Fernsehen antwortete der Präsident auf die Frage, wer denn gerade Amerikas «weltweit größter Feind» sei: «Ich denke, die Europäische Union ist ein Feind, was sie uns im Handel antun. Nun, man würde die Europäische Union nicht für einen Feind halten, aber sie sind ein Feind.»[17] Erst danach nannte er Russland und China.

Zumindest gelang es Juncker, den Präsidenten bei einem Treffen im Weißen Haus Ende Juli 2018 zu einem Waffenstillstand im drohenden Handelskrieg zu bewegen. Dieser verpflichtete sich zur großen Erleichterung vor allem Deutschlands, die angekündigten Strafzölle von 25 Prozent auf Automobilimporte aus der EU solange nicht umzusetzen, wie die bilateralen Verhandlungen liefen. Doch schon im September brach ein neuer Konflikt aus, als der US-Präsident Sanktionen gegen Teheran wiedereinführte und die EU beschloss, sich daran nicht zu beteiligen, sondern Wege zu suchen, um sie zu unterlaufen. Allerdings offenbarte das weitgehende Scheitern dieses europäischen Unterfangens, wie stark Washingtons Stellung im internationalen Finanzsystem durch die Hegemonialstellung des Dollar nach wie vor war. So erinnerte es etwas an das Pfeifen im Walde, als Merkel auf der Münchner Sicherheitskonferenz im Februar 2019 dafür stehende Ovationen erhielt, dass sie in einer Rede den Multilateralismus beschwor und damit implizit die USA kritisierte. Die Öffentlichkeit wusste sie bei solchen Attacken jedenfalls hinter sich. Eine Umfrage zeigte, dass die Bürger Deutschlands und Frankreichs Xi und Putin mehr vertrauten als Trump, weltpolitisch das Richtige zu tun.[18] Im Herbst 2019 wünschten 70 Prozent der Deutschen, ihr Land möge im Falle eines Konflikts zwischen den USA und Russland neutral bleiben. Nur zwölf Prozent meinten, es solle sich an die Seite Washingtons stellen, fünf Prozent bevorzugten Moskau.[19] In allen europäischen Ländern war das Vertrauen in Trumps Außenpolitik niedrig, insbesondere in

Deutschland (13 %) und Frankreich (20 %). Die einzige Ausnahme war Polen (51 %).[20]

Vom G7-Gipfel Ende August 2019 erwartete sich Gastgeber Frankreich nach den Erfahrungen des vorhergegangenen Treffens so wenig, dass erstmals von vornherein auf eine gemeinsame Schlusserklärung verzichtet wurde. «Wieder muss eine Selbstverständlichkeit internationaler Politik abgeschrieben werden», kommentierte Stefan Kornelius, Außenpolitik-Chef der *Süddeutschen Zeitung*.[21] In der Tat gab es mannigfaltige Bruchlinien: die Wiederaufnahme Putins, das Iran-Abkommen, die Autozölle, die neue französische Digitalsteuer, die primär amerikanische Internet-Giganten treffen sollte. Drei Jahre nach Trumps Wahlsieg zeigte sich: Die europäischen Bemühungen, ihn von seinem unilateralen und konfrontativen Kurs abzubringen, waren auf ganzer Linie gescheitert. Es stellte mittlerweile schon einen Erfolg dar, wenn es bei Treffen mit dem US-Präsidenten nicht zu einer Eskalation der vielen Streitpunkte kam.

Macron, der Trump zu Beginn seiner Amtszeit am stärksten umworben hatte, avancierte mit dem nahenden Ende der Amtszeit Merkels zu seinem wichtigsten europäischen Gegenspieler. In einem Interview mit dem *Economist* erklärte er im November 2019 den «Hirntod der Nato», weil Washington strategische Entscheidungen nicht mehr mit seinen Alliierten koordiniere.[22] Angesichts dieses Rückzugs der USA reklamierte Macron die Führungsrolle in der Allianz für Frankreich. Dem widersetzten sich die Mittelost- und Nordeuropäer, aber auch die Bundesrepublik, weil sie glaubten, einzig amerikanische Militärkapazitäten könnten Russland vor einer Aggression gegenüber Bündnismitgliedern abschrecken. Im Bundestag erklärte Merkel: «Stärker als im Kalten Krieg ist der Erhalt der Nato heute in unserem ureigensten Interesse – mindestens so stark wie im Kalten Krieg. Denn ... Europa kann sich zurzeit alleine nicht verteidigen.»[23]

Um zu verhindern, dass Trump das Nato-Treffen in London Anfang Dezember 2019 wie frühere durcheinanderwirbelte, richteten die Organisatoren von vornherein alles auf Schadens-begrenzung aus. Wichtige Entscheidungen trafen die Außen- und Verteidigungsminister bereits im Vorfeld, sogar das Schluss-kommuniqué wurde schon Tage zuvor fertiggestellt. Vor der Eröffnung betonte Generalsekretär Jens Stoltenberg, seit 2016 hätten Kanada und die 27 europäischen Nato-Mitglieder 130 Milliarden Dollar zusätzlich für ihre Verteidigung ausge-geben. Mit dieser Summe und der Jahreszahl wollte er Trump schmeicheln, dass dieser dafür verantwortlich sei – und nicht etwa der russische Angriff auf die Ukraine 2014, was der wirk-liche Grund war. Statt der üblichen zwei Arbeitstreffen aller Staats- und Regierungschefs gab es nur eines, das gemeinsame Dinner fiel aus, Berlin machte das symbolische Zugeständnis, die USA beim Nato-Zentralhaushalt zu entlasten. Tatsächlich brachte der Gipfel Erfolge: Alle Teilnehmer bekannten sich zur Beistandspflicht, dem Kerngedanken der Allianz. Der vorjäh-rige Beschluss, im Ernstfall innerhalb von 30 Tagen 30 Bataill-one und ebenso viele Kriegsschiffe und Luftstaffeln einsatz-fähig zu haben, war umgesetzt.

Allerdings ging das Treffen nicht reibungslos über die Bühne, wenn auch etwas anders als erwartet: Obwohl die beiden in Punkten wie der Annäherung an Moskau und die Konzen-tration auf Terrorbekämpfung übereinstimmten, verteidigte Trump in einer gemeinsamen Pressekonferenz mit Macron die Nato überraschend vehement gegen dessen Kritik. Er verstand nämlich, dass der Vorwurf des «Hirntods» sich in Wahrheit ge-gen die USA richtete und der französische Präsident sie als An-treiber und Impulsgeber der Allianz ersetzen wollte. Der Gip-fel verlief ohne die üblichen Drohungen oder Beschimpfungen Trumps, selbst bei der Plenarsitzung wich er nicht vom Rede-manuskript ab. Dass er vor der gemeinsamen Schlusspresse-konferenz wegen angeblicher Witzeleien Trudeaus, Macrons und Johnsons über ihn abreiste, betrachteten die anderen Staats- und Regierungschefs als Geschenk, da der amerikanische Prä-sident somit nicht erneut für einen Eklat in letzter Minute sorgen konnte. Trotz aller demonstrativen Harmonie vermochte der Gipfel nicht zu verbergen, dass beide Seiten auf die rasanten globalen Machtverschiebungen zu Ungunsten des Westens unterschiedlich reagierten: Die USA handelten isolationistisch und kleinkrämerisch, die Europäer selbstverliebt und panisch – vereint waren beide nur in ihrer Strategielosigkeit. Zumindest ließ die Erwähnung von «Russlands aggressiven Handlungen» und von Chinas wachsendem Einfluss und Außenpolitik als «Herausforderungen» in der Abschlusserklärung hoffen, dass die Nato weiterhin zu ernsthaften sicherheitspolitischen Debatten fähig war.[24]

Deutsch-amerikanische Entfremdung

Deutschland war bevorzugtes europäisches Ziel von Trumps Attacken. Er warf dem Land vor, seine Zwei-Prozent-Zusage beim Verteidigungshaushalt nicht einzuhalten, durch unfaire Praktiken ein unmäßiges Plus im Warenhandel mit den USA anzuhäufen und sich durch den Bau der Nord Stream 2-Gaspipeline politisch von Russland abhängig zu machen. Um die Berechtigung dieser Anwürfe zu prüfen, muss man hinter die rhetorische Ebene schauen, denn beide Seiten sagten nicht die ganze Wahrheit.

In der Frage der Nato-Beiträge war die deutsche Position schwach. Schon Bush und Obama hatten größere Verteidigungsanstrengungen Berlins angemahnt, die Zwei-Prozent-Marke war zweieinhalb Jahre vor Trumps Amtsantritt festgelegt worden. Obgleich das Ziel erst bis 2025 erreicht werden soll, gibt es kaum Anzeichen, dass Deutschland es einzuhalten gedenkt: Nach Berechnungen des Stockholm International Peace Research Institute (Sipri) stagnierten seine Rüstungsausgaben zwischen 2014 und 2018 bei 1,2 Prozent Anteil am BIP.[25] Noch dazu ging ein überproportionaler Teil in Personalkosten, was zu eklatanten Engpässen bei einsatzfähiger Hardware führt. Deutschland ist also nur eingeschränkt imstande, im Notfall seinen Beistandspflichten nachzukommen oder Auslandsmissionen zu unterstützen. 2019 stieg der Anteil zwar auf 1,36 Prozent, aber bis zum Zieldatum 2024 wird Berlin lediglich 1,5 Prozent erreichen – ein eindeutiger Verstoß gegen die Abmachungen. Der amerikanische Präsident hat also bei aller Brachialrhetorik nicht Unrecht mit seinen Vorwürfen.

Es reicht indes nicht aus, auf die hohen amerikanischen Verteidigungsausgaben von 3,2 Prozent am BIP im Jahr 2018 zu verweisen und die Sicherheitskooperation allein unter dem monetären Aspekt zu betrachten. Denn als Weltmacht bringen die USA nur ein Viertel dieses Budgetpostens für Europa auf, während sie die Hälfte für den indopazifischen Raum und den Rest für den Mittleren Osten, die Terrorismusbekämpfung und den Heimatschutz verwenden.[26] Von seinem Engagement in der Nato profitiert Washington zusätzlich durch seine Basen in Deutschland, von denen aus es im Ernstfall Truppen schnell in angrenzende Weltregionen verlegen kann, durch seinen Einfluss auf die europäische Sicherheitspolitik und durch die politische Gefolgschaft, die ihm die Mitglieder erweisen. Für solche strategischen Zusammenhänge und diplomatischen Feinheiten hat Trump kein Verständnis. Das unterstrich auch seine überraschende Ankündigung im Juni 2020, 9500 der 35 000 in Deutschland stationierten US-Soldaten abzuziehen. Obwohl Berlin zu wenig für seine Verteidigung tut und insofern durchaus Trittbrettfahrer Amerikas ist, «schuldet» es weder der Nato noch den USA «riesige Geldsummen», wie der Präsident behauptete.[27] Auch spielen geringere Militärausgaben keine nennenswerte Rolle bei den Handelsbilanzüberschüssen. Sie sind vielmehr Folge der rasanten Steigerung der Wettbewerbsfähigkeit deutscher Unternehmen seit Anfang des Jahrhunderts und des tendenziell unterbewerteten Euro. Seit 2016 war die Bundesrepublik das Land mit dem in absoluten Zahlen weltweit höchsten Überschuss beim Handel mit Waren und Dienstleistungen. Gegenüber den USA betrug das

Plus im Warenhandel 2018 fast 49 Milliarden Euro. Das war nicht unproblematisch. Neben Trump kritisierten der IWF und viele EU-Partner, allen voran Frankreich, die deutschen Überschüsse. Denn de facto bedeutet dies, dass die Bundesrepublik weniger konsumiert als sie produziert, und somit zuhause Jobs auf Kosten des Auslands schafft. Obwohl sie nicht «schuld» war am Handelsbilanzplus, erhöhte sie durch ihr mangelndes Gegensteuern die Risiken für das internationale Finanzsystem und ließ den Protektionismus erstarken. Da Berlin den Euro nicht aufwerten kann, müsste es private und öffentliche Investitionen steigern und durch Steuerentlastungen den Konsum ankurbeln. Das würde die Binnenwirtschaft stärken, die Einfuhren erhöhen und den Handelsbilanzüberschuss senken. Doch dazu fehlten der Großen Koalition Einsicht und Kraft. Nach der Ratifizierung des neuen Nafta-Vertrags und dem Waffenstillstand im Handelskrieg mit China machte Trump beim Weltwirtschaftsforum in Davos im Januar 2020 klar, als nächstes würde er die EU und damit primär Deutschland ins Visier seiner Strafzollpolitik nehmen.

Bei der Nord Stream 2-Pipeline schließlich war Berlin ebenfalls angreifbar. Sie wurde vom staatlichen russischen Gaskonzern Gazprom parallel zu Nord Stream 1 durch die Ostsee gebaut und soll ab 2020 Gas direkt in die Bundesrepublik bringen. Allerdings klang Trumps Vorwurf, das Land verliere deshalb seine politische Unabhängigkeit, aus dem Mund eines Mannes wenig glaubwürdig, der bereitwillig Wahlkampfhilfe aus dem Kreml akzeptiert hatte und Putin geradezu unterwürfig begegnete. Zudem schwächte der Präsident sein Argument, indem er höhere Exporte von amerikanischem Flüssiggas nach Europa forderte, so dass der Disput als ein rein kommerzieller um Absatzmärkte erschien. Aber auch die Bundesregierung verhielt sich unredlich, weil sie die neue Ostsee-Röhre primär als wirtschaftliches Projekt bezeichnete und als Versuch darstellte, Russland an die EU zu binden. Dabei verschwieg sie, dass sie mit diesem Schritt das Entstehen einer integrierten europäischen Energiepolitik unterlief und Moskau dabei in die Hände spielte, die Ukraine als zentrales Durchleitungsland für sein Gas nach Westeuropa zu ersetzen und politisch zu isolieren. Beide Seiten trugen also mit ihrer Fokussierung auf die Innen- und Wirtschaftspolitik und ihrer Doppelzüngigkeit das Ihre dazu bei, die ehemals enge Partnerschaft weiter zu sabotieren. Mit dem Beschluss der USA am 20. Dezember 2019, Sanktionen gegen am Pipeline-Bau beteiligte Unternehmen zu verhängen, droht dem transatlantischen Verhältnis ein weiterer Brandherd.

10. «Ich glaube Ihnen»: Russland-Kapriolen

Präsident Obama hatte zu Beginn seiner Amtszeit versucht, das durch den amerikanischen Irakkrieg 2003 und den russischen Georgienfeldzug 2008 belastete Verhältnis zum Kreml zu verbessern. Er propagierte eine Politik des Neustarts (reset) der Beziehungen, in deren Zug er den von seinem Vorgänger verfolgten Plan aufgab, in Mittelosteuropa ein Raketenabwehrsystem zu installieren, und eine gute Arbeitsbeziehung zu Präsident Dmitri Medwedew (2008–12) herstellte. Es gab auch kleinere Erfolge: Beide Seiten vereinbarten, im New Start-Vertrag ihre Nuklearwaffen weiter zu reduzieren und bei den Atomverhandlungen mit dem Iran stärker zu kooperieren. Zudem unterstützten die USA Moskaus Beitritt zur Welthandelsorganisation.

Mit der Rückkehr Putins ins höchste Staatsamt im Mai 2012 nahmen die Konflikte jedoch wieder zu. Der russische Präsident betrachtete die Massendemonstrationen gegen die gefälschten Duma-Wahlen im Herbst 2011 als amerikanisch inspiriertes Komplott und die Unterstützung der USA für die Aufständischen in Libyen und Syrien als Bedrohung eigener Interessen in der arabischen Welt. Sein Ziel war es, die internationale Machtposition Russlands zu stärken und den westlichen Einfluss zurückzudrängen, besonders in der unmittelbaren Nachbarschaft. Dazu bediente er sich einer hybriden Kriegführung, die ein breites Arsenal von Desinformation und Propaganda über Cyberattacken bis hin zu irregulären Kämpfern umfasste. Als sich die Ukraine nach der Maidan-Revolution im Februar 2014 Richtung Westen orientierte, besetzte und annektierte Russland die Krim und betrieb die Abspaltung der Ostukraine. Die USA und die EU antworteten auf diese erste gewaltsame Grenzveränderung in Europa seit 1945 und die Militärintervention im Donbass mit Wirtschaftssanktionen und dem Ausschluss Russlands aus der G8-Gruppe. Dabei forderten im amerikanischen Kongress republikanische Parlamentarier in der Regel härtere Strafmaßnahmen als demokratische, viele sprachen sich sogar für Militärhilfe an die Ukraine aus.

Die Trump-Putin-Connection

Im Vorwahlkampf der Republikaner war Trump der einzige Kandidat, der eine freundliche Haltung gegenüber Moskau und insbesondere Putin einnahm. Ende 2015 pries er den russischen Präsidenten überschwänglich und verglich ihn positiv mit Obama: «Er kontrolliert sein Land und ist wenigstens ein guter Führer, im Gegensatz zu dem, den wir in diesem Land haben.»[1] Wiederholt betonte er, er werde mit Putin gut zurechtkommen, schließlich habe dieser sehr nette Dinge über ihn gesagt. Ob diese Anbiederungsversuche mit den Plänen Trumps zu tun hatten, in Moskau ein großes Bauprojekt zu verwirklichen, mit seinem generellen Respekt für Autokraten oder mit einer prinzipiell prorussischen Einstellung, ist unklar. Es blieb jedoch nicht bei verbalen Kotaus. Vielmehr suchten führende Mitglieder von Trumps Team aktiv die Hilfe Russlands. Außenpolitikberater George Papadopoulos reiste nach Moskau, um Schmutzgeschichten über Hillary Clinton zu sammeln, Wahlkampfleiter Manafort, Kushner und Donald Trump jr. trafen sich im Juni 2016 im Trump Tower mit einer Gruppe zwielichtiger Russen, die verfängliches Material über die Demokratin versprach. Ex-Präsidentenintimus Bannon nannte die Aktion später «Hochverrat» und «unpatriotisch».[2]

Sonderermittler Mueller stellte in seinem Abschlussbericht im März 2019 mehr als einhundert Kontakte zwischen Trumps Team und dem Kreml nahestehenden Personen fest und erwirkte Anklagen, Verurteilungen oder Schuldeingeständnisse von 34 Verdächtigen, darunter Top-Berater des Präsidenten wie Manafort, Flynn, Cohen oder Stone und zwölf Agenten des russischen Militärgeheimdienstes GRU. Zwar fand Mueller nicht genügend Belege für direkte Absprachen mit Moskau oder eine Verschwörung, aber er konstatierte, russische Stellen hätten sich seit Juni 2016 illegal «weitreichend und systematisch» in die Präsidentschaftswahlen eingemischt.[3] Durch Datendiebstahl und Desinformationskampagnen über Wikileaks und soziale Netzwerke zielten sie darauf ab, der wegen ihrer kritischen Haltung gegenüber Putin gefürchteten Clinton zu schaden.

Trump jedenfalls nahm die russische Unterstützung gerne an und bat sogar öffentlich darum. Am 27. Juli 2016 rief er Moskau bei einer Wahlveranstaltung vor laufenden Kameras dazu auf, Clintons E-Mail-Konto zu hacken: «Russland, wenn Du zuhörst, hoffe ich, dass Du die fehlenden 30 000 E-Mails finden kannst.» Tatsächlich attackierte eine Abteilung des GRU fünf Stunden später zum ersten Mal E-Mail-Adressen und Server des Privatbüros seiner Gegenkandidatin.[4] Darüber hinaus sympathisierte Trump in Fragen der Krim-Annexion, der Ukraine oder der westlichen Sanktionen mit den Positionen des Kremls. In Moskau war man deshalb hocherfreut über den Wahlausgang in den USA. Als die Duma-Abgeordneten während einer Sitzung am 9. November davon erfuhren, brachen sie in donnernden Applaus aus.

Im Dezember 2016 stellte die CIA mit der Kategorie «hohe Wahrscheinlichkeit» fest, dass «Putin und die russische Regierung» in den Wahlkampf eingegriffen hatten. Ihr Ziel war es, «Trumps Wahlchancen wenn irgend möglich zu erhöhen, indem sie Ministerin Clinton diskreditierten und sie unvorteilhaft mit ihm verglichen»[5]. Trump tat diese Enthüllungen als «lächerlich» ab und bezweifelte die Kompetenz der Geheimdienste, die ja auch gesagt hätten, «Saddam Hussein hat Massenvernichtungswaffen».[6] Die Vorstellung, er habe den Wahlsieg nicht seiner eigenen brillanten Strategie zu verdanken, war für ihn inakzeptabel. Als Reaktion auf die Einmischung verhängte Obama Sanktionen gegen russische Einrichtungen und Individuen, schloss zwei russische diplomatische Liegenschaften in den USA und verwies 35 als Diplomaten getarnte russische Spione des Landes. Als Putin wider Erwarten nicht mit gleicher Münze antwortete, nannte Trump dies einen «klugen Schachzug» und lobte ihn als «sehr klug».[7]

Einmal im Amt, leugnete der Präsident jede Verstrickung Moskaus in den amerikanischen Wahlkampf, überhäufte seinen russischen Kollegen mit Komplimenten und verteidigte ihn beharrlich, selbst wenn er dafür sein eigenes Land oder seine Geheimdienste kompromittieren musste. So konterte er in einem Interview den Vorwurf, Putin sei ein «Mörder», mit den Sätzen: «Es gibt viele Mörder. Wir haben viele Mörder. Glauben Sie, unser Land ist so unschuldig?»[8] Bei einem herzlichen Treffen mit dem Außenminister und dem Botschafter Russlands, Sergei Lawrow und Sergei Kisljak, im Oval Office im Mai 2017 sagte er ihnen, er habe kein Problem mit der russischen Einmischung in die US-Wahlen, weil sein Land dasselbe tue. Er wünsche sich gute Beziehungen, aber die Medien wollten das verhindern. Zugleich gab Trump eine hochgeheime Informationsquelle über den Islamischen Staat preis. Mitarbeiter des Präsidenten waren so beunruhigt über dessen Verhalten, dass sie das Protokoll der Unterredung mit den beiden Russen nur wenigen Beratern mit der höchsten Sicherheitsstufe zugänglich machten.[9] Im März 2018 rief Trump Putin an und gratulierte ihm zur Wiederwahl, obwohl ihm seine außenpolitischen Berater wegen der massiven Behinderung der Opposition vor dem Telefonat Unterlagen mit den Worten «DO NOT CONGRATULATE» in Großbuchstaben zur Vorbereitung gegeben hatten.[10]

Bei Zusammenkünften mit Putin gab sich Trump schmeichlerisch, nahezu devot. Was die beiden bei ihren persönlichen Unterredungen genau besprachen, ist nur schemenhaft bekannt. Trump verbot nämlich das Anfertigen detaillierter Aufzeichnungen. Dies war höchst ungewöhnlich, erhielten die wichtigsten Minister, Berater und Kongressabgeordneten doch normalerweise Zusammenfassungen außenpolitischer Gespräche eines Präsidenten. Trump hingegen hielt Kabinett und Parlament bewusst im Dunkeln, was er zu einem zentralen machtpolitischen Rivalen der USA sagte. Das tat er wohl nicht ohne Grund: In vielen Fragen brach er mit etablierten amerikanischen Positionen und übernahm die russische Sichtweise.

Bei ihrem ersten persönlichen Treffen am Rande des G20-Gipfels in Hamburg im Juli 2017 stritt der russische Präsident jede Einmischung in die US-Wahlen ab, worauf Trump unter Missachtung aller Erkenntnisse seiner Geheimdienste versicherte: «Ich glaube Ihnen.» Im Anschluss nahm er seinem Dolmetscher die Notizen weg und verbot ihm, das Gesagte mit irgendjemandem zu diskutieren.[11] Waren bei diesem ersten Treffen noch die Außenminister anwesend, setzte sich Trump mit Putin während des Dinners zu einer zweiten, einstündigen Unterredung zusammen, über deren Inhalt es keinerlei Informationen gibt. Anwesend war nur ein russischer Übersetzer, kein amerikanischer.[12] Zum offiziellen Gipfel mit Putin in Helsinki am 16. Juli 2018 traf Trump völlig unvorbereitet ein, da er es vorgezogen hatte, in Schottland Golf zu spielen statt das vorbereitete Material zu lesen. Hier ließ Trump während der ersten beiden der drei Stunden langen Unterredung ebenfalls keine Berater oder Protokollanten zu, weder das Außenministerium noch der Nationale Sicherheitsrat erhielten Informationen darüber, was Trump besprochen oder vereinbart hatte. Die wichtigsten Außen- und Sicherheitspolitiker der US-Regierung mussten sich auf Geheimdienstberichte stützen, wie der Kreml auf die Gespräche mit ihrem Präsidenten reagierte, um sich ein Bild des Treffens zu machen. Doch selbst Geheimdienstdirektor Coats bekannte bei einer Konferenz unter dem Gelächter des Publikums: «Ich bin nicht in der Lage, völlig zu verstehen oder zu kommentieren, was in Helsinki passiert ist.»[13]

Bei der Pressekonferenz nach ihrem Gipfeltreffen in Helsinki im Juli 2018 stimmte Trump zur Freude Putins und zum Entsetzen seiner Berater russischen Positionen zu.

Trumps Äußerungen vor und nach den Treffen mit Putin legen nahe, dass er Russland weit entgegenkam. Vor dem Gipfel in Helsinki twitterte er: «Unsere Beziehungen zu Russland waren NIE schlechter wegen der vielen Jahre der Torheit und der Dummheit der USA und jetzt der Manipulierten [sic] Hexenjagd!» Das russische Außenministerium leitete den Tweet umgehend weiter mit den Worten «Wir stimmen zu.»[14] Nach dem Treffen weigerte sich der amerikanische Präsident in einer gemeinsamen Pressekonferenz, Putin zu kritisieren. Stattdessen schob er die Verantwortung für die bilaterale Krise seinem Amtsvorgänger, den Demokraten und den Mueller-Ermittlungen zu. Er betonte, Putin habe den Vorwurf der Einmischung in den US-Wahlkampf «sehr deutlich und kraftvoll» zurückgewiesen, und er habe keinen Grund, das anzuzweifeln. Gefragt, ob er Putin oder seinem Geheimdienstchef Coats mehr Glauben schenke, antwortete er, er habe «Vertrauen in beide Seiten». Der russische Präsident habe sogar «das unglaubliche Angebot» gemacht, die von Mueller angeklagten Hacker in der

Trollfabrik in St. Petersburg vernehmen zu lassen, wenn die USA Moskau im Gegenzug erlaubten, als Staatsfeinde geltende amerikanische Bürger zu verhören.[15] Trump redete sich in der Pressekonferenz um Kopf und Kragen, und ihm schien nicht einmal klar, dass er dies tat. Neben Putin wirkte er, wie ein Beobachter schrieb, «kleinlaut und begriffsstutzig» und «von einer sklavischen Unterwürfigkeit».[16]

Die Reaktionen auf Trumps Auftritt fielen entsprechend scharf aus: Das ihm normalerweise freundlich gesonnene *Wall Street Journal* schrieb von «einer persönlichen und nationalen Peinlichkeit», weil der Präsident «Schwäche ausgestrahlt» habe, der britische *Daily Mirror* bezeichnete ihn als «Putins Pudel», Ex-CIA-Chef John Brennan hielt seine Aussagen sogar für «hochverräterisch».[17] Selbst die Republikaner im Kongress, seine Berater und *Fox News* waren in Aufruhr. Trump sah sich gezwungen, in einer live vom Fernsehen übertragenen Erklärung seinen Geheimdiensten das Vertrauen auszusprechen und in einer peinlichen Verrenkung zu betonen, er habe sich in Helsinki bei dem Satz, er habe keinen Grund anzunehmen, dass sich Russland in den US-Wahlkampf eingemischt habe, versprochen und ein «nicht» vergessen. Doch er konterkarierte seine Entschuldigung mit der Bemerkung, «es könnten auch andere Leute gewesen sein»[18]. Russland verschlimmerte die Lage des Präsidenten gezielt, indem es Einzelheiten der in dem Vier-Augen-Gespräch angeblich getroffenen Vereinbarungen durchstach: die Erwägung einer Volksabstimmung in der Ost-Ukraine und die Bereitschaft, US-Beamte bei einem russischen Ermittlungsverfahren aussagen zu lassen.

Zumindest bei einer Gruppe wirkte Trumps Pro-Putin-Propaganda: seinen Hardcore-Unterstützern. Während 2018 neun Prozent der Demokraten Putin in positivem Licht sahen (nach 13 Prozent 2015), waren es bei den Republikanern 25 Prozent (nach elf Prozent 2015).[19] Trump schien aus der katastrophalen Begegnung von Helsinki nichts gelernt zu haben und blieb seinem konzilianten Umgang mit dem russischen Präsidenten und seiner Geheimnistuerei treu. Vor einem Treffen der Beiden beim G20-Gipfel in Osaka im Juni 2019 antwortete Trump auf die Frage eines Journalisten, was er mit Putin diskutieren werde: «Das geht Sie nichts an.»[20] Bei der Pressekonferenz danach lästerten beide Staatschefs maliziös über die Nachrichtenmedien in ihren Ländern. Die Schmierenkomödie fand ihren Höhepunkt, als Trump einen lächelnden Putin mit erhobenem Zeigefinger theatralisch ermahnte, sich künftig in keine Wahlen in den USA einzumischen. Mit seiner Desavouierung der eigenen Geheimdienste, seiner Leichtgläubigkeit und seiner Kumpanei mit einem brutalen Autokraten schockierte Trump Kongress und internationale Partner.

Trump gegen außenpolitisches Establishment

Dass die USA seit 2017 trotzdem nicht zum von Moskau erhofften willfährigen Partner wurden, lag zum einen an dem Chaos, das Trump umgab. Putin beklagte sich zum Beispiel, dass es unmöglich war, nach dessen Wahlsieg die für die Russlandpolitik zuständigen Personen zu identifizieren. Zudem agierte der amerikanische Präsident selbst inkonsistent und gefiel sich bisweilen in der Rolle des Hardliners. Auch verloren Moskau-freundliche Vertraute Trumps, darunter Wahlkampfleiter Manafort und Sicherheitsberater Flynn, ihre Jobs wegen dubioser Kontakte zu kremlnahen Stellen. Mit Mattis, Pompeo, McMaster, Bolton und Mark Esper saßen bald russlandskeptische Realisten an den außenpolitischen Schalthebeln der Regierung.

Zum anderen war die Russlandpolitik einer der wenigen Bereiche, in dem sich die republikanischen Parlamentarier Trump widersetzten. Im Juni 2017 stimmte der Senat mit 98:2-Stimmen dafür, die von Obama per Verwaltungsanordnung verhängten Sanktionen gegen Moskau gesetzlich zu verankern und auszuweiten. In einem ungewöhnlichen Schritt verpflichtete er den Präsidenten darüber hinaus, die Zustimmung des Kongresses zu suchen, bevor er sie abmilderte oder aussetzte. Einen Monat später schloss sich das Repräsentantenhaus mit 419:3 Stimmen an. Damit schoben die Republikaner allen Gedankenspielen Trumps, die Sanktionen aufzuheben, einen Riegel vor. Angesichts solch überwältigender Mehrheiten unterzeichnete der Präsident mürrisch das Gesetz, ohne, ganz untypisch für ihn, Medienvertreter oder Kameras zuzulassen. Als Vergeltung ordnete Russland an, die diplomatischen Vertretungen der USA müssten ihr Personal um 755 Personen reduzieren. Washington schloss im Gegenzug das russische Konsulat in San Francisco. Die wechselseitige Bestrafungsspirale war damit jedoch noch nicht am Ende. Nach dem Mordanschlag des russischen Militärgeheimdiensts auf den im britischen Salisbury lebenden Doppelagenten Sergei Skripal im März 2018 beteiligten sich die USA an den westlichen Vergeltungsmaßnahmen. Sie wiesen 60 russische Diplomaten aus, woraufhin Moskau dieselbe Zahl von amerikanischen Botschaftsangehörigen zum Verlassen des Landes aufforderte und dem Konsulat in St. Petersburg die Weiterarbeit verbot.

Anfang 2019 twitterte Trump: «Ich war VIEL härter mit Russland als Obama, Bush oder Clinton.»[21] Daran stimmte, dass seine Regierung Sanktionen verschärft, die Nord Stream 2-Pipeline kritisiert und den INF-Vertrag gekündigt hatte, der Ukraine Panzerabwehrraketen lieferte und Militärhilfe gewährte und das Verteidigungsbudget erhöhte. Aber diese Aktionen erfolgten entweder auf Druck des Kongresses und des Militärs oder waren Nebenprodukte anderer politischer Prioritäten des Präsidenten. Dass Trump zu diesem Zeitpunkt trotzdem für seine Unnachgiebigkeit gegenüber Russland wahrgenommen werden wollte, hatte innenpolitische Gründe: Die Mueller-Ermittlungen über die Zusammenarbeit seines Wahlkampfteams und von ihm selbst mit Russland standen kurz vor dem Abschluss, und er wollte sich aufgrund seiner angeschlagenen Glaubwürdigkeit so stark wie möglich von Moskau distanzieren.

In der Realität blieb die Russlandpolitik zwischen Präsident und Parlament allerdings hochumstritten. Am klarsten konnten sich Kongress und Militärs im Rüstungsbereich durchsetzen. Hier war der Widerstand Trumps am geringsten, der im Wahlkampf eine Erhöhung des Verteidigungshaushalts versprochen und von den stark zu den Republikanern neigenden Veteranen viele Stimmen bekommen hatte. Mitte 2019 hielten ihn 57 Prozent der Veteranen für einen guten Oberbefehlshaber, während es in der Gesamtbevölkerung nur 41 Prozent waren.[22] Bei der Stationierung von US-Truppen in Litauen sowie bei der Modernisierung des strategischen Nuklearwaffenarsenals setzte die Trump-Regierung die Politik ihrer Vorgängerin fort. Das galt auch für die Kritik an Russland, durch den Test und Bau bodengestützter Marschflugkörper mit mehr als 500 Kilometer Reichweite den INF-Vertrag von 1987 zu verletzen. Als Moskau auf die Vorwürfe nicht einging, beschloss Trump am 20. Oktober 2018 den Rückzug der USA aus dem Abkommen. Nach der formalen Kündigung am 2. Februar 2019 wurde es nach einer Sechsmonatsfrist unwirksam. Damit ist New Start, das die Zahl der stationierten strategischen Atomsprengköpfe auf 1550 und die Zahl der stationierten Trägersysteme auf 700 begrenzt, die einzige gültige nukleare Abrüstungsvereinbarung zwischen den beiden Staaten. Es trat 2011 in Kraft, nachdem es die Präsidenten Obama und Medwedew ein Jahr zuvor unterzeichnet hatten. Ob die beiden Seiten eine Verlängerung über das Ende seiner zehnjährigen Laufzeit im Jahr 2021 hinaus aushandeln können, ist fraglich. Auf jeden Fall gab sich Trump kühl gegenüber entsprechenden russischen Anfragen und argumentierte, der Vertrag begünstige Moskau und sei einer von mehreren schlechten Deals, die die Obama-Regierung ausgehandelt habe.[23] Er sei bereit, ihn auslaufen zu lassen, sollten nicht andere Länder mit strategischen Nuklearwaffen, allen voran China, miteinbezogen werden.

Ende Mai 2020 unterzeichnete Trump schließlich ein Dokument, das den amerikanischen Ausstieg aus dem Vertrag über den Offenen Himmel (Open Skies Treaty) ankündigte – ohne das Außenministerium, das Militär oder die Geheimdienste zu konsultieren, die alle daran festhalten wollen. Der Vertrag von 2002 erlaubt es den USA, Russland und 32 weiteren Staaten, unbewaffnete Aufklärungsflüge über dem Territorium der anderen Mitglieder durchzuführen, um militärische Vorbereitungen oder Anzeichen eines Überraschungsangriffs zu entdecken. Sein Ziel war es, Vertrauen in erster Linie zwischen Washington und Moskau aufzubauen. Obwohl Satelliten heute Bilder mit höherer Auflösung bieten als die in den Flugzeugen zugelassenen Geräte, sind Letztere wetterunabhängig, und ihre Bilder können schneller und breiter unter Partnern geteilt werden. Für Nationalisten wie Außenminister Pompeo waren Aufklärungsflüge Russlands über eigenen Militäranlagen ein Unding, obwohl die USA bisher fast dreimal so viele Flüge über dessen Territorium durchgeführt hatten wie umgekehrt.

In zwei anderen, für die bilateralen Beziehungen wichtigen Bereichen schwächte Trump die amerikanische Position gegenüber dem Kreml unnötigerweise. So räumte er in der Ukrainefrage gemeinsame, unter Obama mühsam erarbeitete westliche Positionen. Vor dem G7-Treffen im Juni 2018 rief er zur Wiederaufnahme Russlands in das Gremium auf, von dem es 2014 wegen seiner Militärinterventionen in der Ukraine ausgeschlossen worden war. Beim Gipfeldinner sagte der Präsident den verblüfften Teilnehmern, die Krim sei russisch, weil die Bevölkerung dort russisch spreche, und hinterfragte die Unterstützung der Ukraine, «weil sie eines der korruptesten Länder der Welt ist»[24]. Im August 2019 wiederholte er vor dem G7-Gipfel in Biarritz seine Forderung, Moskau in die Gruppe zurückkehren zu lassen.

Gegen die Führung in Kiew hegte Trump besonderen Groll, weil er einer diskreditierten Verschwörungstheorie anhing, nach der sie Clintons Internet-Server mit den gelöschten

176

E-Mails versteckt und ihr damit im Wahlkampf geholfen habe. Gegenüber einem hochrangigen Regierungsbeamten begründete er seinen Verdacht mit dem Satz: «Putin hat es mir gesagt.»[25] Die Ukraine sei kein «wirkliches Land», sie sei immer Teil Russlands gewesen und «völlig korrupt», wütete Trump. Er verweigerte dem ukrainischen Präsidenten Petro Poroschenko lange ein Treffen im Weißen Haus und widersetzte sich dem einhelligen Rat seiner Mitarbeiter, Kiew Panzerabwehrwaffen zu verkaufen.[26] Als Russland im November 2018 völkerrechtswidrig das Asowsche Meer für Schiffe der Ukraine abriegelte und 24 ihrer Matrosen gefangen nahm, sagte der Präsident lediglich ein Treffen mit Putin am Rande des G20-Gipfels in Buenos Aires ab und verhängte keine neue Sanktionen. Angestachelt von seinem persönlichen Anwalt Giuliani steigerte sich Trump so sehr in seinen Ukraine-Wahn hinein, dass er eine Nebenaußenpolitik am Außenministerium vorbei etablierte, um Kiew zu zwingen, Schmutz gegen seinen damals aussichtsreichsten demokratischen Herausforderer, Joe Biden, zu liefern. Vor diesem Hintergrund kam es im Juli 2019 zu dem ominösen Telefonat mit Poroschenkos Nachfolger Wolodymyr Selenskyi, das schließlich zum Impeachment führte.

Es war die Syrienkrise, in der Trump Moskau am deutlichsten in die Karten spielte. Schon Obama hatte einen schweren Fehler gemacht, als er einen russischen Vorschlag akzeptierte, auf den angedrohten Militärschlag gegen Assad zu verzichten, falls dieser seine Chemiewaffen vernichte. Damit konnte der Kreml erstmals seit Jahrzehnten wieder als Vermittler im Mittleren Osten auftreten. Zudem schätzte Obama völlig falsch ein, wie sehr Russland seine Machtposition ausbaute, indem es das syrische Regime zunächst mit Waffen und später mit Luftangriffen und Söldnern unterstützte. Erst 2015 verlegten die USA eigene Truppen in die Region und selbst das nur mit dem Auftrag, den verbündeten Kurden beim Kampf gegen den Islamischen Staat beizustehen, der in Syrien und im Irak ein Terrorregime errichtet hatte.

Trump machte jedoch das Schlechteste aus dieser schlechten Ausgangssituation. Einerseits bombardierte er im Gegensatz zu seinem Vorgänger 2017 und 2018 syrische Stellungen, weil Assad erneut Giftgas einsetzte, und ließ dessen Truppen und russische Söldner der «Gruppe Wagner» angreifen, als diese auf Stellungen Verbündeter im ölreichen Osten des Landes vorrückten. Andererseits sah Trump wie im Wahlkampf so auch als Präsident das amerikanische Interesse allein durch das Prisma des Kampfs gegen den IS. Nach der weitgehenden Vernichtung des Terrorstaats beraubte er die USA der letzten Möglichkeit, einen gewissen Einfluss auf die Entwicklung Syriens zu nehmen, indem er Ende 2018 ankündigte, alle 2000 Soldaten aus dem Land abzuziehen. Das hätte zur Folge gehabt, dass die kurdischen Alliierten künftig einer aggressiven Türkei schutzlos ausgeliefert wären und der Iran eine Landbrücke über den Irak nach Syrien und in den Libanon bekäme. Es war deshalb nicht verwunderlich, dass Putin bei einer Pressekonferenz Trump zynisch für seinen kapitalen Fehler lobte: «Donald hat Recht, und ich stimme ihm zu.»[27]

Auf Druck von Sicherheitsberater Bolton revidierte der Präsident seine Entscheidung wenig später, aber nur um den vollständigen Truppenabzug im Oktober 2019 erneut anzuordnen. Es gab keinen Plan B und keine starken Berater mehr um ihn wie Mattis, Kelly oder Bolton, die ihn davon hätten abbringen können. Innerhalb weniger Tage marschierten türkische Verbände in Nordsyrien ein, vertrieben die Kurden und errichteten gemeinsam mit Russland ihren eigenen Kontrollbereich. Der Aufschrei zuhause quer durch beide Parteien war gewaltig, die amerikanische Glaubwürdigkeit lag wegen des Verrats an den Kurden am Boden, Putin ging als unumschränkter Sieger aus dem Ringen um Einfluss in der Region hervor. Der US-Präsident hatte Russland einen strategischen Triumph erster Ordnung auf einem Silbertablett serviert. Die Investition, die der Kreml mit den Cyberoperationen seiner Geheimdienste zugunsten Trumps 2016 getätigt hatte, trug auch außenpolitisch reiche Früchte.

Anfang 2020 hatte sich die Waagschale im amerikanisch-russischen Verhältnis deutlich zum Vorteil des Kremls geneigt. Der Präsident trug daran wesentliche Schuld, weil er ständig die Bemühungen des außenpolitischen Establishments konterkarierte, eine parteiübergreifende, konsistente Russlandpolitik zu etablieren. Im August 2019 war Geheimdienstchef Coats, ein scharfer Kritiker des Kreml, zurückgetreten. Als sein geschäftsführender Nachfolger Joseph Maguire im Februar 2020 warnte, Moskau greife erneut zugunsten Trumps in den Wahlkampf ein, feuerte ihn der Präsident umgehend. In der Ukraine unterstützte Trump Putin sogar in seinem Ziel, das Land zu destabilisieren. Im Mittleren Osten ließ er ihn widerstandslos gewähren, ja bestärkte ihn indirekt noch in seinen Machtambitionen. Mit seiner Kritik an der Nato, seiner Drohung, Truppen aus Europa abzuziehen, seiner Unterstützung des Brexit und seinen Attacken auf die EU schließlich spielte Trump Moskau bei seinem alten Bemühen in die Hände, den Westen und die Europäer zu spalten. Selbst der normalerweise schwermütige russische Außenminister Lawrow kommentierte erfreut, die transatlantischen Beziehungen seien zunehmend «angespannt», und setzte fort: «Wir sehen, wie sich neue Risse formen und sich alte vertiefen.»[28]

11. «Instabil und chaotisch»: Der Mittlere Osten

In den frühen 1970er Jahren waren die USA zur dominierenden Macht im Mittleren Osten aufgestiegen. Sie verfolgten dort vier Ziele: den Einfluss der Sowjetunion eindämmen, die Sicherheit Israels gewährleisten, den freien Ölfluss garantieren und feindliche Regionalmächte davon abhalten, eine hegemoniale Position zu erreichen. Alle wurden in den folgenden drei Dekaden erreicht. Im Sechs-Tage-Krieg verhinderte Washington durch Waffenlieferungen eine Niederlage Israels und vermittelte ein Entflechtungsabkommen zwischen ihm und den arabischen Staaten. Ägypten wechselte vom sowjetischen ins amerikanische Lager. Präsident Carter handelte einen Friedensvertrag zwischen Jerusalem und Kairo aus. Präsident Bush sr. organisierte mit UN-Mandat eine breite internationale Koalition, die Kuwait nach der Besetzung durch den irakischen Diktator Saddam Hussein befreite. Präsident Clinton unterstützte den Oslo-Friedensprozess zwischen Israel und der Palästinensischen Befreiungsorganisation (PLO) nach Kräften. Zugleich kamen zwei neue Gefahren auf: Der enge Partner Iran mutierte nach der islamischen Revolution 1979 zum wichtigsten Gegenspieler in der Region und mit al-Qaida entstand eine Terrororganisation, die US-Einrichtungen mit Bombenangriffen überzog.

Nach den Anschlägen vom 11. September 2001, deren Hintermänner und Attentäter aus dem Nahen Osten stammten, wollte Präsident Bush jr. Regime ersetzen, die Terroristen schützen oder nach Massenvernichtungswaffen streben. Die Interventionen in Afghanistan und im Irak verliefen allerdings schwieriger als erwartet. Vor allem der Irakkrieg, den Washington mit falschen Behauptungen begann und mit nur wenigen

Partnern führte, entwickelte sich zu einem Fiasko.[1] Die Truppen blieben nicht wie geplant wenige Monate, sondern acht Jahre im Land, 4500 Soldaten starben, hunderttausende Iraker verloren bei der Invasion oder im folgenden Bürgerkrieg ihr Leben, die Kosten stiegen auf Billionen von Dollar, die Golfregion wurde noch labiler. Obama gewann 2009 primär deshalb die Präsidentschaft, weil er sich im Gegensatz zu seinen Konkurrenten früh und eindeutig gegen den Irakkrieg ausgesprochen hatte. Ein Pazifist war er aber nie. Er führte die Militäraktion in Afghanistan weiter und stockte dazu sogar zeitweise die Streitkräfte auf und unterstützte die Luftangriffe Frankreichs und Großbritanniens auf den libyschen Diktator Gaddafi, die das Chaos im Land eher verschlimmerten als beseitigten.

Es gab also durchaus Gründe dafür, dass Trump im Wahlkampf die Politik seiner Vorgänger in der Region seit dem Ende des Kalten Kriegs als «komplettes und totales Desaster» geißelte und insbesondere Obama und Hillary Clinton vorwarf, sie noch «instabiler und chaotischer» gemacht zu haben. Er versprach, die USA wieder als «einen verlässlichen Verbündeten» zu etablieren und «endlich eine kohärente Außenpolitik» zu verfolgen.[2] Wie schwierig diese Kohärenz herzustellen sein würde, zeigten seine eigenen widersprüchlichen Aussagen in den darauffolgenden Monaten: Trump wollte die Terrororganisation Islamischer Staat, die große Teile Syriens und des Irak kontrollierte, auslöschen und das Atomabkommen mit dem Iran kündigen, aber gleichzeitig amerikanische Truppen abziehen, er wollte Israel bedingungslos unterstützen und parallel dessen Konflikt mit den Palästinensern lösen, er wollte sich für Sicherheitsgarantien bezahlen lassen und irakische Ölquellen annektieren, doch nicht zu tief in regionale Konflikte hineingezogen werden. Zugleich besaß er einen größeren Spielraum im Mittleren Osten als seine Vorgänger, weil die USA durch das Fracking ihre Öl- und Gasförderung gewaltig steigerten und zum ersten Mal seit 70 Jahren fast völlig von Energieimporten unabhängig waren. Damit geriet die Region zum Spielfeld von Trumps gegensätzlichen Impulsen und seiner Ahnungs- und Strategielosigkeit. Drohungen, persönliche Beziehungen, wahltaktische Überlegungen und Waffengeschäfte dominierten fortan die amerikanische Politik.

Mit Saudi-Arabien gegen den Iran

In der Vergangenheit hatten neue Präsidenten ihre erste Auslandsreise meist zu engen demokratischen Verbündeten wie Kanada (Reagan, Bush sr., Clinton, Obama), Großbritannien (Carter) oder Mexiko (Bush jr.) unternommen. Trump brach mit dieser Tradition, als er im Mai 2017 Saudi-Arabien besuchte. Dass er gerade dieses Land wählte, gab einen Einblick in sein außenpolitisches Denken: Die USA waren seit langem der größte Waffenexporteur der Welt und Riad seit Jahren ihr mit Abstand wichtigster Kunde. Von 2014 bis 2018 gingen 22 Prozent aller amerikanischen Rüstungsausfuhren an Saudi-Arabien, das seinerseits weltweit größter Importeur war und 68 Prozent seiner Waffenkäufe bei US-Firmen tätigte – mit steigender Tendenz.[3] Bei dem Staatsbesuch unterzeichneten die beiden Seiten eine Absichtserklärung über saudische Waffenkäufe in Höhe von 110 Milliarden Dollar über zehn Jahre. Im Anschluss flog der Präsident nach Israel. Damit wurden früh in Trumps Amtszeit die Eckpfeiler seiner Politik im Mittleren Osten erkennbar. Er stellte sich bedingungslos hinter die zwei wichtigsten Verbündeten. Den Hauptfeind der beiden, den Iran, überzog er mit scharfen Attacken.

Allerdings wurden die Schattenseiten einer so engen Bindung schnell offenbar: Die USA machten sich von den Handlungen ihrer Partner abhängig. Bei aller prinzipiellen Zusammenarbeit mit Saudi-Arabien und insbesondere mit Israel hatten die Vorgänger Trumps im Präsidentenamt auf eine gewisse Distanz zu beiden Ländern geachtet, um zwischen riva-

Der Präsident als oberster Waffenhändler seines Landes: Stolz präsentiert Trump bei einem Treffen mit dem saudischen Kronprinzen Mohammed bin-Salman im Oval Office am 20. März 2018 eine Grafik mit abgeschlossenen Rüstungsgeschäften über 12,5 Milliarden Dollar.

lisierenden Parteien in der Region vermitteln zu können. Obama stellte sich mit dem Iran-Atomdeal 2015 sogar explizit gegen Riad und Jerusalem. Von einer solchen Ausgewogenheit wollte Trump nichts wissen – mit einem ironischen Ergebnis: Jetzt, wo angeblich allein «America First» die Washingtoner Außenpolitik bestimmte, schien der Schwanz mit dem Hund zu wedeln.

So unterstützte der Präsident beharrlich den Militäreinsatz einer von Saudi-Arabien geführten Koalition auf Seite der jemenitischen Regierung gegen die vom Iran unterstützten Huthi-Rebellen mit Waffen, Munition und Geheimdienstinformationen. Der überaus brutale Krieg forderte zwischen Frühjahr 2015 und Anfang 2020 mehr als 100 000 Opfer, darunter 12 000 Zivilisten; zehntausende weitere starben an Hunger und Krankheiten. Das Gemetzel nahm ein solches Ausmaß an, dass sich selbst unter republikanischen Parlamentariern Widerstand gegen Trumps enge Zusammenarbeit mit Riad regte. Als der starke Mann des Landes, Kronprinz Mohammed bin-Salman, im Oktober 2018 den regimekritischen Journalisten Jamal Khashoggi im saudischen Konsulat in Istanbul barbarisch ermorden ließ und sich der Präsident trotz eindeutiger Berichte seiner Geheimdienste indifferent gab, war für viele das Maß voll. Anfang Dezember 2018 verabschiedete der Senat einhellig eine Resolution, die bin-Salman als «mitschuldig am Mord» bezeichnete und die Regierung aufforderte, ihn zur Verantwortung zu ziehen.[4] Mitte des Monats und nochmals im März 2019 votierte der Senat mehrheitlich für ein Gesetz, das dem Präsidenten unter Berufung auf die War Powers Resolution von 1973 vorschrieb, innerhalb von 30 Tagen alle in den Jemenkrieg involvierten Truppen abzuziehen. Selbst sieben Republikaner stimmten dafür. Am 4. April schloss sich das Repräsentantenhaus an. Aber Trump legte ein Veto ein, das der Kongress nicht mit der nötigen Zweidrittelmehrheit überstimmen konnte.

Öffentlich betonte der Präsident immer wieder, bei der Unterstützung Saudi-Arabiens gehe es nicht nur um lukrative Geschäfte, sondern auch darum, dem Iran entgegenzutreten. Denn Teheran hatte seine Machtposition in der Region in den vergangenen 15 Jahren systematisch erweitert – nicht zuletzt mit indirekter Hilfe Washingtons: In Afghanistan und im Irak hatte Bush jr. zwei Regime gestürzt, die Teheran feindlich gegenüberstanden und seine Expansion bis dahin behinderten. Nach 2003 gelang es dem Iran, der ohnehin schon die Terrorgruppe Hisbollah im Libanon kontrollierte, seinen Einfluss über schiitische Milizen im Irak auszubauen. Als Assad im syrischen Bürgerkrieg 2015 kurz vor der Niederlage stand, entsandte der Iran Bodentruppen, die den Diktator zusammen mit russischen Luftangriffen auf die Siegesstraße führten und Teheran eine zentrale Rolle in Syrien garantierten.

Im Zentrum von Trumps Kritik stand das von seinem Vorgänger, den anderen ständigen Sicherheitsratsmitgliedern und Deutschland mit dem Iran 2015 geschlossene Atomabkommen. Es zwang das Land, seinen Bestand an angereichertem Uran rigoros zu reduzieren und zehn Jahre lang Obergrenzen einzuhalten. Im Gegenzug wurden die harten Sanktionen aufgehoben, die der UN-Sicherheitsrat gegen Teheran wegen dessen Verschleierung verbotener atomarer Aktivitäten und Kooperationsverweigerung verhängt hatte. Obama und die Europäer hatten gehofft, der Iran würde nach Abschluss des Abkommens sein aggressives Verhalten in der Region mäßigen. Das war nicht geschehen. Doch anstatt den beschwerlichen Weg zu gehen und den Iran auf den unterschiedlichen Schlachtfeldern diplomatisch, ökonomisch und militärisch zurückzudrängen, entschied sich der Präsident für die scheinbar einfache Lösung und erklärte im Mai 2018 den Ausstieg aus dem «schrecklichen einseitigen Deal, der nie, nie abgeschlossen hätte werden sollen»[5]. Damit verkannte er den größten Vorteil des Abkommens, nämlich Zeit gewonnen zu haben, um weitere Vereinbarungen mit dem Iran zu treffen oder ihn systematisch einzudämmen.

Im Gegensatz zu Trumps Erwartungen lenkte Teheran angesichts erneuter amerikanischer Sanktionen nicht ein. Stattdessen stärkte seine Politik des «maximalen Drucks» die Hardliner im Land, die sich einbunkerten und ihr Urananreicherungs- und Raketenprogramm forcierten. Zudem demonstrierte der Iran, dass er zum Gegenschlag fähig war. Im Frühsommer 2019 griff er mehrere Tanker im Persischen Golf an, woraufhin die USA einen Flugzeugträgerverband, eine Bomberstaffel und 1500 Soldaten in die Region verlegten. Am 20. Juni eskalierte die Lage weiter, als Teheran eine amerikanische Aufklärungsdrohne abschoss. Als Vergeltung ordnete Trump einen Angriff auf Radar- und Raketenstellungen an, blies ihn jedoch zehn Minuten vor Ausführung überraschend ab. Obwohl der Iran die Verantwortung für den Drohnenabschuss übernahm, wiegelte Trump ab, er vermute einen individuellen Fehler und wolle keinen Krieg.[6] Solch konträre Signale musste Teheran als Zeichen der Schwäche interpretieren, was es zu aggressiverem Handeln ermutigte. Meist bediente es sich dabei verbündeter Milizen, um eine direkte Beteiligung zu verschleiern. Dies war etwa beim Raketenbeschuss von US-Militärbasen im Irak der Fall.

Und es war der Fall, als ein gezielter Raketenangriff im September 2019 die wichtigsten saudischen Ölanlagen stark beschädigte. Wieder reagierte der Präsident widersprüchlich. Er twitterte, man stehe «bereit zum Feuern» (locked and loaded), um dann allerdings nur weitere 1500 Soldaten an den Golf zu schicken und zu erklären, er sei offen für Gespräche ohne Vorbedingungen.[7] Trump, stets mehr an Show als an Substanz interessiert, schien begierig, die Welt durch ein Treffen mit Irans Präsidenten Hassan Rohani zu überraschen, ganz so, wie ihm das durch den Gipfel mit dem nordkoreanischen Diktator im Jahr zuvor gelungen war. Im Gegensatz zu Kim zeigte Rohani indes kein Interesse an einer Zusammenkunft, solange die Sanktionen in Kraft waren. Das offenbarte, in welche missliche Lage sich Trump manövriert hatte: Er wollte stark erscheinen durch seine martialische Rhetorik, doch unter allen Umständen Krieg vermeiden und wenn möglich einen spektakulären Deal mit dem Erzfeind abschließen. Damit ließ er die USA als Papiertiger erscheinen. Die Inkohärenz, die Trump als Kandidat an der amerikanischen Außenpolitik in der Region kritisiert hatte, erreichte unter ihm als Präsidenten eine neue Dimension. Die Quittung erhielt Washington auf dem Fuß. Ende Dezember 2019 unternahmen der Iran, Russland und China ein gemeinsames viertägiges Marinemanöver im Golf von Oman und im nördlichen Indischen Ozean und führten der Welt vor Augen, wie sehr der Einfluss der USA im Mittleren Osten schwand.

Anfang Januar 2020 erhöhte Trump in der riskantesten Entscheidung seiner Präsidentschaft den Einsatz drastisch. Nachdem er auf viele iranische Provokationen zaghaft reagiert hatte und ihm das in der Region als Zeichen der Schwäche ausgelegt worden war, ordnete er nun einen Drohnenangriff auf Qasem Soleimani an. Als Chef der Quds-Brigaden, der Eliteeinheit der

Revolutionsgarde für internationale Operationen, hatte der mit dem Aufbau von Stellvertreterorganisationen Teherans Einfluss im Libanon, in Syrien und im Irak erheblich gestärkt. Der Iran antwortete auf die Tötung seines mächtigsten Generals und engen Vertrauten von Staatsführer Ali Chamenei mit markigen Drohungen gegen die USA. Da der Anschlag in Bagdad stattgefunden hatte, forderte das irakische Parlament den Abzug der 5000 amerikanischen Soldaten im Land.

Wie so oft hatte Trump tollkühn und aus dem Bauch heraus gehandelt und konnte weder den Anschlag überzeugend begründen noch die langfristigen Ziele Washingtons in der Region erklären. Der Höhepunkt der Fahrlässigkeit war erreicht, als er twitterte, «es spielt keine Rolle», warum er Soleimani habe töten lassen.[8] Ohne funktionierenden außenpolitischen Beratungs- und Analyseprozess, der unterschiedliche Szenarien und deren potenzielle Folgen durchspielte, führte die Entscheidung des Präsidenten auch in diesem Fall zu Widersprüchlichkeit und Chaos. Seine Überzeugung, Unberechenbarkeit und extreme Wendigkeit seien seine größten Stärken, ließ Gegner und Alliierte verwirrt zurück und erhöhte das Risiko für Fehlkalkulationen. Obgleich sich die Lage nach einem moderaten iranischen Vergeltungsschlag und einer deeskalierenden TV-Ansprache Trumps beruhigte, schürte die Tötung Soleimanis die antiamerikanische Stimmung im Iran und im Irak und schwächte die Stellung der USA im Mittleren Osten weiter.

Der syrische Bürgerkrieg und der Kampf gegen den IS

Volten kennzeichneten ebenfalls Trumps Politik im syrischen Bürgerkrieg und gegen den IS. In beiden Fragen hatte ihm Obama ein schweres Erbe hinterlassen. So forderte dieser nach dem brutalen Vorgehen des syrischen Diktators Assad gegen friedliche Demonstranten zwar im August 2011 ein Ende seiner Herrschaft, aber ein militärisches Eingreifen auf Seiten der

Opposition schloss er aus. Er betrachtete den folgenden Bürgerkrieg als humanitäre, nicht als strategische Herausforderung. Wenn das Regime freilich Chemiewaffen einsetze, sei das «eine rote Linie», die das «Kalkül» seiner Regierung ändern könne, sagte Obama im August 2012.[9]

Als Assad genau dies ein Jahr später tat und in einem von Rebellen gehaltenen Vorort von Damaskus mehr als eintausend Zivilisten mit Sarin-Nervengas tötete, ließ Obama die vom Pentagon vorbereiteten Luftschläge jedoch nicht ausführen. Vielmehr ging er auf einen russischen Vorschlag ein, die syrischen Chemiewaffenbestände – die drittgrößten der Welt – unter internationaler Aufsicht vernichten zu lassen und im Gegenzug auf einen Militärschlag zu verzichten. Obwohl dies ein Teilerfolg war, wogen die Nachteile schwer: Die USA verloren an internationaler Glaubwürdigkeit und moralischer Statur und ermöglichten dem Kreml, der wichtigsten politischen und militärischen Stütze Assads, die diplomatische Rückkehr in den Mittleren Osten. Washingtons Tatenlosigkeit dürfte Moskau und Teheran 2015 auch dazu ermuntert haben, dem fast geschlagenen Assad militärisch beizuspringen und ihn an der Macht zu halten. Da Obama zugleich den Aufständischen nicht signifikant half, wandten sich viele von ihnen islamistischen Widerstandsgruppen zu. Erst als die extremste von ihnen, der IS, große Teile Syriens und des Irak überrannte, verstärkten die USA ihr Engagement. Ende 2014 begannen sie im Rahmen einer internationalen Koalition von 73 Staaten mit Luftangriffen auf den IS und der Unterstützung von kurdischen und irakischen Kämpfern.

Trotz aller konfusen Aussagen zum Mittleren Osten sah es zunächst danach aus, als ob Trump zumindest in der Syrienpolitik und im Kampf gegen den IS eine aktivere Linie verfolgen würde als sein Vorgänger. Als Assad erneut Chemiewaffen, diesmal mit Fassbomben aus Hubschraubern abgeworfenes Chlorgas, einsetzte, ordnete der Präsident im April 2017 einen Vergeltungsschlag gegen einen syrischen Luftwaffenstützpunkt an. Zwölf Monate darauf wiederholte sich dieses Szenario. Die Militärschläge waren indes zu begrenzt, um Assad von weiteren Giftgaseinsätzen abzuhalten, und nicht Teil einer umfassenden Strategie. In Wirklichkeit hielt Trump fast zwei Jahre lang an Obamas ambivalenter Politik fest, bis er ihr in zwei Schritten eine noch katastrophalere Wendung verlieh.

Völlig überraschend verkündete er Ende 2018 den Sieg über den IS und ordnete den Rückzug der 2000 in Syrien stationierten Soldaten an. Ein solcher Schritt drohte die gesamte Region weiter zu destabilisieren. Nach den Erfolgen der Assad-Truppen waren die amerikanischen Streitkräfte in Nordsyrien und an der syrisch-irakischen Grenze der letzte Trumpf, den Washington bei der Gestaltung der Nachkriegsordnung in Syrien besaß. Solange sie vor Ort waren, mussten sich Moskau und Ankara mit den USA absprechen, wenn sie Einflusszonen aufteilen wollten, konnte Teheran nicht ungehindert Einheiten auf dem Landweg über den Irak nach Syrien bis zur israelischen Grenze verlegen, waren die Kurden als wichtigste Verbündete vor Angriffen türkischen oder syrischen Militärs sicher und lebte der IS nicht wieder auf. Der Aufschrei in Kongress und Militär und bei Verbündeten gegen Trumps Anordnung war gigantisch. Verteidigungsminister Mattis trat aus Protest zurück, Demokraten und Republikaner stellten sich gegen Trump, Frankreich und Großbritannien kündigten an, in diesem Fall ihre Truppen ebenfalls heimzuholen. Unter diesem Druck rückte der Präsident von seiner Entscheidung ab und ließ mitteilen, 200 Mann verblieben im Land. Allerdings gelang es dem Pentagon durch eine Verschleierungstaktik, tausend Soldaten in Syrien zu halten.[10]

Dies ging lediglich neun Monate gut. Am 6. Oktober 2019 erklärte Trump in einem Telefonat mit Erdoğan ohne Absprache mit seinen Beratern, er werde die restlichen Truppen umgehend aus Nordsyrien abziehen.[11] Dabei schien er überhaupt nicht zu bedenken, dass der türkische Präsident dies als implizite Zustimmung zu seinem lange geplanten Militärschlag gegen die Kurden verstehen könnte. Die empörten Reaktionen in seiner eigenen Partei, im Militär und bei Verbündeten veranlassten Trump, der Türkei per Tweet am folgenden Tag zu drohen, falls sie etwas tue, was er in seiner «großen und unvergleichlichen Weisheit als inakzeptabel» empfindet, werde er ihre Wirtschaft «völlig zerstören und auslöschen».[12] Kurz darauf schrieb er Erdoğan einen Brief, wie ihn kein amerikanischer Präsident je zuvor geschrieben hatte: Die Geschichte «wird Sie auf ewig als Teufel ansehen, wenn gute Dinge nicht passieren. Seien Sie kein harter Kerl. Seien Sie kein Idiot!»[13] Wie wenig ernst Erdoğan Trumps Warnungen nahm, zeigt die Tatsache, dass er noch am selben Tag seine Offensive mit Luftangriffen begann. Kurz darauf marschierte die türkische Armee in Syrien ein. Von den weiteren Entwicklungen blieben die USA ausgeschlossen: Bei einem Treffen in Sotchi vereinbarten Putin und Erdoğan am 22. Oktober, eine 20 Kilometer tiefe Pufferzone zu schaffen, aus der sich die Kurden zurückziehen mussten, und sie gemeinsam zu patrouillieren.

Die Bilanz von Trumps Rückzugsentschluss war desaströs: Sie verriet nicht nur den wichtigsten Kampfgefährten in der Region, sondern zwang diesen auch indirekt, sich mit Assad zu arrangieren. Ankara und Moskau errichteten ein Kondominium im Norden Syriens und zementierten damit ihre Ansprüche auf eine führende Rolle bei der Regelung der Nachkriegsordnung. Am gravierendsten aber war, dass Washington das Vertrauen der Partner in seine Zuverlässigkeit erschütterte. Alte Verbündete wie Israel, Ägypten und Saudi-Arabien begannen, Putin als neuen starken Mann und Sicherheitsgaranten zu hofieren. Die Bilder von Kurden, die die abziehenden US-Panzerwagen mit Tomaten und Kartoffeln bewarfen, und von russischen Soldaten, die die von den Amerikanern in Eile verlassenen Feldlager übernahmen, dokumentierten schonungslos das Abdanken Washingtons als Führungsmacht im Mittleren Osten. Ermutigt durch solche billigen Einflussgewinne auf Kosten der USA, mischte sich der Kreml mit seiner Söldnerarmee «Gruppe Wagner» in den libyschen Bürgerkrieg ein.

Selbst die Tötung des Führers des IS, Abu Bakr al-Baghdadi, Ende Oktober 2019 durch amerikanische Spezialkräfte konnte vom Fiasko der Syrienpolitik kaum ablenken, zumal der Präsident sie in einer überaus peinlichen Fernsehansprache verkündete. Es gelang dem Pentagon jedoch, Trump zu einem Kurswechsel in der Abzugsfrage mit dem Argument zu bewegen, andernfalls drohe der IS die syrischen Ölfelder zu übernehmen. «Öl» war ein Wort, das Trump verstand. «Es ist, wie einem Baby seine Medizin in Joghurt oder Apfelmus zu verabreichen», kommentierte ein Regierungsmitarbeiter die Versuche, ihm strategisches Denken näherzubringen.[14] Der Präsident verkündete nun, amerikanische Truppen hätten die Ölfelder im Osten des Landes «eingenommen und gesichert», was eine fortgesetzte Militärpräsenz rechtfertige. Danach erinnerte er das Publikum, er habe schon früher vorgeschlagen, Ölquellen zu annektieren, um die Kriegskosten zu finanzieren: «Ich sagte, behaltet das Öl. Wenn ihr in den Irak geht, behaltet das Öl.» Solche Aussagen zeigten, wie krude Trumps außenpolitische Welt funktionierte, und boten zum Entsetzen seiner Diplomaten und Militärs jenen Kritikern Propagandastoff, die den USA Kriegführung zur Selbstbereicherung vorwarfen. Eine solche Gelegenheit ließ sich Russland nicht entgegen. Umgehend tadelte der Sprecher des russischen Verteidigungsministeriums das «internationale staatliche Banditentum» Washingtons.[15]

Der israelisch-palästinensische Konflikt

Bei Trumps Amtsantritt hatte es 20 Jahre lang keinen großen Fortschritt im israelisch-palästinensischen Konflikt gegeben. Israel war nach der zweiten Intifada (Aufstand) der Palästinenser im September 2000 und 130 Terroranschlägen mit fast 600 Toten sowie wegen des anhaltenden Raketenbeschusses aus Gaza nach Abzug seiner Truppen und Aufgabe seiner Siedlungen kaum mehr zu Kompromissen bereit. Seine Siedlungspolitik im Westjordanland und die Spaltung der Palästinenser in eine moderate Fatah und eine radikale Hamas erschwerten die Lage weiter. Trotzdem prahlte Trump gleich nach seiner Wahl, er werde den Konflikt durch einen «ultimativen Deal» beilegen.[16] Er beauftragte seinen Schwiegersohn Kushner, seinen langjährigen Vertrauten Jason Greenblatt und den US-Botschafter in Israel David Freedman, einen entsprechenden Plan auszuarbeiten.

Gleichzeitig stieß Trump die Palästinenser wieder und wieder vor den Kopf. Er schuf nicht nur einseitig Fakten, sondern räumte auch ohne Not alte amerikanische Positionen, die in Verhandlungen als Faustpfand hilfreich gewesen wären, um Israel zu Kompromissen zu bewegen. Getrieben war er wie in anderen Fragen nicht zuletzt von dem Bemühen, alles anders zu machen als sein verhasster Vorgänger. Vor der wichtigsten pro-israelischen Lobbygruppe in den USA, dem American Israel Public Affairs Committee (Aipac), hatte Trump im Wahlkampf gewettert, Obama sei «wohl die schlimmste Sache, die Israel je passiert ist».[17] Er stellte sich deshalb so bedingungslos an die Seite der rechten Likud-Regierung unter Premier Benjamin Netanyahu wie kein Präsident vor ihm. Netanyahu nutzte dies sofort: Zwei Tage nach Trumps Amtsantritt hob er alle Beschränkungen des Siedlungsbaus im Westjordanland auf. Außerdem übernahmen die USA eine israelische Position nach der anderen: Im Mai 2018 verlegten sie ihre Botschaft von Tel Aviv nach Jerusalem und akzeptierten damit de facto Israels Souveränität über 1967 im Sechs-Tage-Krieg erobertes Land. Wenig später stellten sie ihre jährlichen Beiträge von 364 Millionen Dollar (2017) zum UN-Programm für Palästinensische Flüchtlinge ein und schlossen die palästinensische diplomatische Vertretung in Washington. Und im März 2019 erkannten sie als erstes Land die von Syrien eroberten Golanhöhen als israelisches Hoheitsgebiet an.

Mit diesen Schritten stieß die Trump-Regierung viele Säulen der bisherigen Nahostpolitik der USA um und höhlte das international akzeptierte Ziel der Zweistaatenlösung aus. Dass sie trotzdem weiter daran glaubte, die Palästinenser mit wirtschaftlichen Versprechen zu Verhandlungen bewegen zu können, zeigte ihre ganze Realitätsferne. Zu der mit Fanfarenstößen angekündigten «Frieden zum Wohlstand»-Konferenz in Bahrein im Juni 2019, bei der Kushner den ökonomischen Teil seines Friedensplans vorstellte, reiste die palästinensische Führung nicht einmal an. Der Plan sah Investitionen in Höhe von 50 Milliarden Dollar in der Westbank, in Gaza, Ägypten, Jordanien und im Libanon vor, die primär von arabischen Staaten und privaten Geldgebern kommen sollten. Die Mitteilung Außenminister Pompeos im November 2019, die USA würden künftig die Siedlungen in den besetzten palästinensischen Gebieten nicht länger als völkerrechtswidrig betrachten, schmälerte die Aussichten auf einen «ultimativen Deal» weiter.

Als der Präsident und der israelische Premierminister diesen am 28. Januar 2020 im Weißen Haus vorstellten, war er mehr ein Annexions- denn ein Friedensplan. Alle wichtigen Fragen von den Grenzen bis hin zum Rückkehrrecht für Flüchtlinge regelte er im Sinne Israels, ohne die Forderungen der Palästinenser zu berücksichtigen. Washington gab Jerusalem sogar grünes Licht für die Annexion eines Drittels des besetzten Gebiets und speiste Ramallah mit einem zerstückelten Rumpfstaat ab. Hauptmotiv für die beiden Politiker schien zu sein, vor den Wahlen ihre jeweiligen Kernwähler mobilisieren und von ihren innenpolitischen Problemen ablenken zu wollen – Trump stand mitten im Impeachment-Verfahren, gegen Netanyahu war gerade Anklage wegen Korruption erfolgt. Während Evangelikale in den USA und Expansionisten in Israel den Plan feierten, lehnten ihn PLO, Hamas und Arabische Liga strikt ab. Washington war damit gescheitert, dem Nahost-Friedensprozess einen neuen Impuls zu verleihen.

Die seit 15 Jahren andauernde Militärintervention in Afghanistan war das Paradebeispiel für Trumps Versprechen, die «endlosen Kriege» zu beenden, in die seine Vorgänger die USA geführt hatten. Seit ihrem schnellen Sieg über al-Qaida 2001 versuchten amerikanische Truppen, die militant-islamistischen Taliban als Machtfaktor auszuschalten, Sicherheit herzustellen und eine einigermaßen demokratische und Menschenrechten verpflichtete Regierung zu etablieren. Dabei übertrieben Präsidenten, Generäle und Diplomaten die erzielten Fortschritte und verschwiegen Belege, dass der Krieg nicht zu gewinnen war, wie die *Washington Post* im Dezember 2019 mit einer Fülle an offiziellen Dokumenten belegte.[18] Indes waren die pessimistischen Berichte nicht neu. Unbequeme Wahrheiten wurden oft verschwiegen, um die Moral der eigenen Truppe nicht zu untergraben und die des Feindes nicht zu stärken.[19] Trump hingegen kritisierte seit 2011 den längsten bewaffneten Konflikt der US-Geschichte als «eine komplette Verschwendung» und forderte wiederholt einen sofortigen Abzug.[20]

Er war nicht der einzige Skeptiker. Schon Obama hatte den Kampfeinsatz im Oktober 2014 offiziell beendet und von den 102 000 Soldaten nur 9800 für Anti-Terror-Missionen und die Ausbildung der afghanischen Streitkräfte im Land belassen. Diese Zahl erwies sich als zu gering, um die Taliban zu stoppen. Als Trump ins Weiße Haus einzog, waren sie überall im Vormarsch. Nachdem die USA zwei Billionen Dollar für den Krieg und den Aufbau des Landes ausgegeben und 2400 Soldaten verloren hatten,[21] konnten die Aufständischen praktisch an jedem Ort zuschlagen. Selbst der IS, im Irak und in Syrien auf dem Rückzug, setzte sich in Afghanistan fest. Seit 2002 vervierfachte sich die Opiumproduktion und wurde zu einer wichtigen Einnahmequelle für die Taliban. Erfolge des westlichen Engagements sah man einzig in den Städten, wo sich die

194

Ausbildung gerade von Mädchen, die Menschenrechtslage, die Gesundheitsversorgung sowie die kulturellen und politischen Freiheiten verbessert hatten.

Der Präsident befand sich wie sein Vorgänger also in einem Dilemma: Er wollte möglichst schnell raus aus Afghanistan, indes nicht als Verlierer dastehen und die bisherigen Opfer und Kosten als vergeblich erscheinen lassen. Als Ausweg blieb allein eine irgendwie geartete Übereinkunft mit den Taliban. Wegen deren Terraingewinnen besaßen die USA jedoch kaum Verhandlungsmasse. Nach mehreren Monaten gab Trump dem Drängen seiner Generäle und Berater nach und erklärte am 21. August 2017 in einer Fernsehansprache zur besten Sendezeit: «Das amerikanische Volk ist eines Kriegs ohne Sieg überdrüssig. ... Ich teile diese Frustration. ... Mein erster Instinkt war, abzuziehen, und historisch folge ich meinen Instinkten gerne.» Doch nach langem Überlegen sei er zu der Erkenntnis gelangt, dass «unsere Nation ein ehrenvolles und dauerhaftes Ergebnis anstreben muss, das der riesigen Opfer ... würdig ist. ... Ein hastiger Rückzug würde ein Vakuum für Terroristen schaffen, inklusive des IS und al-Qaidas. ... Aber auf die eine oder andere Art werden diese Probleme gelöst. Ich bin ein Problemlöser. Am Ende werden wir gewinnen.»[22]

In der Folge entsandte der Präsident weitere 4000 Soldaten unter anderem zur Terrorbekämpfung und hob Einsatzbeschränkungen auf. Die Luftwaffe begann eine massive Angriffskampagne, um die Taliban zu Friedensgesprächen zu zwingen. 2019 warf sie 7423 Bomben auf deren Stellungen ab und damit deutlich mehr als in jedem anderen Jahr der vergangenen Dekade. Das erinnerte an Nixons Strategie im Vietnamkrieg, durch eine Kombination aus militärischem Druck und Dialog einen «ehrenvollen Frieden» zu erreichen. Während die Kämpfe weitergingen, begannen in Katar im Februar 2019 die Gespräche. Wie bei den Verhandlungen mit Nordvietnam Anfang der 1970er Jahre saß der offizielle Verbündete der USA nicht mit am Tisch, weil sich die Taliban weigerten, mit einem amerikanischen «Marionettenregime» zu sprechen. Kabul musste deshalb befürchten, dass sich Washington mit den Aufständischen hinterrücks einigte – eine Angst, die dadurch angefacht wurde, dass die Taliban im August 2019 mehr Gelände kontrollierten als zu jedem anderen Zeitpunkt seit ihrer Vertreibung von der Macht Ende 2001.

Im September verkündete der Unterhändler des Präsidenten, Zalmay Khalilzad, es gebe ein Übereinkommen. Es legte fest, dass die USA ihre 14 000 Soldaten sukzessive aus Afghanistan abziehen und die Taliban keine Terroristen mehr beherbergen. Trump, stets Showman mit Hang zur Selbstglorifizierung, wollte den finalen Vertrag mit den Taliban freilich in Camp David, dem Feriendomizil der Präsidenten und Ort wichtiger Friedensgespräche, selbst unter Einbezug der afghanischen Regierung aushandeln und sich damit als Dealmaker in Szene setzen. Die Taliban hielten das für einen Trick, Kabul doch noch in die Gespräche einzubinden, und waren deshalb nur unter der Bedingung zur Anreise bereit, dass der Schlusstext bereits feststand und verkündet worden war. Trumps Gier nach persönlichem Ruhm verhinderte also die Unterzeichnung eines Abkommens zu diesem Zeitpunkt. Nach einem Autobombenanschlag in Afghanistan, bei dem auch ein US-Soldat starb, erklärte der Präsident per Twitter die Gespräche für beendet.[23]

Allerdings drehte er bald eine weitere Pirouette: Im Dezember 2019 wurden sie wieder aufgenommen, ohne dass sich die Taliban zu der von Washington und Kabul gewünschten Waffenruhe verpflichtet hätten. Damit konterkarierte Trump ein Verhandlungsmantra, das er in seiner ersten Autobiografie aufgestellt hatte: «Das Schlimmste, was man bei einem Deal machen kann, ist, verzweifelt zu wirken, um ihn abzuschließen. Das lässt den anderen Kerl Blut riechen, und dann bist du tot.»[24] Am 29. Februar 2020 kam es dann doch zu einem «Abkommen für den Frieden in Afghanistan» zwischen den USA und den Taliban. Zusätzlich zu den im September vereinbarten Punkten sah es direkte Verhandlungen zwischen den Aufständischen und der afghanischen Regierung als zentralen Teil des Friedensprozesses vor. Aber nach einer kurzen Verminderung der Gewalt verstärkten die Taliban ihre Angriffe auf Sicherheitskräfte und Zivilisten wieder. Ein Gefangenenaustausch stockte, auch weil sich in Kabul zwei rivalisierende Regierungen bildeten und gegenseitig blockierten. Erst Mitte Mai 2020 einigten sich die beiden Gruppen auf eine Teilung der Macht. Trotzdem war fraglich, ob sich der von Trump erstrebte umfassende Abzug der US-Truppen bis zu den Präsidentschaftswahlen umsetzen lassen würde.

In Afghanistan wie im Mittleren Osten hatten seine Vorgänger Trump zweifellos eine schwierige Situation hinterlassen. Im Frühjahr 2020 standen die USA in der Region aber noch schwächer da als zu Beginn seiner Amtszeit. Hatten Bush überoptimistisch und hyperaggressiv und Obama defensiv und inkonsequent agiert, kombinierte Trump die schlechtesten Eigenschaften seiner Vorgänger und garnierte sie mit einer großen Prise Eitelkeit. Er war nicht bereit, sich politisch und militärisch dauerhaft zu engagieren, er gab ohne Not Verbündete preis, er ließ seinen lauten Worten entweder keine Taten folgen oder agierte waghalsig, er stellte persönliche Interessen über das Wohl der Nation. Erfolgreiche Außenpolitik erfordert Sachkenntnis, Fingerspitzengefühl, Verlässlichkeit, Entschlossenheit, strategisches Denken und einen langen Atem. Nichts davon legte Trump in der Region an den Tag.

12. «Feuer und Zorn»: Krisenherd Ostasien

Die beiden Staaten, die Washington seit Jahren am meisten Sorgen bereiteten, lagen jedoch nicht im Mittleren Osten oder in Europa, sondern in Ostasien: China und Nordkorea. Das eine Land entwickelte sich in atemberaubendem Tempo zum zentralen ökonomischen, politischen und militärischen Rivalen, das andere wurde aufgrund seiner aggressiven Nuklearpolitik zur größten Sicherheitsbedrohung. Trumps Vorgängern war es nicht gelungen, auf die drängende Frage des künftigen Umgangs mit diesen Mächten befriedigende Antworten zu finden.

Die chinesische Herausforderung

Seit Beginn der Reformen 1979 war China so rasant wie kein anderer Staat gewachsen. Lag seine Wirtschaftskraft im Jahr 2000 noch gleichauf mit der einer Mittelmacht wie Italien, wurde sie 2010 nur mehr von jener der USA übertroffen. Allein von 2000 bis 2019 vervierfachte sich sein BIP. Abhängig von den Wachstumsraten dürfte das Land zwischen 2030 und 2040 zur größten Ökonomie der Welt aufsteigen. Seine neugewonnene Finanzkraft erlaubte es ihm, kräftig aufzurüsten. Im Jahr 2000 gab China etwas weniger für sein Militär aus als Japan, Frankreich, Großbritannien oder Deutschland. Zwei Dekaden später war es die unangefochtene Nummer Zwei und steckte ein Drittel so viel Geld in die Streitkräfte wie die USA – mit rasch steigender Tendenz.

Lange Zeit hatte Washington darauf gesetzt, Peking in seine liberale Weltordnung einzubinden, und es aufgefordert, zu einem «verantwortlichen Anteilseigner am internationalen System zu werden, ... von dem es so stark profitierte»[1]. Die Wirtschaften beider Länder waren dermaßen eng verflochten, dass Wissenschaftler 2006 dafür das Wort «Chimerica» schufen.[2] Die USA kauften in riesigem Umfang günstige chinesische Waren, China legte seine hohen Überschüsse in amerikanischen Staatsanleihen an, die Lieferketten wurden immer vernetzter. Unter Obama, der sich 2009 in einer Rede in Tokio als «ersten pazifischen Präsidenten» bezeichnete, rückte die Region auch politisch in den Fokus Washingtons. Außenministerin Clinton prägte in einem Artikel für *Foreign Policy* 2011 den Begriff der «Wende nach Asien» (pivot to Asia), der diese neue Strategie kodifizierte.[3] Dabei bot das Verhältnis zu China Chancen und Risiken. Wichtigste Kooperationsfelder waren die Belebung der Weltwirtschaft nach der Finanzkrise 2008 sowie die Sanktionen gegen den Iran und Nordkorea wegen ihrer Nuklearwaffenaktivitäten. Symbolischen Höhepunkt der Zusammenarbeit bildete ein zweitägiger Gipfel zwischen Obama und Xi in Kalifornien im Juni 2013. Aber es gab auch Konfliktbereiche wie die amerikanischen Waffenverkäufe an Taiwan und die chinesischen Cyberangriffe auf Rüstungsunternehmen und Behörden in den USA. So stahlen Regierungshacker sensible Design-Daten des F-35-Tarnkappen-Kampfflugzeugs, die Peking zur Entwicklung seines Pendants J-31 nutzte.[4]

In den folgenden Jahren stiegen die Spannungen. Politikwissenschaftler begannen von einer «Thukydides-Falle» zu sprechen, auf die beide Länder zusteuerten. Mit diesem Begriff meinten sie eine erstmals von dem griechischen Historiker im fünften Jahrhundert vor Christus beschriebene Situation, in der ein Hegemon (Athen) von einem aufstrebenden Staat (Sparta) herausgefordert wird. Solche Konstellationen, die in der Geschichte wiederholt auftraten, gelten als besonders konflikt- und sogar kriegsträchtig. Als Peking seine neugewonnene Macht nutzte, um von ihm dominierte Konkurrenzorganisationen zu den bestehenden westlichen Institutionen wie die Asiatische Infrastruktur-Investitionsbank aufzubauen, über die Belt and Road Initiative und Großinvestitionen seinen Einfluss in anderen Ländern zu intensivieren und Territorialansprüche im Südchinesischen Meer durchzusetzen, war dies eine direkte Herausforderung Washingtons. Trotzdem reagierte die Obama-Regierung verhalten. Das hatte zum einen damit zu tun, dass mit der russischen Invasion in der Ukraine und dem Erstarken des IS 2014 zwei akute Bedrohungen in anderen Weltregionen ihre Aufmerksamkeit beanspruchten. Zum anderen wollte das Weiße Haus dem Eindruck entgegentreten, die USA und China befänden sich auf Kollisionskurs. Im Herbst 2016 wies es das Pentagon sogar an, auf den Begriff der «Großmachtkonkurrenz» zu verzichten, da er der Komplexität der Beziehungen nicht gerecht werde.[5]

Solche Zurückhaltung und Vorsicht waren Trump fremd. «Ich glaube nicht, dass sie unsere Freunde sind», sagte er bereits 2011 über China, «sie sind unsere Feinde.»[6] Als Kandidat versprach er «schnelle, robuste und eindeutige» Aktionen wegen deren Produktpiraterie, Verstößen gegen geistige Eigentumsrechte und illegalen Exportsubventionen.[7] Bannon bestärkte ihn in seiner Haltung, er betrachtete den «sich schnell militarisierenden totalitären Staat» als «größte existentielle Bedrohung, der sich die USA je gegenübersahen».[8] Dass Trump die Konfrontation nicht scheute, wurde kurz nach seiner Wahl deutlich. Als erster gewählter Präsident seit 1979 nahm er einen Gratulationsanruf seiner taiwanesischen Kollegin entgegen, was Peking wegen der offiziell gültigen Ein-China-Politik extrem verärgerte. Die Botschaft war unmissverständlich: Trump würde mit den bisherigen Regeln im Umgang mit China brechen.

Allerdings sah er das Land primär als wirtschaftlichen Gegner. Andere Akteure in der Regierung wie Verteidigungsminister Mattis und Sicherheitsberater McMaster hielten Peking hingegen für eine Bedrohung geopolitischer Interessen der USA. In der Nationalen Sicherheitsstrategie vom Dezember

2017 hieß es: «China sucht die Vereinigten Staaten in der indopazifischen Region zu verdrängen, die Reichweite seines staatsgetriebenen Wirtschaftsmodells zu vergrößern, und die Region zu seinen Gunsten neu zu ordnen. ... Entgegen unserer Hoffnungen baute China seine Macht auf Kosten der Souveränität anderer aus.»[9] In der Tat bildete der Handelskrieg nur ein Element in einer allumfassenden Rivalität, in der beide die Niederlage des anderen suchen: die USA, indem sich Peking der von ihr dominierten Ordnung unterwirft, China, indem sich Washington aus dem Westpazifik zurückzieht.[10] Das Pentagon geht sogar davon aus, dass Peking «auf lange Frist globale Vorrangstellung» anstrebt.[11] Die klassische Antwort amerikanischer Außenpolitik auf eine so dramatische Herausforderung hätte gelautet, die Militärkapazitäten in Ostasien zu stärken, alte Alliierte enger an sich zu binden und neue hinzuzugewinnen sowie die Attraktivität des eigenen Politikmodells herauszustellen, indem man etwa auf den chinesischen Überwachungsstaat, die Verfolgung von Oppositionellen oder die Zwangsinternierung der Uiguren hinwies.

Doch solche Antworten liefen Trumps Idee von internationaler Politik zuwider. Er stellte klar, dass er gegenüber China und den Bündnispartnern sicherheitspolitische nicht von ökonomischen Fragen trennen würde. Eine solche Themenverknüpfung war gefährlich, weil sie «das chinesisch-amerikanische Verhältnis binnen kürzester Zeit politikfeldübergreifend»[12] zu zerrütten und das Vertrauen der Partner in die US-Sicherheitsgarantie zu erschüttern drohte. Nur beim Verteidigungsbudget folgte der Präsident dem Rat seiner Sicherheitsexperten. Mehr Geld für das Militär nach Jahren des Sparens von 2010 bis 2015 war eines seiner Hauptversprechen im Wahlkampf gewesen. In seiner Amtszeit stieg der Etat des Pentagon nominal von 573 (2016) auf 738 Milliarden Dollar (2020) und stabilisierte sich als Anteil am Bruttoinlandsprodukt bei 3,2 Prozent. Die Zahl der in Ostasien stationierten US-Soldaten blieb mit 50 000 in Japan und 25 000 in Südkorea unverändert. Die 2014 geschlossenen Stationierungsabkommen mit Australien und den Philippinen wurden nicht angetastet, genauso wenig der Plan, statt 50 künftig 60 Prozent der Flotte im Pazifik zu halten.

Allerdings modernisierte Peking seine Streitkräfte so schnell und baute seine Raketenkapazitäten so stark aus, dass es die Bewegungsfreiheit der USA im Ost- und Südchinesischen Meer im Konfliktfall wirkungsvoll einschränken konnte. 2019 stellte China seinen ersten komplett selbst gebauten Flugzeugträger in Dienst. Die Studie eines australischen Think Tanks konstatierte im selben Jahr, die Kombination aus Kriegen im Mittleren Osten, Unterfinanzierung und veralteter Militärtechnologie habe «zu einer verkümmerten [amerikanischen, S.B.] Streitmacht geführt, die nicht ausreichend bereit, ausgerüstet oder positioniert ist», um «chinesisches Abenteurertum» im Indopazifik abzuschrecken.[13] Die Bedeutung der indopazifischen Region, die von der Westküste Amerikas bis zur Ostküste Afrikas reicht, ergibt sich aus der Tatsache, dass 60 Prozent des Welthandels durch sie geht, sich in ihr neun der zehn wichtigsten Häfen befinden und sie zwei Drittel des globalen Wirtschaftswachstums generiert.

Widersprüchliche Antworten

Angesichts dieser relativen Machtverlagerung in Ostasien zugunsten Chinas hätte es Washingtons oberste Priorität sein müssen, die Beziehungen mit regionalen Partnern zu stärken. Mit seiner Kündigung des Transpazifischen Freihandelsabkommens sofort nach seinem Amtsantritt demonstrierte Trump indes, dass wahltaktische Überlegungen bei ihm strategische Erfordernisse überlagerten. Zumindest versuchte er, die angespannten Beziehungen zu Thailand, Malaysia und den Philippinen zu entkrampfen und diese Länder von einer weiteren Annäherung an China abzubringen.[14] Doch das Verhältnis zu den beiden ältesten und wichtigsten Alliierten in der Region, Japan und Südkorea, betrachtete der Präsident primär unter den Gesichtspunkten der Handelsungleichgewichte und angeblich zu niedriger Rüstungsausgaben. Wie bei den Europäern, so machte Trump bei diesen beiden Verbündeten US-Sicherheitsgarantien von deren ökonomischem Entgegenkommen abhängig.

Der Präsident schlug eine «Kosten plus 50»-Formel vor, nach der Tokio und Seoul die gesamten Stationierungskosten für die amerikanischen Truppen und einen Aufschlag von 50 Prozent bezahlen sollten. Obwohl sich Japans Premierminister Abe so sehr wie kein anderer Staats- und Regierungschef um ein gutes Verhältnis zu Trump bemühte, tat der das mit der Bemerkung ab, dieser schmeichle ihm nur, um ihn von Attacken gegen die unfaire Lastenteilung abzubringen.[15] Gegenüber Vertrauten äußerte er sogar, er erwäge den Rückzug aus dem Verteidigungsvertrag mit Japan, weil dieser zu einseitig sei.[16] Zugleich unternahmen die USA zu wenig, um den eskalierenden Streit zwischen Tokio und Seoul wegen der Entschädigung koreanischer Zwangsarbeiter im Zweiten Weltkrieg zu beenden. Differenzen über Handelsfragen und die Iran-Sanktionen warfen die langjährige Annäherung an Indien zurück, den potenziell wichtigsten Verbündeten bei der Eindämmung Pekings. Wegen New Delhis Furcht vor einer Vereinnahmung durch Washington kam auch die Zusammenarbeit mit Japan und Australien gegen China nicht vom Fleck. Mit Vietnam, das den wachsenden Einfluss Pekings wegen dessen Expansionismus im Südchinesischen Meer als große Bedrohung ansieht, verbesserten sich die Sicherheitsbeziehungen hingegen weiter.

Wie in der Nato- und Russlandpolitik drängten Militär und Kongress Trump, die unter seinen Vorgängern etablierte Strategie beizubehalten und zu verschärfen. Da dieser wie stets primär an seinem Image als Dealmaker interessiert ist, befürchten viele Sicherheitspolitiker und Abgeordnete, der Präsident könne Xi gegenüber zu konziliant auftreten und für einen Handelskompromiss Verbündete und Werte opfern. Wiederholt nannte Trump den chinesischen Staatschef einen «Freund» und pries dessen Führungsstärke. Verteidigungsminister Mattis betonte deshalb bei jeder sich bietenden Gelegenheit die Solidarität der USA mit ihren asiatischen Alliierten, lud im Sommer 2018 die chinesische Marine von einem multinationalen Manöver aus und ließ Kriegsschiffe mehrmals nahe den von Peking völkerrechtswidrig besetzten Inseln in der Südchinesischen See patrouillieren, um dem UN-Prinzip der Freiheit der Meere Geltung zu verschaffen. Hatte Obama während seiner achtjährigen Präsidentschaft nur vier solcher Fahrten angeordnet, waren es in den ersten drei Amtsjahren Trumps elf.[17]

Zugleich versuchte der Kongress, Trump durch Gesetze und Resolutionen auf ein hartes Vorgehen gegenüber Peking festzulegen: Im «Taiwan Travel Act» erleichterte er im März 2018 Beamten und Politikern aus den USA und Taiwan wechselseitige Besuche. Das «Asia Reassurance Initiative»-Gesetz nannte es «unerlässlich», dass die USA ihre «führende Rolle in der indopazifischen Region fortsetzen», und stellte 1,5 Milliarden Dollar unter anderem dafür zur Verfügung, «Chinas Einfluss bei der Unterminierung des internationalen Systems entgegenzutreten».[18] Im Oktober 2019 verabschiedeten die Parlamentarier die «Taiwan Allies International Protection and Enhancement Initiative», die die Regierung zur Unterstützung jener Staaten anhielt, die ihre Beziehungen zu Taiwan ausbauen. Einen Monat später verhängten sie Sanktionen gegen Beamte in Hongkong und China, die im Zuge der Antiregierungsproteste die Menschenrechte in der ehemaligen britischen Kronkolonie verletzten. Im Januar 2020 beschloss das Repräsentantenhaus den «Tibetan Policy and Support Act», um die religiöse Selbstbestimmung der Tibeter zu unterstützen. All diese Maßnahmen wurden von großen, parteiübergreifenden Mehrheiten getragen und spiegelten den breiten

Konsens, sich Pekings zunehmend aggressiver Außenpolitik zu widersetzen.

Am stärksten deckten sich die Vorstellungen Trumps, des Militärs, des Kongresses und der Gesellschaft in der Frage der technologischen Führerschaft der USA, die China mit einem monumentalen staatlichen Subventionsprogramm direkt herausforderte. Dass gerade der Technologiegigant Huawei ins Zentrum der bilateralen Auseinandersetzung rückte, war deshalb kein Zufall: Hier geht es um die hochpolitische Frage, wer im künftigen 5G-Netz die Informationssysteme kontrolliert. Im Mai 2019 schnitt Washington Huawei von den wichtigen amerikanischen Zulieferungen ab, schon zuvor hatte es die Möglichkeit geschaffen, die Ausfuhr von Technologien zu unterbinden, die für die eigene Sicherheit essenziell sind. Zudem erschwerten die USA Firmenübernahmen durch chinesische Unternehmen, verboten einem staatlichen Pensionsfonds, in deren Aktien zu investieren, und beschränkten die Visa-Vergabe an chinesische Wissenschaftler und Studenten, die in sensiblen Bereichen forschen wollen. Problematisch an Trumps Vorgehen gegenüber Peking war seine Widersprüchlichkeit. Auf der einen Seite führte er einen Handelskrieg und wollte Chinas Aufstieg behindern, auf der anderen Seite kündigte er TPP und bedrängte Xi, ihm bei der Lösung internationaler Herausforderungen zu helfen. Die dringlichste davon war das nordkoreanische Streben nach Kernwaffen.

Kim Jong-un: Vom Raketenmann zum Freund

Seit den frühen 1990er Jahren betreibt Nordkorea ein illegales Nuklearprogramm. Alle Versuche der Clinton-, Bush- und Obama-Regierung, das Land durch Anreize und Druck von der Urananreicherung abzuhalten, scheiterten. 2003 kündigte es seine Mitgliedschaft im Atomwaffensperrvertrag. Die daraufhin begonnenen Sechs-Parteien-Gespräche zwischen den USA,

205

Russland, China, Südkorea, Japan und Nordkorea kollabierten, als Pjöngjang 2009 eine Langstreckenrakete startete und einen Nukleartest durchführte. Eine Vereinbarung drei Jahre später, die amerikanische Nahrungsmittelhilfe im Gegenzug für ein Moratorium bei Urananreicherung und Raketentests sowie die Wiederaufnahme der Sechs-Parteien-Gespräche vorsah, brachte Nordkorea mit einem Satellitenstart zu Fall. Trotz mittlerweile sieben UN-Sanktionsrunden führte es in den folgenden Jahren immer wieder Nuklear- und Raketentests mit immer stärkeren Sprengköpfen und größeren Reichweiten durch. Ende 2016 eröffnete Obama seinem frisch gewählten Nachfolger, Nordkorea stelle seiner Meinung nach das drängendste außenpolitische Problem dar.[19]

Nicht unerwartet verschärften sich die Spannungen zwischen den beiden Ländern nach Trumps Amtsantritt zunächst. Pjöngjang testete weiterhin Raketen, und Washington antwortete mit der Inbetriebnahme eines Raketenabwehrsystems in Südkorea. Der Tod des amerikanischen Touristen Otto Warmbier, der in Nordkorea 2016 wegen Diebstahl eines Propagandabanners zu 15 Jahren Arbeitslager verurteilt worden war, im Juni 2017 löste in den USA Empörung aus. Am 4. Juli, dem amerikanischen Unabhängigkeitstag, startete Pjöngjang eine Interkontinentalrakete und erklärte sich zur «vollwertigen Nuklearmacht, die … jeden Teil der Welt treffen kann».[20] Erstmals lag damit das US-Festland in Reichweite seiner Langstreckenwaffen. Das ging selbst Pjöngjangs Schutzmacht China zu weit. Unter geschickter Vermittlung von UN-Botschafterin Nikki Haley verabschiedete der Sicherheitsrat einen Monat später neue scharfe Sanktionen gegen Nordkorea. Nach Enthüllungen, dass das Land auch noch einen Miniatursprengkopf für seine Trägersysteme entwickelt hatte, sagte Trump am 8. August, er werde nukleare Drohungen «mit Feuer und Zorn beantworten, wie sie die Welt zuvor noch nie gesehen hat».[21] Kurz darauf twitterte er: «Militärische Lösungen sind jetzt voll vorbereitet, geladen und entsichert, falls Nordkorea unklug handeln sollte.»²² Der Präsident war überzeugt, der Konflikt drehe sich nicht um gegensätzliche Interessen, sondern um Willensstärke: «Dabei geht es nur um Führer gegen Führer. Mann gegen Mann. Ich gegen Kim.»²³

Anfang September führte Pjöngjang seinen sechsten und größten Atomtest durch und heizte die rhetorische Eskalation weiter an. Es drohte, die USA «in Asche und Dunkelheit» zu verwandeln, im Gegenzug warnte Trump dessen Diktator Kim Jong-un, Enkel des Staatsgründers und seit 2011 an der Macht, in seiner Rede vor den Vereinten Nationen: «Wenn [die USA, S. B.] gezwungen sind, sich oder ihre Verbündeten zu verteidigen, werden sie keine Wahl haben, als Nordkorea völlig zu zerstören. Der Raketenmann ist auf einer Selbstmordmission für sich und sein Regime.»²⁴ Beide Staatschefs überzogen sich mit Schmähungen, Kim nannte Trump «dement» und «geistesgestört», Trump Kim «klein und fett».²⁵ Bei einem Staatsbesuch in China im November versuchte der Präsident, Xi davon zu überzeugen, als mit Abstand wichtigster Unterstützer Pjöngjangs mäßigend auf seinen Verbündeten einzuwirken – ohne Erfolg. Sanktionen, Raketentests und Drohungen schaukelten sich hoch und ließen einen militärischen Schlagabtausch möglich erscheinen. «Nordkoreas Führer Kim Jong-un hat soeben erklärt, dass der Atomknopf auf seinem Schreibtisch stets bereit ist», twitterte Trump am 2. Januar 2018. «Jemand aus seinem verarmten und hungernden Regime soll ihn bitte darüber informieren, dass ich auch einen Atomknopf habe, aber einen viel größeren & mächtigeren als er, und mein Knopf funktioniert.»²⁶ In seiner Ansprache zur Lage der Nation am 30. Januar 2018 widmete er sich ausführlich Nordkorea und das in einer Tonlage, die an George W. Bushs Rede im Jahr 2002 vor dem Irakkrieg erinnerte.

In dieser angespannten Situation initiierte der Präsident einen atemberaubenden Kurswechsel. Anfang 2018 riet Kushner seinem Schwiegervater bei einem Mittagessen, seine Einstellung zu Kim zu überdenken. Ein Ausgleich mit Nordkorea biete die Chance, einen historischen Durchbruch in einem der explosivsten Konflikte auf der Welt zu erzielen. Ähnlich wie Nixon mit seiner Öffnung gegenüber China, so Kushner, könne Trump damit in die Geschichtsbücher eingehen.[27] Der Präsident war schnell überzeugt, appellierte ein solches Vorgehen doch an seine tiefsten Instinkte: durch einen kühnen Schritt etwas erreichen, was seinen Vorgängern nicht gelungen war, spektakuläre TV-Bilder vom Gipfeltreffen mit dem nordkoreanischen Staatschef produzieren, die globale Aufmerksamkeit auf sich lenken, Gespräche unter vier Augen führen, in denen er seine überlegene Verhandlungstechnik ausspielen konnte. Im Laufe des Lunchs legte Trump seine bisherige Politik der Konfrontation und der Beleidigungen ad acta und vollzog eine der bei seinem Stab berüchtigten 180-Grad-Wenden.

Auch Kim schwenkte auf Entspannung um. Er war trotz allen internationalen Drucks in den Besitz von nuklear bestückbaren Interkontinentalraketen gelangt, nun musste es ihm darum gehen, die Sanktionen abzuschütteln. Durch die Teilnahme einer Delegation seines Landes an den Olympischen Winterspielen in Seoul signalisierte er Gesprächsbereitschaft. Vor einem Gipfel mit dem südkoreanischen Präsidenten Moon Jae-in verkündete er ein Moratorium beim Test von Atomsprengköpfen und Langstreckenwaffen. Treffen zwischen den Staatschefs der beiden Koreas hatte es schon früher gegeben. Eine Sensation war jedoch die Ankündigung, Trump und Kim würden zum ersten Gipfel zwischen einem US-Präsidenten und einem nordkoreanischen Staatsführer zusammenkommen. Trumps Amtsvorgänger hatten einen solchen Schritt nie erwogen, weil sie Pjöngjang keinen Weg aus seiner diplomatischen Isolation ermöglichen wollten, ohne dass es zuvor Zugeständnisse beim Nuklearprogramm gemacht hatte. Trump stellte diesen Ansatz auf den Kopf in der Hoffnung, Kim im persönlichen Austausch zu überzeugen, seine Atomwaffen aufzugeben. Dies dokumentierte ein weiteres Mal den unerschütterlichen Glauben des Präsidenten in seine Verhandlungsfähigkeiten und seine Improvisationsgabe. Die waren auch nötig, denn er hatte keine einzige NSC-Sitzung einberufen, um sich in zentrale Sachverhalte einzuarbeiten oder eine Strategie für die Gespräche festzulegen: «Ich glaube nicht, dass ich mich sehr vorbereiten muss», sagte er vor der Presse. «Es geht um die Einstellung. ... Das ist keine Frage der Vorbereitung, es ist eine Frage, ob die Leute wollen, dass es geschieht, oder nicht, und wir werden das sehr schnell wissen.»[28]

Schmeicheleien und neue Drohungen

Nach einigem Hin und Her trafen sich Trump und Kim am 12. Juni 2018 in Singapur. Am Ende der vierstündigen Zusammenkunft unterzeichneten sie eine Erklärung, in der sie den Gipfel als «epochales Ereignis» feierten und sich «zu neuen Beziehungen» zwischen ihren Ländern, zum «Aufbau eines dauerhaften und stabilen Friedensregimes auf der koreanischen Halbinsel» und zur «sofortigen Rückführung der sterblichen Überreste» von Kriegsopfern verpflichteten. Darüber hinaus vereinbarten sie – und das war der entscheidende Punkt –, auf «eine komplette Denuklearisierung der koreanischen Halbinsel hinzuarbeiten»[29]. In typischer Übertreibung twitterte Trump nach seiner Rückkehr in die USA: «Es gibt nicht länger eine Nukleare [sic] Bedrohung durch Nordkorea.»[30] Bei einer Wahlkampfveranstaltung sagte er über sein Verhältnis zu Kim euphorisch: «Wir haben uns verliebt, okay? Nein wirklich, er schrieb mir wunderbare Briefe. Und sie sind großartige Briefe.»[31]

Trotz aller positiven Signale blieb das zentrale Problem ungelöst: das Fehlen eines Fahrplans zum Abbau von Nordkoreas 40 bis 60 Atomsprengköpfen. Denn unter der in Singapur vereinbarten «Denuklearisierung» verstanden beide Seiten etwas grundsätzlich Anderes: Washington meinte damit die einseitige Vernichtung der nordkoreanischen Atomwaffen, Pjöngjang den Abbau des amerikanischen nuklearen Schutzschirms für Südkorea und Japan. Kim war zudem enttäuscht darüber, dass Trump die regelmäßigen Militärmanöver mit Seoul auf Druck des Pentagon nicht wie zugesagt einstellte, sondern nur ihren Umfang beschnitt. Die USA dagegen glaubten, das Eröffnen des Dialogs sei bereits eine ausreichende Belohnung für das Aussetzen der Atom- und Raketentests.[32] Solche prinzipiellen Fragen in Singapur nicht gesehen und angesprochen zu haben, deckte Trumps mangelnde Vorbereitung und Selbstüberschätzung sowie die Konzeptionslosigkeit seiner engsten Berater schonungslos auf. Angesichts der schweren Differenzen verwunderte es nicht, dass es bei zwei Besuchen Außenminister Pompeos in Pjöngjang keine Fortschritte gab.

Als dieser im August die nachweisbare Zerstörung von Sprengköpfen forderte, bevor die USA ihre Sanktionen aufhoben, prangerte ihn Nordkorea für seine «unilaterale und gangsterartige Forderung»[33] an. Gleichzeitig baute das Land an seinen Trägersystemen und Abschussanlagen weiter. Im November 2018 deckte ein Washingtoner Think Tank die Existenz von 13 geheimen Raketenbasen auf. Die *New York Times* bezeichnete dies als «großen Täuschungsakt» Pjöngjangs.[34] Der zweite Gipfel zwischen Trump und Kim am 27. und 28. Februar 2019 in Hanoi musste deshalb fast zwangsläufig scheitern. Der Präsident forderte ultimativ die Übergabe der Nuklearwaffen und allen spaltbaren Materials und stellte im Gegenzug ein Ende der Sanktionen und hohe Investitionen in Aussicht. Nordkorea antwortete mit dem Vorschlag eines schrittweisen Verfahrens: Es würde seine Uran- und Plutoniumproduktion im Reaktor von Yongbyon dauerhaft stilllegen, falls die USA die seit 2016 verhängten Strafmaßnahmen aufhöben. Das war für Washington inakzeptabel, hätte es doch andere Anreicherungsanlagen intakt gelassen. Angesichts dieser unvereinbaren Positionen beendete der Präsident den Gipfel abrupt vor dem geplanten gemeinsamen Mittagessen und ohne Unterzeichnung eines Schlussdokuments.[35] Das war eine dramatische Brüskierung Kims und erinnerte mehr an Methoden im rauen Immobiliengewerbe Manhattans als an den Dialog zwischen Staatschefs. Trump hatte falsch eingeschätzt, was den nordkoreanischen Führer antrieb: nicht die vage Aussicht auf ökonomische Prosperität, sondern die Sicherheit und das Überleben seines Regimes.

Nach einer Schockstarre warf Kim in einer Rede vor der 14. Obersten Volksversammlung im April den USA «anachronistische Arroganz und feindliche Politik» vor und setzte ihnen das Jahresende als Ultimatum für ein neues Angebot.[36] Um seine Entschlossenheit zu untermauern und ein Warnsignal an Washington zu senden, ließ Kim Anfang Mai in Verletzung einer Sicherheitsratsresolution Kurzstreckenraketen testen. Das diplomatische Patt brachte Trump in eine missliche Lage, denn er hoffte nach wie vor auf einen großen Deal, der ihm, wie er Japans Premier Abe anvertraute, den Friedensnobelpreis eintragen sollte. Nach dem Fiasko von Hanoi sagte er das jährliche Großmanöver mit Südkorea ab und versuchte, die Lage schönzureden, indem er Nordkoreas Raketentests «keinen Vertrauensbruch»[37] nannte. Wieder setzte er auf persönliche Diplomatie, um Fortschritte zu erzielen. Nach dem G20-Gipfel in Japan am 30. Juni 2019 besuchten Trump und Moon die Demilitarisierte Zone zwischen Süd- und Nordkorea und trafen dort kurz mit Kim zusammen. Die USA und Nordkorea verkündeten daraufhin, die Atomgespräche auf Arbeitsebene wieder aufzunehmen.

Um die Atmosphäre im Vorfeld nicht zu belasten, spielte Trump im August einen erneuten nordkoreanischen Raketenstart herunter und meinte, Kim wolle «seinen Freund, Präsident Trump» bestimmt nicht enttäuschen.[38] Einen weiteren Start – den 18. seit Mai – nannte er «ziemlich normal» und sagte, Kim «liebe» solche Tests nun einmal.[39] Dass Nordkorea mit jedem Test seine Projektile und Abschussvorrichtungen weiterentwickelte, schien ihn im Gegensatz zu Rüstungsexperten nicht zu beunruhigen. Das Treffen der Arbeitsgruppe im Oktober in Stockholm brachte keine Fortschritte. Trotzdem verzichteten die USA Mitte November ein drittes Mal auf ein Großmanöver mit Südkorea, um Pjöngjang zurück an den Verhandlungstisch zu locken. Je näher Kims Deadline jedoch rückte, desto mehr verschärfte Nordkorea Handlungen und Rhetorik. Dort dürfte man aufgrund von Trumps erratischer Syrien- und Iranpolitik den Eindruck gewonnen haben, seine Drohungen seien nicht ernst zu nehmen.

An Thanksgiving, dem bedeutendsten amerikanischen Feiertag, feuerte Kim zwei weitere Raketen ab. Anfang Dezember warnte sein Außenminister, es liege ganz an den USA, «welches Weihnachtsgeschenk» sie erhielten.[40] Kurz darauf testete Nordkorea ein schweres Triebwerk, wie sie Langstreckenraketen benötigen – noch dazu in der Sohae-Anlage, die Kim eigentlich rückzubauen versprochen hatte. Der Präsident hielt jedoch unbeirrt an seiner Abwiegelungsrhetorik fest. «Vielleicht ist es eine nettes Geschenk», meinte er am 22. Dezember. «Vielleicht ist es ein Geschenk, wo er mir eine wunderschöne Vase schickt anstatt eines Raketentests.»[41] Aber das Gegenteil war der Fall: In den ersten vier Monaten des neuen Jahrs führte Pjöngjang sieben Militärübungen durch und startete fünf Mal ballistische Trägersysteme.

Mitte 2020 stand Trump mit leeren Händen da, durch seine Treffen mit Kim hatte er wichtiges Druckpotenzial verspielt. Schlimmer noch: Mit seinem überoptimistischen Zugehen auf Pjöngjang ermöglichte es der Präsident China und Russland, die mühsam im Sicherheitsrat vereinbarten Sanktionen aufzuweichen. Vor dem Hintergrund des Handelskonflikts mit Washington dürfte Xi einer erneuten Verschärfung nicht mehr zustimmen. Auch Südkorea bleibt auf Entspannungskurs mit dem Norden. Schließlich kompromittierte Trump die Sicherheitsinteressen Japans, des zentralen Verbündeten in der Region. Wann immer Premier Abe Verstöße Pjöngjangs gegen UN-Auflagen anprangerte, tat der Präsident dies als unerheblich ab. Tokio könnte deshalb künftig versucht sein, seine eigenen Verteidigungskapazitäten auszubauen oder sich stärker an Peking zu orientieren.

Die Fälle China und Nordkorea zeigten die engen Grenzen von Trumps persönlichkeitszentrierter Diplomatie gegenüber wirtschaftsstarken oder nuklear bewaffneten Staaten. Sie mussten angesichts seiner Drohungen nicht einlenken wie kleinere Bündnispartner, die die USA als Schutzmacht oder Absatzmarkt brauchten, sondern konnten auf Augenhöhe verhandeln. Dabei war Trump inhaltlich, intellektuell und emotional regelmäßig überfordert, schätzte die andere Seite falsch ein, gab sich Wunschdenken hin oder beging diplomatische Anfängerfehler. Zugleich blieb sein Streben nach einem spektakulären außenpolitischen Erfolg seinen Gegenübern nicht verborgen. Das unterminierte die Verhandlungsposition des Präsidenten weiter, weil er ihre Hilfe benötigte, um die durch seine pompösen Ankündigungen geweckten innenpolitischen Erwartungen nicht völlig zu enttäuschen. Ohne internationale Koalition, ohne Plan für einen realistischen Kompromiss und ohne diplomatische Finesse blieben die Aussichten auf eine Lösung der Konflikte mit China und Nordkorea gering.

13. «Um einen Gefallen bitten»: Das Impeachment-Verfahren

Die Mueller-Untersuchungen zu den Russlandbeziehungen seines Wahlkampfteams hatte Trump durch eine geschickte Medienstrategie überstanden. Doch anstatt sich künftig fernzuhalten von dubiosen Kontakten mit ausländischen Mächten, schien er erst richtig auf den Geschmack gekommen zu sein. Am 25. Juli 2019, dem Tag nach Muellers finaler Aussage vor dem Repräsentantenhaus, rief der Präsident seinen ukrainischen Amtskollegen Selenskyi an und bedrängte ihn, Ermittlungen gegen den Sohn seines potenziell gefährlichsten Herausforderers in der Demokratischen Partei bei den nächsten Wahlen, Joe Biden, zu veranlassen. Hunter Biden hatte zu der Zeit, als sein Vater Vizepräsident unter Obama war, einen hochdotierten Posten beim ukrainischen Erdgaskonzern Burisma übernommen. Das war unklug, aber nicht illegal. Falls Trump sein Amt jedoch dazu nutzte, einen fremden Staat gegen einen parteipolitischen Konkurrenten zu instrumentalisieren, stellte das ein gravierendes Vergehen dar. Aufgedeckt worden war die Angelegenheit durch einen Geheimdienstmitarbeiter, der das Gespräch routinemäßig mithörte und die beunruhigenden Aussagen als Whistleblower dem dafür zuständigen Generalinspekteur der Dienste mitteilte. Das 30-minütige Telefonat wurde zu einer ernsten Bedrohung für Trumps Präsidentschaft.[1]

Ende August brachte das exzellent vernetzte Online-Politikmagazin *Politico* die Sache an die Öffentlichkeit. Damit stieg der Druck auf die demokratische Sprecherin des Repräsentantenhauses Nancy Pelosi, ein Impeachment-Verfahren gegen den Präsidenten einzuleiten. Sie hatte sich beharrlich gegen linke Parteifreunde gewehrt, Trump in der Russlandaffäre anzuklagen, weil sie einen solchen Schritt für aussichtslos hielt, der noch dazu die Demokraten als schlechte Wahlverlierer und rachsüchtige Eiferer dastehen lassen konnte. Als sich Trump durch seinen Hang zu Intrigen allerdings erneut in die Bredouille brachte, konnte sich Pelosi dem Drängen der Aktivisten nicht mehr entziehen. Am 24. September beauftragte sie drei Ausschüsse damit, zu überprüfen, ob der Präsident und seine Mitarbeiter ihre Macht für «persönliche Interessen» missbraucht hatten.

Trump antwortete auf die Untersuchungen in gewohnter Weise: mit Selbstmitleid und Gegenangriffen. In einem Tweet lamentierte er: «Kein Präsident in der Geschichte unseres Landes wurde so schlecht behandelt wie ich.»[2] Wie schon bei Muellers Ermittlungen sprach er von einer «Hexenjagd» und wie diesen versuchte er, den Vorsitzenden der federführenden Geheimdienstkommission Adam Schiff mit wüsten Anschuldigungen zu diskreditieren. Nachdem Mitarbeiter die Mitschrift des inkriminierenden Telefonats mit Selenskyi zunächst entgegen üblicher Praxis auf einem hochgeheimen Server gespeichert hatten, um den Kreis der Mitwisser möglichst klein zu halten, ließ Trump eine Zusammenfassung des Gesprächs veröffentlichen. Er hoffte, die Debatte mit einem Befreiungsschlag zu beenden, verschlechterte damit seine Lage indes weiter. Bei aller Zweideutigkeit seiner Aussagen offenbarten sie doch, dass der Präsident sein Gegenüber «um einen Gefallen» gebeten hatte: nachzuforschen, ob Kiew 2016 auf Seiten Clintons in den US-Wahlkampf eingegriffen und Biden die Untersuchungen gegen seinen Sohn behindert habe.[3] Das erste war eine seit langem diskreditierte rechtsradikale Verschwörungstheorie, für das zweite gab es keinerlei Anhaltspunkte.

Schnell verdichteten sich die Hinweise auf ein Fehlverhalten des Präsidenten. Obwohl er und seine Minister allen Beamten die Zusammenarbeit mit den Ausschüssen verboten, hielten sich einige nicht daran. Das entstehende Bild war verheerend: Trump hatte über seinen persönlichen Anwalt Giuliani, seinen Stabschef Mulvaney und seinen Botschafter bei der EU Gordon Sondland eine Schattenaußenpolitik an den offiziellen Kanälen vorbei betrieben und die ukrainische Regierung systematisch bedrängt, belastendes Material gegen Biden zu finden. Als der damalige Sicherheitsberater Bolton davon erfuhr, nannte er Giuliani eine «Handgranate, die uns alle in die Luft jagen wird», und verfügte, den Rechtsanwalt des Nationalen Sicherheitsrats über die Parallelaktivitäten zu informieren.[4] E-Mails und Textnachrichten Kurt Volkers, des Ukraine-Sonderbeauftragten des Außenministeriums, sowie Aussagen William Taylors, des Leiters der amerikanischen Botschaft in Kiew, und Alexander Vindmans, eines NSC-Mitarbeiters, belasteten den Präsidenten schwer. Sie belegten, dass Trump angeordnet hatte, der Ukraine vom Kongress genehmigte Militärhilfe von knapp 400 Millionen Dollar vorzuenthalten und Selenskyi so lange einen offiziellen Besuch in den USA zu verweigern, bis Kiew in seine Forderungen einwilligte. Das Nicht-Auszahlen der Gelder erklärte der Rechnungshof später als rechtlich unzulässig. Weil sich die Botschafterin in der Ukraine Marie Yovanovitch für dieses Spiel nicht hergab, wurde sie im Mai 2019 abberufen. Die Demokraten verfügten damit über eine starke Indizienkette für ihren Verdacht, der Präsident habe sein Amt missbraucht.

Je enger sich das Netz um Trump zusammenzog, desto wilder schlug er verbal um sich. Er nannte das Vorgehen einen «Staatsstreich» und «Lynchmord» und bezichtigte Pelosi und andere Demokraten des «Verrats», obwohl es sich beim Impeachment-Verfahren um ein in der Verfassung verankertes Instrument handelte. Wie gewohnt versuchte der Präsident, sich aus der Sache herauszulügen. In den ersten Wochen nach Aufdeckung der Affäre wiederholte er 29 Mal die Falschaussage, der Bericht des Whistleblowers sei nicht akkurat.[5] Obwohl er in einem tiefen Loch steckte, gruben er und einige seiner Mitarbeiter kräftig weiter. Gegenüber Reportern forderte Trump auch China auf, wo Hunter Biden ebenfalls geschäftlich involviert war, ihn und seinen Vater zu untersuchen, und gab damit Vorwürfen neue Nahrung, andere Staaten für eigene politische Zwecke einzuspannen. Giuliani verstrickte sich in Fernsehinterviews in Verschwörungstheorien und Beleidigungsorgien. Und Mulvaney gab in einer Pressekonferenz zu, das Weiße Haus habe die Militärhilfe zurückgehalten, um die politischen Interessen des Präsidenten zu befördern.[6] Damit untergrub er Trumps Argumentationslinie, es sei ihm mit seiner Forderung nach Untersuchungen lediglich um eine allgemeine Korruptionsbekämpfung in der Ukraine gegangen und es habe kein Quid-pro-quo-Geschäft zwischen US-Hilfen und Ermittlungen gegen die Bidens gegeben. Republikanische Parlamentarier verzweifelten zusehends am Dilettantismus und an der Disziplinlosigkeit Trumps und seines Teams, eine Verteidigungsstrategie gegen die drohende Amtsenthebung zu entwickeln. Der Präsident schien mit seinen Provokationen und Widersprüchen eine Anklage geradezu herausfordern zu wollen. Als sich mit Romney ein republikanischer Senator von ihm distanzierte, beschimpfte ihn Trump als «aufgeblasenen Esel» und «Dummkopf» und rief zu dessen Impeachment auf.[7]

Nach den Voruntersuchungen stimmte der Kongress am 31. Oktober 2019 dafür, formale Impeachment-Ermittlungen zu beginnen. Das 232:196-Votum verlief wie erwartet fast völlig entlang parteipolitischer Linien, allein zwei Demokraten in traditionell konservativen Wahlkreisen sprachen sich dagegen aus. Kein einziger Republikaner unterstützte die Resolution. Am 13. November begannen die öffentlichen Anhörungen des

Geheimdienstausschusses, die weitere belastende Details ans Licht brachten. Unter anderem gab Sondland an, ein viel größerer Kreis von Mitarbeitern, darunter Pence und Pompeo, habe viel länger von Trumps Erpressungsmanöver gewusst als bisher bekannt.

Die Fakten zeichneten ein erschreckendes Bild: Der Präsident ordnete die Interessen der eigenen Nation und eines befreundeten Landes skrupellos der Verbesserung seiner Wiederwahlchancen unter. Er schwächte den Partner Ukraine, indem er ihr mitten im Krieg mit Russland 400 Millionen Dollar Militärhilfe – zehn Prozent ihres Verteidigungsetats – vorenthielt und damit sowohl das Leben ihrer Soldaten gefährdete als auch Moskau einen taktischen Sieg verschaffte. Denn nichts sah der Kreml lieber als Spannungen zwischen Kiew und Washington und eine Brüskierung Selenskyis. «Gott sei Dank, dass uns jetzt niemand mehr beschuldigt, wir würden uns in die amerikanischen Wahlen einmischen», triumphierte Putin. «Jetzt beschuldigen sie die Ukraine.»[8]

Trump unter Anklage

Angesichts der Stimmung unter den eigenen Parteigängern blieb Pelosi keine andere Wahl, als den Justizausschuss zu beauftragen, konkrete Anklagepunkte für ein Impeachment des Präsidenten auszuarbeiten, dessen Verbleib im Amt «eine Gefahr für unsere Republik» darstelle.[9] Damit ging das Absetzungsverfahren seinen Gang: Nach der Verfassung klagt das Repräsentantenhaus den Präsidenten mit absoluter Mehrheit an, der Senat befindet nach einem Prozess unter Leitung des Vorsitzenden des Obersten Gerichtshofs darüber. Für eine Verurteilung ist eine Zweidrittelmehrheit der anwesenden Mitglieder nötig.

Zwei Übertretungen, die eine Anklage ermöglichen, sind klar benannt: Landesverrat und Bestechung. Was jedoch «andere schwere Verbrechen und Vergehen» genau sind, die die Verfassung zusätzlich anführt, ist unklar. In den Kommentaren der Gründerväter, den Federalist Papers, schrieb Alexander Hamilton, dies umfasse «den Missbrauch oder das Verletzen des öffentlichen Vertrauens». Es geht demgemäß bei einem Impeachment nicht notwendigerweise um Gesetzesbrüche, sondern um alle Arten gravierender politischer Verfehlungen. Ankläger und Richter sind deshalb keine professionellen Juristen, sondern gewählte Volksvertreter. Sie können eine ungeeignete Person aus dem Amt entfernen, aber keine weitergehenden Strafen aussprechen. Die Absetzung dient allein dem Schutz der bestehenden Ordnung. Wie politisch die Prozedur gemeint war, belegen die beiden bis dahin einzigen Beispiele von Impeachment-Verfahren. Andrew Johnson, der Nachfolger des ermordeten Abraham Lincoln, wurde 1868 von radikalen Republikanern angeklagt, weil er gegenüber den gerade im Bürgerkrieg unterlegenen Südstaaten eine versöhnliche Politik einschlug. Bill Clinton warfen die Republikaner 1998 vor, über seine Liaison mit einer Praktikantin gelogen und sie vertuscht zu haben. Richard Nixon kam der Anklage und sicheren Absetzung wegen der Watergate-Affäre, dem Einbruch in das Wahlkampfhauptquartier der Demokraten, 1973 durch seinen Rücktritt zuvor.

Was den Fall Trump von diesen drei Beispielen unterschied, war die außenpolitische Dimension: Der Präsident erpresste einen Verbündeten, indem er Militärhilfe zurückhielt, um eine Wahl zu gewinnen. Damit ging es nicht mehr allein um eine inneramerikanische Angelegenheit, sondern um die nationale Sicherheit. Es war deshalb nur logisch, dass zunächst der Geheimdienstausschuss ermittelte und danach erst der Justizausschuss übernahm. Dieser präsentierte zwei «articles of impeachment»: Machtmissbrauch wegen der Erpressung der Ukraine, Schmutz gegen Biden zu liefern, und Behinderung des Kongresses durch Trumps Aussageverbot für Schlüsselzeugen aus seiner Administration und das Vorenthalten von angeforderten Dokumenten. Beide Anklagepunkte wurden im Ausschuss entlang parteipolitischer Linien verabschiedet. Damit geschah genau das, was Pelosi unter allen Umständen hatte verhindern wollen: die Amtsenthebung zu einer Auseinandersetzung zwischen Demokraten und Republikanern werden zu lassen. Die Debatten verkamen in der Folge zu einer politischen Schlammschlacht, in der sich beide Seiten nicht einmal auf die grundlegenden Tatsachen einigen konnten und sich gegenseitig als Lügner und Demagogen denunzierten.[10]

Der Präsident, der zu Beginn der Ermittlungen kopflos und unbeherrscht agierte, hielt sich nun mehr und mehr an das Skript, das Clinton 1998 mit Erfolg genutzt hatte: «präsidentiell» erscheinen, sich um die großen Fragen des Landes kümmern und sich nicht in die Verfahrensdetails einschalten. Das führte zu der paradoxen Situation, dass Trump in der schwersten Krise seiner Präsidentschaft am produktivsten und konziliantesten war. Innerhalb von drei Tagen erzielte er mit den Demokraten im Kongress Kompromisse beim Handelsabkommen mit Mexiko und Kanada, beim Militärbudget und beim Haushalt für 2020. Gleichzeitig unternahm der Präsident alles, um seine Anhänger durch Angriffe auf den politischen Gegner aufzupeitschen. *Fox News* und andere konservative Medien wiederholten seine Botschaft, es gebe keinen Beweis für ein Fehlverhalten. Tatsächlich war Trump gerissen genug, das Erpressungsmanöver nie offen beim Namen zu nennen. Pelosi schrieb er einen wütenden sechsseitigen Brief, der voll von Halbwahrheiten und Übertreibungen war und in dem er den Demokraten vorwarf, «einen parteiischen Impeachment-Kreuzzug» gegen ihn zu führen und sich «einer Perversion des Rechts und des Amtsmissbrauchs» schuldig zu machen.[11] Das Verfahren so prinzipiell zu diskreditieren, wie Trump es tat, war ohne Beispiel und rüttelte an den Grundfesten der amerikanischen Demokratie.

Am 18. Dezember 2019 klagte das Repräsentantenhaus Trump als dritten Präsidenten in der Geschichte mit 230:197

und 229:198 Stimmen formal in beiden Punkten an. In der Abstimmung kulminierte ein Vierteljahrhundert immer giftigerer parteipolitischer Konfrontation. Bis auf zwei beziehungsweise drei Demokraten votierten alle für das Impeachment, eine ihrer Abgeordneten enthielt sich, einer wechselte die Partei. Da Trumps Basis geschlossen zu ihm stand, taten dies auch die republikanischen Repräsentanten. Kein einziger stimmte für die Anklage. Der Präsident hielt seine Partei so eisern im Griff wie keiner seiner Vorgänger. Alle Republikaner fürchteten ihn, viele schlossen sich dem Persönlichkeitskult um ihn an, einige begegneten ihm mit fast sklavischer Unterwürfigkeit. Ein Abgeordneter aus Georgia meinte, Jesus sei vor der Kreuzigung fairer behandelt worden als Trump während der Impeachment-Anhörungen.[12] Dank der bedingungslosen Loyalität seiner Wähler und Parteifreunde sah der Präsident, wie ein enger Vertrauter feststellte, das ganze Verfahren als «die beste Folge, das große Finale» seiner ersten Amtszeit.[13]

Der Senatsprozess begann am 16. Januar 2020. Überparteilichkeit war nicht zu erwarten, hatte der mächtige Mehrheitsführer der Kammer, der Republikaner McConnell, doch im Vorfeld eine «totale Koordination» seiner Position mit dem Weißen Haus und Trumps Verteidigerteam versprochen und gesagt, es gebe «null Chance» für eine Absetzung.[14] Das war eine realistische Einschätzung, schließlich kontrollierten die Republikaner 53 von 100 Sitzen in der kleinen Kammer. Parallel zu den Verhandlungen machten ein Mitarbeiter Giulianis sowie Ex-Sicherheitsberater Bolton neue brisante Interna über die Erpressung der Ukraine öffentlich und erschütterten damit die ohnehin schwache Verteidigungsschrift der Anwälte des Präsidenten. Trotzdem lehnten die Senatoren mit 51:49 Stimmen jede weitere Einvernahme von Zeugen und jede frische Beweiserhebung ab. Nur zwei Republikaner – Romney und Susan Collins – unterstützten die 47 Demokraten. Natürlich hatte es auch bei den früheren Impeachments parteitaktische Erwägungen gegeben, aber dieses war das erste, bei dem das

Prinzip akzeptierter Fakten und Belege völlig außer Kraft gesetzt war. Die Realitätsverweigerung der Republikanischen Partei war präzedenzlos, wie so vieles in der Ära Trump.

Nach drei Wochen sprachen die Senatoren den Präsidenten am 5. Februar entlang der Parteigrenzen mit 52 zu 48 beziehungsweise 53 zu 47 Stimmen von den beiden Anklagepunkten frei. Als einziger Republikaner votierte Romney dafür, Trump wegen Machtmissbrauchs zu verurteilen. «Eine Wahl zu korrumpieren, um sich selbst im Amt zu halten», begründete der Senator aus Utah seine Entscheidung, «ist vielleicht die missbräuchlichste und destruktivste Verletzung des Amtseides, die ich mir vorstellen kann.»[15] Mit dieser Sicht stand er in seiner Partei allein. Das ganze Verfahren hatte kaum einen Politiker oder Wähler bewogen, die Ablehnung oder Unterstützung des Präsidenten zu überdenken, ja es hatte die Spaltung der Nation noch verschärft. 48,4 Prozent der Befragten waren am Tag der Schlussabstimmung für, 46,9 Prozent gegen ein Impeachment und eine Amtsenthebung – das spiegelte fast exakt die Wahlergebnisse, die Clinton (48,2 %) und Trump (46,1 %) gut drei Jahre zuvor erzielt hatten.[16] Die Demokraten waren mit ihrem Vorhaben gescheitert, Bürger außerhalb ihrer Wählerschaft von der Schwere der Vergehen des Präsidenten zu überzeugen.

Hatte sich Bill Clinton nach seinem Freispruch im Impeachment-Prozess 1999 entschuldigt und zu «Versöhnung und Erneuerung» aufgerufen, feierte sich Trump als Sieger über die «bösen» und «korrupten» Demokraten, beschimpfte Pelosi als «schreckliche Person» und Romney als «gescheiterten Präsidentschaftskandidaten».[17] Am 6. Februar feuerte er EU-Botschafter Sondland und versetzte NSC-Analyst Vindman, die als Zeugen ausgesagt und ihn belastet hatten. Sogar Vindmans Zwillingsbruder, der als Anwalt im NSC arbeitete, musste seinen Job räumen. «Wir wollen, dass schlechte Leute aus unserer Regierung verschwinden!»[18], twitterte Trump eine Woche später und leitete damit eine weitere Säuberungswelle in der Administration ein. Ministerien mussten Listen von Personen erstellen, die während des Impeachment nicht völlig loyal zu ihm gestanden waren. Prominentestes Opfer war der geschäftsführende Stabschef Mulvaney, weil er es gewagt hatte, Trump öffentlich zu widersprechen. Er wurde ersetzt durch den republikanischen Abgeordneten Mark Meadows, der den Präsidenten in Repräsentantenhaus und Fernsehen während des Amtsenthebungsverfahrens vorbehaltlos unterstützt hatte.

Künftig dürfte es noch schwieriger werden, Trump in seinem egomanen Amtsverständnis Fesseln anzulegen. Denn die Senatsmehrheit erteilte seinem Argument Absolution, er habe richtig gehandelt und könne deshalb Beweismaterial zurückhalten sowie Mitarbeitern die Zusammenarbeit mit dem Kongress verbieten. Das erleichtert es ihm und seinen Nachfolgern, parlamentarische Kontrolle zu sabotieren. Die Machtbalance im politischen System verschob sich mit Trumps Triumph markant zugunsten des Weißen Hauses.

14. «Keep America Great»: Einstieg ins Wahljahr

Offiziell begann Trump seine Wiederwahlkampagne im Juni 2019. Im Grunde jedoch hatte er seit seinem Sieg am 8. November 2016 nie mit dem Wahlkampf aufgehört. Schon am Tage seiner Inauguration meldete er bei der Bundeswahlkommission seine Kandidatur für die Präsidentschaftswahl 2020 an. Damit führte Trump eine Entwicklung in eine neue Dimension, die der Journalist Sidney Blumenthal 1980 als «immerwährende Kampagne»[1] bezeichnet hatte, und die nicht mehr zwischen Regieren und Wahlkämpfen unterschied. Seine erste Großkundgebung bestritt er vor 9000 Fans in Melbourne/Florida am 18. Februar 2017, nur 29 Tage nach der Amtsübernahme. Dass sich der Präsident so frühzeitig für eine erneute Kandidatur registrierte, bot mehrere Vorteile: Er konnte auf diese Weise sofort Wahlkampfspenden sammeln und damit potenzielle parteiinterne Herausforderer abschrecken. Und er erhielt rechtlich die Möglichkeit, öffentliche Auftritte zu Wahlveranstaltungen zu deklarieren und nur Anhänger zuzulassen. Denn nichts liebte Trump mehr, als vor einer ihn frenetisch feiernden Menge zu schwadronieren. Bis Anfang 2020, als die Demokraten mit ihren Vorwahlen begannen, absolvierte er 81 solcher Kundgebungen.

Trump hatte seinen Wählern mit dem Slogan «Make America Great Again» vier Jahre zuvor versprochen, die USA zu alter Größe zurückzuführen. Jetzt lautete seine Parole «Keep America Great». Die Botschaft: Ein Wahlsieg der Demokraten gefährdet alles, was er, Trump, seit 2017 erreicht hatte. Bei seiner Rede zur Lage der Nation am 4. Februar 2020 feierte er das «großartige amerikanische Comeback» und das Ende «der Jahre des ökonomischen Verfalls». Er prahlte, die Wirtschaftslage sei die beste in der Geschichte, das Militär «vollständig» wiederaufgebaut und «die amerikanische Führung in der Welt zurückerlangt».[2] In Wirklichkeit fiel die Bilanz seiner Amtszeit weit weniger positiv aus – für die Innen- und Außenpolitik, aber auch für die Republikanische Partei und insbesondere für die Demokratie.

Trumps nachhaltigster innenpolitischer Erfolg war die Besetzung der Richterstellen auf Bundesebene, vor allem im Supreme Court. Die Berufung extrem konservativer junger Juristen dürfte die Rechtsprechung der USA für mehr als eine Generation prägen. Zudem gelang es dem Präsidenten, mit brachialen Methoden die illegale Immigration zu verringern, selbst wenn der Mauerbau an der Südgrenze des Landes nur langsam voranschritt. Er scheiterte freilich damit, Obamacare zu ersetzen und ein Infrastrukturpaket zu verabschieden. Wirtschaftlich präsidierte Trump drei Jahre lang bis zum Ausbruch der Corona-Pandemie über gute Zeiten: Die Arbeitslosenquote war so niedrig wie seit 50 Jahren nicht mehr, die Aktienmärkte boomten, es gab kaum Inflation, die Realeinkommen stiegen, die Armutsrate sank, das Verbrauchervertrauen war hoch. Trumps Beitrag dazu war gering. Zwar stimulierten die Steuersenkungen die Konjunktur, aber sie flossen größtenteils an die obersten Einkommensschichten und verpufften bald. Und seine Handelskriege belasteten Farmer und Industrie.

Im Kern war die ökonomische Strategie des Präsidenten – Abschottung, Zölle, Subventionen, Budgetdefizite – defensiv und kurzfristig ausgerichtet. Er besaß keine Vision, um die Wettbewerbsfähigkeit und damit den Wohlstand des Landes dauerhaft zu stärken. Wie seinerzeit der Sputnik-Schock 1957, als die Sowjetunion überraschend einen Satelliten in die Erdumlaufbahn beförderte, ein gigantisches Wissenschaftsprogramm auslöste, so wäre den USA nach Meinung der meisten Ökonomen am besten gedient gewesen, wenn sie auf die chinesische Herausforderung ähnlich reagiert hätten. Gerade bei der frühkindlichen Bildung, beim Zugang zu bezahlbaren Colleges und Universitäten, bei der Grundlagenforschung sowie bei Erhalt und Ausbau von Stromnetzen, Straßen, Brücken, Dämmen, Häfen und Kläranlagen hat Amerika Defizite. Sie waren nach drei Jahren Trump größer als zuvor. Seine xenophobe Politik beraubte das Land zudem eines seiner größten Vorteile: seine Offenheit für die bestausgebildeten und leistungsstärksten Arbeitskräfte aus der gesamten Welt. Schließlich war der Präsident beim Kampf gegen den Klimawandel ein Totalausfall. Er leugnete nicht allein seine Existenz, sondern nahm sogar zahlreiche von seinem Vorgänger erlassene Schutzvorschriften zurück.

In der Außenpolitik erfasste der Präsident besser als seine Vorgänger, an welch epochaler Wegmarke die Welt mit dem Aufstieg Chinas und der Rückkehr klassischer Großmachtkonkurrenz stand. Doch seine Antworten waren oberflächlich und widersprüchlich. Anstatt Gegnern energisch und konsequent entgegenzutreten, anstatt bestehende Allianzen zu stärken und neue zu begründen, anstatt sich der mühevollen Aufgabe zu unterziehen, internationale Organisationen und Regelwerke zu reformieren, zog Trump Amerika aus globalen Verpflichtungen zurück, schuf Vakuen, in die Rivalen vorstießen, beschädigte jahrzehntelange Partnerschaften und trieb alte Verbündete in die Arme von Widersachern. In Syrien und Afghanistan sowie gegenüber dem Iran, Nordkorea, der Türkei und den Kurden unterminierte sein Zickzackkurs die Berechenbarkeit und damit den Einfluss Washingtons. Außenpolitik verkam in Trumps Regierungszeit zu einem Mix aus impulsiven Entscheidungen, Selbstglorifizierung und Reality-TV-Show, was kein einziges Problem löste und die USA insgesamt schwächte.

Vertrauen in amerikanische Führung und in amerikanische Schutzgarantien war seit 1945 die wichtigste Währung der internationalen Politik gewesen. Trump zerrüttete dieses Vertrauen beträchtlich. Seine Methode, sich auf das Recht des Stärkeren zu berufen, Freunde wie Feinde zu erpressen und einzuschüchtern, mag kurzfristige Erfolge gezeitigt haben. Doch sie erleichterte es Autokraten, selbst Faustrecht anzuwenden, und befeuerte Vorbehalte gegen die USA – und das weltweit. Zwischen 2013 und 2018 schoss der Anteil der Menschen, die Washington als große Bedrohung sehen, im Durchschnitt von 22 untersuchten Ländern von 25 auf 45 Prozent. Besonders markant war der Anstieg in Deutschland (von 19 auf 49 %), Frankreich (von 20 auf 49 %), Mexiko (von 38 auf 64 %) und Brasilien (von 27 auf 53 %).[3] «Es wird Jahrzehnte dauern», klagte ein hochrangiger amerikanischer Diplomat angesichts der Ukraine-Affäre, «um unsere Glaubwürdigkeit wiederaufzubauen.»[4]

Parteipolitisch gelang es Trump 2016, mit Ethnopopulismus und der Mobilisierung weißer Wähler das Präsidentenamt und beide Häuser des Kongresses für die Republikaner zu erobern. Er erkannte besser als alle Parteigranden das Reservoir an Globalisierungs- und Modernisierungsverängstigten und schwang sich zu deren Volkstribun auf. Mit dieser Kernwählerschaft im Rücken richtete er die Republikanische Partei nach seinem Ebenbild aus. Dadurch fügte Trump ihr allerdings langfristig Schaden zu: Wann immer er aus dem Weißen Haus auszieht, wird er sie als fremden- und minderheitenfeindliche, anti-intellektuelle, protektionistische und fiskalpolitisch verantwortungslose Partei zurücklassen. Für viele ihrer gemäßigten Vertreter bedeutete Trumps radikaler Kurs bereits das politische Ende. Seit seinem Amtsantritt 2017 haben 40 Prozent der republikanischen Abgeordneten ihren Sitz im Repräsentantenhaus in Wahlen verloren oder ihren Rückzug aus der Kammer angekündigt – ein außergewöhnlicher Exodus an politischen Talenten. Berühmtester Abgänger war Sprecher Paul Ryan, lange Zeit der Hoffnungsträger einer modernen Republikanischen Partei. Auch ihr einziger schwarzer Vertreter im Haus, Will Hurd, gab sein Mandat auf, nicht ohne zu warnen: «Wenn die Partei nicht beginnt, wie Amerika auszusehen, wird es diese Partei in Amerika nicht mehr geben.»[5]

Am gefährlichsten ist Trumps Hinterlassenschaft für die Demokratie. Obwohl die Institutionen seinem Ansturm Stand hielten und sich gerade der Föderalismus als Gegengewicht zu den Allmachtfantasien des Präsidenten erwies, verschob dieser doch die Balance im politischen System zu seinen Gunsten. Mit seiner extensiven Interpretation der eigenen Kompetenzen, mit dem Bruch von Gepflogenheiten und Tabus, mit der Missachtung geregelter Entscheidungsverfahren und nicht zuletzt mit dem Regieren per Twitter konzentrierte er außerordentliche Macht in seiner Person und schwächte Kongress, Justiz, Ministerien und Bürokratie. Trump schuf die Turboversion einer neuen «imperialen Präsidentschaft»[6]. Nichts dokumentierte seine Maßlosigkeit besser als sein Tweet auf dem Höhepunkt der Mueller-Untersuchungen, «ich habe das absolute Recht, mich selbst zu BEGNADIGEN»[7].

Trumps Instinkte und sein Habitus sind autoritär, nicht demokratisch, politische Ordnung und Rechtsstaat akzeptiert er nur dann vorbehaltlos, wenn sie ihm zum eigenen Vorteil gereichen. Wo immer möglich, sabotiert er die Kontrollinstrumente von Parlament und Justiz, beschneidet er die Unabhängigkeit von Aufsichtsorganen und autonomen Ämtern, erhebt er bedingungslose Loyalität zu seiner Person zum einzigen Kriterium für die Auswahl seiner Mitarbeiter. Sachkundige und pflichtbewusste Beamte, die den Staatsapparat am Laufen halten, beschimpft der Präsident als finstere Vertreter eines «tiefen Staats», der zerstört werden müsse, um den Volkswillen uneingeschränkt durchzusetzen. Überall wittert er Feinde und Verschwörungen, die seine Mission zu hintertreiben suchen.

In einer weniger gefestigten Demokratie als den USA wäre Trump auf bestem Wege, eine Ein-Personen-Herrschaft wie in Russland, der Türkei oder Ungarn zu errichten, aus seiner Bewunderung starker Männer und seiner Verachtung der Gewaltenteilung macht er jedenfalls nie ein Hehl. Als Chinas Staatschef, ohnehin nicht durch Wahlen, sondern durch Akklamation an die Spitze einer Parteidiktatur gelangt, Anfang 2018 die Amtszeitbegrenzung abschaffte, kommentierte Trump, Xi sei jetzt «Präsident auf Lebenszeit» und fügte hinzu: «Ich denke, das ist großartig. Vielleicht müssen wir das irgendwann einmal probieren.»[8] Trump betrachtet sein Amt offenbar nicht als ein auf Zeit verliehenes Mandat mit verfassungsrechtlichen und gesetzlichen Beschränkungen, sondern als eine absolute Herrschaft mit unbegrenzter Befehlsgewalt.[9]

Last but not least untergrub der Präsident Normen und Werte des amerikanischen Gemeinwesens. Wiederholt denunzierte er unabhängige Medien als «Volksfeinde»[10] und nutzte damit einen Begriff, mit dem totalitäre Herrscher historisch zum Vernichten von Opponenten aufgerufen hatten. Die parteipolitische Polarisierung, bei seinem Amtsantritt bereits extrem ausgeprägt, vertiefte er mit hetzerischen Parolen und spalterischen Handlungen weiter. Mit seiner rohen, unflätigen Sprache, seiner Ausgrenzung anderer, seinem Narzissmus, seiner Rachsucht und seinem rücksichtslosen Verfolgen geschäftlicher und wahltaktischer Vorteile entweihte er das Amt. Dieses ist mehr als eine bloße politische Funktion: Als einziger – neben seinem Stellvertreter – landesweit gewählter Politiker verkörpert der Präsident die Nation nach Innen und Außen. Er ist sowohl Regierungschef als auch Staatsoberhaupt und damit Repräsentant aller Bürger und, wie der Soziologe Robert Bellah argumentierte, Hohepriester der amerikanischen Zivilreligion.[11] Diese Zivilreligion gründet sich auf biblischen Archetypen wie dem gelobten Land, dem auserwählten Volk und der besonderen göttlichen Bestimmung der Nation. Trumps Hofieren von Diktatoren, sein Desinteresse an Menschenrechten, seine Winkelzüge und seine zwielichtigen Regierungspraktiken beschädigten den moralischen Vorbildcharakter der USA und damit ihre globale Attraktivität.

Bei allen Schwächen als Parteiführer und Regierungschef

hatte Obama seine Aufgabe als Staatsoberhaupt erfüllt mit Manieren, Takt, Eloquenz und nicht zuletzt Humor. Seinem Nachfolger fehlen diese Eigenschaften genauso wie ein moralischer Kompass. Sein Recht, Straftäter zu begnadigen, setzte Trump etwa ein für Sheriff Arpaio, verurteilt wegen der Misshandlung von illegalen Einwanderern, oder für Unteroffizier Edward Gallagher, angeklagt wegen mehrerer Kriegsverbrechen im Irak. Als die Staatsanwaltschaft eine lange Haftstrafe für seinen alten Vertrauten Roger Stone forderte, der wegen Kongressbehinderung, Meineid und Zeugeneinschüchterung verurteilt worden war, mischte sich Trump in das laufende Verfahren mit der Drohung ein, ein solcher «Justizirrtum» dürfe nicht erlaubt werden.[12] Die Freiheitsmedaille des Präsidenten vergab er an Rush Limbaugh, den erzkonservativen Radio-Agitator gegen alles Linke und Liberale. Hätten sich wichtige Mitarbeiter wie Lewandowski oder Rechtsberater Don McGahn in der Russland-Affäre nicht seiner Anweisung verweigert, die Ermittlungen Muellers zu sabotieren, wäre Trump wohl bereits von diesem wegen Machtmissbrauchs rechtlich belangt worden. Erst als dritter Amtsinhaber in der 230-jährigen Geschichte einem Impeachment ausgesetzt gewesen zu sein, wird sein Bild dauerhaft beflecken. Mit seinem Handeln und seiner Gesinnung reduzierte Trump die USA weltanschaulich auf ein nur an Eigennutz und Besitzstandswahrung interessiertes Land.

15. «Ich bin überhaupt nicht besorgt»: Die Coronavirus-Pandemie

Während die USA noch im Bann der Konfrontation mit dem Iran, des Impeachment-Prozesses und der Vorwahlen bei den Demokraten standen, breitete sich eine Seuche über die Welt aus. Das Coronavirus stürzte Amerika in die größte Gesundheits- und Wirtschaftskrise seit der Spanischen Grippe am Ende des Ersten Weltkriegs und der Großen Depression in den 1930er Jahren. Die politische Debatte dreht sich seit März 2020 fast ausschließlich um die Frage, wie das Land die Pandemie eindämmen und ihre katastrophalen Folgen bewältigen soll.

Bisher war Trumps Präsidentschaft in relativ ruhigem Fahrwasser verlaufen. Im Gegensatz zu seinen beiden Vorgängern musste er weder auf einen dramatischen Terroranschlag noch auf eine schwere Rezession reagieren. Wenn es Krisen gab in seiner Amtszeit wie den Handelsstreit mit China oder die Spannungen mit dem Iran, hatte sie Trump selbst herbeigeführt und auch teilweise wieder deeskaliert. Jetzt sah er sich der größten Herausforderung seit Generationen gegenüber. Die am meisten geachteten Präsidenten der amerikanischen Geschichte – George Washington, Abraham Lincoln, Franklin Roosevelt – hatten das Land mit sicherer Hand durch existenzielle Gefahren gesteuert. Das Unglück der Nation war es, während der Coronavirus-Pandemie mit Trump einen Mann im Weißen Haus zu haben, dem dafür die Führungsqualitäten und die Charakterstärke fehlten.

Ihren Ausgang nahm die Seuche in der zentralchinesischen Stadt Wuhan. Ende Dezember 2019 erkannten dort Ärzte und Mitarbeiter mehrerer Testlabors, dass eine neue, gefährliche

Lungenkrankheit ausgebrochen war. Doch die Lokalorganisation der allmächtigen Kommunistischen Partei brachte diese Stimmen zum Schweigen, ließ Akten fälschen und vertuschte die Epidemie, um die jährliche Sitzung des regionalen Volkskongresses ungestört abhalten zu können. Besorgte Anfragen einer Task Force der US-Regierung, die Anfang Januar vom neuartigen Virus erfahren hatte, blockten die chinesischen Gesundheitsbehörden systematisch ab. Da Peking zunächst keine internationalen Reisen verbot, schleppten Infizierte das Virus in viele Länder ein. Allein nach Amerika kamen pro Tag 23 000 Chinesen. Erst nach vier Wochen riegelten die Machthaber die Stadt und die Provinz Wuhan ab.

Die USA hatten ihren ersten bestätigten Fall am 20. Januar, einen guten Monat später starben die ersten Menschen. Am 30. Januar erklärte die Weltgesundheitsorganisation (WHO) Sars-Cov-2 zur internationalen Gesundheitsnotlage. Trump reagierte auf die Berichte über das Virus beschwichtigend. Nicht nur ignorierte er seine Geheimdienste, die ihn seit Ende Januar immer dringlicher über die Gefahr informierten, sondern er versuchte auch, warnende Stimmen verstummen zu lassen. Am 24. Februar twitterte er: «Das Coronavirus ist in den USA sehr gut unter Kontrolle. ... Der Aktienmarkt beginnt für mich sehr gut auszusehen!»[1] Als die Direktorin des Nationalen Zentrums für Immunisierung und Atemwegserkrankungen am Tag darauf öffentlich warnte, das Virus könne «das Alltagsleben schwerwiegend stören»[2], rief ein wütender Präsident ihren Vorgesetzten Gesundheitsminister Alex Azar an und brüllte, ihre Kommentare verunsicherten die Börse.[3] Azar teilte den Medien daraufhin gefügig mit, die Direktorin sei zu weit gegangen mit ihrer Einschätzung.

In den folgenden Tagen spielte der Präsident die Zahl der Infizierten herunter und betonte, die Lage werde sich entspannen, wenn die Temperaturen im April stiegen. «Es [das Virus, S.B.] wird verschwinden», sagte er am 27. Februar. «Eines Tages – es ist wie ein Wunder – wird es verschwinden.» Der

Grund für das Schönreden der Situation lag auf der Hand: Er befürchtete von schlechten Nachrichten und harten Maßnahmen einen Einbruch der Wirtschaft und der Börse. Gute ökonomische Daten sollten nämlich ein Hauptargument seiner Wiederwahlkampagne werden. Selbst als die Infektionen in Südkorea, in Italien und im Iran nach oben schnellten und in den USA schon hunderte Fälle bestätigt waren, antwortete Trump eine gute Woche später auf die Frage eines Reporters, ob er beunruhigt sei: «Nein, ich bin überhaupt nicht besorgt. Nein, wir haben eine großartige Arbeit geleistet.»[4] Dabei war entgegen der großspurigen Ankündigung «Meine Regierung wird alle notwendigen Schritte unternehmen, um unsere Bürger vor dieser Bedrohung zu schützen»[5] in seiner Ansprache zur Lage der Nation am 4. Februar kaum etwas passiert. Die einzigen wesentlichen Aktionen, die der Präsident bis Anfang März unternommen hatte, waren am 2. Februar ein Einreisebann für Ausländer, die in den 14 Tagen zuvor in China gewesen waren, und am 24. Februar ein Gesuch an den Kongress, 1,25 Milliarden Dollar für eine verbesserte Bereitschaftsplanung zu genehmigen. Allerdings war der Reisebann so löchrig, dass in den folgenden zwei Monaten fast 40 000 Passagiere aus China ins Land kamen.

Trotz der heraufziehenden tödlichen Gefahr fand Trump im Februar Zeit, Beamte zu entlassen, die er im Impeachment-Verfahren der Illoyalität verdächtigte, und acht Runden Golf zu spielen.[6] Mit Unterstützung der Regierung exportierten amerikanische Hersteller im Januar und Februar sogar zehn Mal mehr Masken, Beatmungsgeräte und Schutzanzüge nach China als normal – Utensilien, die im eigenen Land bald fehlen sollten. Am 11. März erklärte die WHO das Coronavirus zur Pandemie, also zu einer länder- und kontinentübergreifenden Infektionskrankheit. Obwohl die Seuche die USA später heimsuchte als andere Staaten, hatte Trump die entscheidenden ersten Wochen für ihr wirkungsvolles Unterbinden vergeudet.

Angesichts der Eskalation der Pandemie musste Trump seine Beschwichtigungspolitik aufgeben. In einer TV-Ansprache an die Nation zur besten Sendezeit am 11. März versuchte er, sich als Kriegspräsident zu inszenieren. Er verbot Einreisen aus Europa, zögerte aber, durchgreifende Maßnahmen wie Schulschließungen oder soziale Distanzierung zu erwägen und das Land auf das drohende gesundheitliche Unheil vorzubereiten. Erst zwei Tage später rief er den Nationalen Notstand aus und stellte den Bundesstaaten und Kommunen 50 Milliarden Dollar für den Kampf gegen die Seuche zur Verfügung, und erst am 15. des Monats empfahl er, Gruppen von mehr als zehn Personen zu meiden. Dabei hatten Italien und Spanien schon am 9. und 14. März nationale Quarantänen verhängt.

In seinen täglichen Lageberichten traf der Präsident selten den richtigen Ton und schaffte es nicht, die Nation hinter sich zu vereinen. Meist nutzte er die live im Fernsehen übertragenen Briefings zur Selbstdarstellung, für Regierungspropaganda und für persönliche Klagen und Abrechnungen. Hatte Franklin Roosevelt in sorgfältig vorbereiteten «Kamingesprächen» – 30 Radio-Ansprachen während der Großen Depression und des Zweiten Weltkriegs – seinen Landsleuten in Zeiten der Unsicherheit und Verzweiflung die Maßnahmen der Regierung erklärt und Mut zugesprochen, schwadronierte Trump wie bei seinen Wahlkampfveranstaltungen episch und zusammenhanglos über alles, was ihm in den Sinn kam. Jedes Mal, wenn er sich an die Öffentlichkeit wandte, setzte er neue Fehlinformationen in Umlauf. Schon in seiner TV-Ansprache am 11. März hatte er aus der Luft gegriffen verkündet, sein Einreisebann für Europa umfasse alle Personen, also auch US-Staatsangehörige, sowie den Güterhandel. Die Folge waren eine Panik unter amerikanischen Touristen und ein Absturz des Dow Jones. Der Präsident versprach, es werde bald eine Impfung ge-

gen das Virus geben, pries ein Malariamedikament als Wunder-
waffe, das weder medizinische Tests gegen Corona durchlau-
fen hatte, noch dafür zugelassen war, garantierte, Krankenver-
sicherer übernähmen die Behandlungskosten, verkündete, es
gebe ausreichend Testkapazitäten oder Autokonzerne bauten
bereits Beatmungsgeräte, empfahl gar die Injektion von Desin-
fektionsmitteln.

Alle diese Aussagen waren nachweislich falsch und mussten
von Experten korrigiert werden. Der Leiter des Nationalen In-
stituts für Infektionskrankheiten Anthony Fauci offenbarte in
einem Interview, wie schwierig es war, einen Präsidenten zu
beraten, der sich nicht an Fakten hielt. Auf die Frage, wie er
auf dessen Irreführungen reagiere, sagte Fauci, der bei den
öffentlichen Briefings meist neben ihm stand: «Ich kann nicht
vor das Mikrofon springen und ihn nach unten drücken.»[7] In
der Krisenkommunikation lautet Regel Nummer Eins, die
Bürger solide zu informieren, klare Botschaften auszusenden
und ergriffene Maßnahmen zu erläutern. Trump dagegen
agierte inkohärent und planlos. So riet er zum Tragen von
Masken, betonte aber, selbst keine anzulegen, weil er vielleicht «Präsidenten, Premierminister, Diktatoren, Könige,
Königinnen»[8] im Oval Office treffen müsse. Bis Ende März
behauptete er, das Virus sei nicht ernster als eine Grippe, obwohl es erheblich tödlicher war und keine Medikamente oder
Impfungen dagegen existierten.[9]

Neue Unterstützer gewann Trump damit nicht. Während die
Zustimmungsraten für Bush sr. im Irakkrieg 1991 und von
Bush jr. nach 9/11 auf 90 Prozent gesprungen waren und fast
alle US-Gouverneure und europäischen Staats- und Regierungschefs in den Umfragen während der Coronavirus-Krise
hohe Popularitätszuwächse verzeichneten, verharrten Trumps
Werte in der gewohnt engen Spanne von 43 bis 46 Prozent.[10]
Das Schlimmste an seinen wirren Statements war, dass sie,
verstärkt durch konservative Medien, im parteipolitisch tief
gespaltenen Amerika bei seinen Anhängern auf fruchtbaren

Boden fielen. 68 Prozent der Republikaner, aber nur zehn Prozent der Demokraten gaben Mitte März an, der Präsident schätze die Risiken des Coronavirus in etwa richtig ein.[11] In einer Studie fanden drei Politikwissenschaftler heraus: «Parteiidentifikation sagt die Verhaltensweisen, Einstellungen und Präferenzen [in der Pandemie, S. B.] besser vorher als alles andere, was wir messen.»[12] Die Frage, wie ernst man das Virus nahm, hing also primär davon ab, wo man politisch stand. Dies bestärkte republikanische Gouverneure in Florida oder Texas darin, Ausgangsbeschränkungen erst viel später anzuordnen als ihre demokratischen Kollegen in Kalifornien und New York.

Während Trump sich in immer neuen Widersprüchen verstrickte, verhängten mehr und mehr Gouverneure Fabrik- und Geschäftsschließungen, Versammlungsverbote und Ausgangsbeschränkungen. Daraufhin stürzte die Wirtschaft in die tiefste, schnellste und umfassendste Rezession seit Gründung der Nation. Mit dem Coronavirus Aid, Relief, and Economic Security Act (CARES Act) versuchten Kongress und Weißes Haus, die Folgen der Seuche sozial und ökonomisch abzufedern. Das größte Unterstützungspaket der Weltgeschichte in Höhe von 2,1 Billionen Dollar umfasste neben Krediten für Klein- und Großunternehmen Direkthilfen an Krankenhäuser und die Luftfahrtindustrie. Personen mit einem Jahreseinkommen von unter 75 000 Dollar erhielten eine Einmalzahlung von 1200 Dollar plus 500 Dollar für jedes Kind. Davon profitierten mehr als 220 der 330 Millionen Einwohner. Auf Drängen der Demokraten wurde die Arbeitslosenunterstützung erhöht und auf Freiberufler ausgeweitet. Ende April stockte der Kongress das Programm um weitere 484 Milliarden Dollar auf. Insgesamt betrugen die Bundeshilfen 14 Prozent des BIP und damit deutlich mehr als in der EU. Parallel pumpte die Zentralbank vier Billionen Dollar in die Wirtschaft.

Am 27. März, als die USA erstmals international die höchste Zahl bestätigter Infektionen meldeten und weltweit

25 000 Menschen an Covid-19 gestorben waren, trat das Gesetz in Kraft. Obwohl der Kongress CARES fast ohne Gegenstimmen angenommen hatte, lud der Präsident keinen einzigen demokratischen Parlamentarier zur Unterzeichnungszeremonie ein. Außerdem ließ er seine Unterschrift auf die 70 Millionen Schecks an Bürger ohne bekanntes Bankkonto setzen, als ob er persönlich und nicht die amerikanischen Steuerzahler dafür aufkämen. «Ich bin sicher», sagte Trump, «dass die Leute sehr froh sein werden, einen großen, fetten, schönen Scheck zu bekommen, auf dem mein Name steht.»[13] Das war ein weiterer präzedenzloser Akt beim Versuch, die Krise für eine Verbesserung seiner Wahlchancen zu instrumentalisieren.

Wie stets, wenn Dinge schlecht liefen für ihn, suchte der Präsident nach Sündenböcken. Als erstes attackierte er die «Fake News Media», die Demokraten und – natürlich – Barack Obama. Seine politischen Feinde schürten eine Hysterie, argumentierte Trump, um ihn und seine Regierung zu beschädigen. Weil sie ihn mit den Russland-Vorwürfen und dem Impeachment nicht hätten besiegen können, versuchten sie das jetzt mit «ihrem neuen Schwindel»[14]. Die zu geringen Testmöglichkeiten auf das Virus gingen darauf zurück, so der Präsident, dass Obama die Zentren für Seuchenkontrolle und -prävention (CDC) durch seine Reformen geschwächt habe. Während seine Antwort auf die Coronavirus-Pandemie «eine der besten» sei, sei die seines Vorgängers auf die Schweinegrippe in den Jahren 2009/10 «ein vollständiges Desaster»[15] gewesen. Er übernehme «keine Verantwortung»[16], dass es zu wenige Tests gebe. Hatte Trump die Seuchenbekämpfung Xis bis Mitte März gepriesen, wohl aus Angst, andernfalls seine Handelsvereinbarung mit Peking zu gefährden, schwenkte er danach auf Konfrontation um. Um von eigenen Versäumnissen abzulenken, nannte er Sars-Cov-2 ein «ausländisches» und ein «chinesisches Virus»[17] und drohte, Peking auf Schadensersatz zu verklagen. Zudem attackierte er – nicht ohne jede Berechtigung – die WHO, weil sie sich bis Februar Reiserestriktionen für China widersetzt hatte, und kündigte an, die Beitrags-

zahlungen an die Organisation einzustellen und die Zusammenarbeit zu beenden.

Und Trump bemühte sich, die Geschichte umzuschreiben.
Gewohnt unbescheiden sagte er am 16. März auf die Frage
eines Journalisten, wie er die Antwort seiner Regierung auf die
Krise auf einer Skala von 1 bis 10 bewerten würde, er würde
eine 10 geben.[18] Nachdem er den Ernst der Lage lange he-
runtergespielt hatte, behauptete er einen Tag später: «Ich hatte
das Gefühl, dass es eine Pandemie war, lange bevor es Pandemie genannt wurde.»[19] Es folgte ein Tweet: «Ich habe das chinesische Virus immer sehr ernst genommen und von Anfang
an sehr gute Arbeit geleistet.»[20] Der Präsident sagte, das Virus
habe «sich an uns herangeschlichen»[21], obwohl Gesundheitsexperten seit Monaten gewarnt hatten. Am 13. April prahlte er
in einer besonders selbstbezogenen Presseunterrichtung: «Alles,
was wir getan haben, war richtig.»[22]

Abdankung als Führungsmacht

Doch nicht allein als Krisenmanager versagte Trump. Vielmehr zeigte sich, wie sehr seine Politik der vergangenen drei
Jahre die Fähigkeiten der USA beschädigt hatte, mit der Pandemie und ihren Folgen umzugehen. Durch die republikanische
Sabotage von Obamas Gesundheitsreform hatte sich die Zahl
der Amerikaner ohne Krankenversicherung seit 2017 trotz
rekordniedriger Arbeitslosigkeit nicht weiter verringert.
28 Millionen Einwohner waren schutzlos und im Ernstfall auf
die überfüllten Notaufnahmen der Krankenhäuser angewiesen, weitere 75 Millionen besaßen nur eine Police mit Selbst-
behalten in Höhe von Tausenden Dollar. Da die meisten Amerikaner über ihren Arbeitgeber versichert sind, verloren sie
diese mit einem Jobverlust infolge des Lockdowns.

2018 löste Trumps damaliger Sicherheitsberater Bolton ein
Gremium auf, das sich mit der Vorbereitung auf eine Pande-

mie befasste. Im Einklang mit ihrer notorischen Missachtung von Wissenschaft und Expertise hatte die Regierung 700 offene Stellen des Zentrums für Seuchenkontrolle nicht wiederbesetzt und das in China ansässige Personal der Organisation von 47 auf 14 reduziert. Im Juli 2019 strich sie sogar die Position des ins chinesische Seuchenbüro entsandten amerikanischen Epidemiologen. Trumps Politik, den «tiefen Staat» mit seinen Fachleuten zu zerstören und Loyalisten auf alle wichtigen Positionen zu hieven, um die eigenen Projekte ungehindert umsetzen zu können, ließ eine ausgehöhlte Bürokratie unter der Führung inkompetenter Behördenleiter zurück. Dadurch war die Regierung weniger sachkundig, weniger vorbereitet und weniger handlungsfähig, um die dramatische Herausforderung zu bewältigen. Auch fand sich der Staat aufgrund der hemmungslosen Schuldenpolitik Trumps in keiner guten finanziellen Situation, um Notfallpakete zu finanzieren. Die Coronavirus-Pandemie deckte zudem schonungslos auf, wie wenig die USA unter diesem Präsidenten noch zu globaler Führung fähig waren. Im Gegensatz zu 9/11, der Finanzkrise 2008, Aids und Ebola bemühte sich Washington überhaupt nicht mehr, internationale Koalitionen zu schmieden und multilaterale Antworten zu koordinieren.

Zugleich ließ der Präsident jede moralische Führung vermissen. Empathie mit Infizierten oder den Angehörigen von Opfern war ihm fremd. Als er bei einem Pressebriefing am 22. März davon erfuhr, dass sich sein Erzfeind Senator Romney in Selbstquarantäne begeben hatte, kommentierte er maliziös: «Romney in Isolation? Das ist aber schade.»[23] Obwohl ihm seine Gesundheitsexperten davon abrieten, suchte Trump die regionalen Ausgangsbeschränkungen rasch zu beenden. «WIR KÖNNEN NICHT ZULASSEN, DASS DIE HEILUNG SCHLIMMER IST ALS DAS PROBLEM SELBST»[24], twitterte er in Großbuchstaben. Schließlich werde auch das Autofahren nicht verboten, argumentierte er, obwohl es jedes Jahr mehr Menschenleben koste, als es das Coronavirus wahrscheinlich tun werde;[25] zu

Ostern am 12. April wolle er die Kirchen wieder voll sehen. Am 31. März revidierte Trump diesen Kurs, sprach von 100 000 bis 240 000 Toten und mahnte die Bevölkerung, sich auf «zwei höllisch schlechte Wochen»[26] einzustellen. Seit Mitte April, als die täglichen Corona-Todesfälle in den USA ihren Höchststand erreichten, aber auch die Arbeitslosenrate auf 20 Prozent geschnellt war, drängte er auf eine möglichst schnelle Öffnung der Wirtschaft. Er unterstützte öffentlich rechte Gruppen, die gegen die strikten Ausgangsbeschränkungen in einigen Bundesstaaten protestierten. «BEFREIT MICHIGAN!» und «BEFREIT MINNESOTA!» twitterte der Präsident, und «BEFREIT VIRGINIA, und rettet unseren großartigen 2. Verfassungszusatz [den Besitz und das Tragen von Waffen, S. B.]. Er ist unter Belagerung!»[27]

Trump inszenierte sich als Rebell gegen staatliche Kontrollen und angebliche Experten. Das entsprang einem zynischen Kalkül: In den von ihm bei der letzten Präsidentschaftswahl gewonnenen Landkreisen gab es 80 Prozent weniger Corona-Tote und war die Furcht vor dem Virus deshalb viel geringer als in den von den Demokraten dominierten. Als Symbol seiner Auflehnung weigerte sich Trump entgegen dem dringenden Rat der Gesundheitsbehörden, bei Betriebsbesuchen eine Schutzmaske zu tragen.

Im Schatten der Krise beglich Trump alte Rechnungen und höhlte demokratische Prozesse weiter aus. Seinen Vizepräsidenten wies er an, keine um Bundeshilfe bittenden Gouverneure zurückzurufen, die ihm, Trump, nicht «dankbar»[28] seien. Als die Infektions- und Todeszahlen in New York explodierten, schrieb Trump dessen Senator Chuck Schumer einen Brief mit dem Vorwurf, das komme davon, dass sich dieser «auf den lächerlichen Impeachment-Schwindel»[29] konzentriert habe und nicht auf die Vorbereitung auf das Virus. Mitten in der Pandemie feuerte er am 8. April den Kontrolleur der Geheimdienste aus Wut, dass der den Bericht des Whistleblowers über sein Telefonat mit Wolodymyr Selenskyi wie gesetzlich vorgeschrieben an den Kongress weitergeleitet hatte. Kurz danach ersetzte der Präsident den Generalinspekteur des Verteidigungsministeriums, der ein Aufsichtsgremium für das Zwei-Billionen-Pandemie-Rettungspaket leiten sollte, mit einer ihm genehmen Person. Im Mai entließ er drei weitere unabhängige Kontrolleure im Gesundheits-, Verkehrs- und Außenministerium.

Ganz so, als sei man im Krieg, aktivierte Trump den Defense Production Act aus dem Koreakonflikt 1950, der ihm weitreichende Vollmachten gab, Privatunternehmen zum Herstellen bestimmter Güter zu zwingen – offenbar mit dem Ziel, den ihm missliebigen Autokonzern General Motors zu verpflichten, fehlende Beatmungsgeräte zu bauen. Die Gouverneure, die in regionalen Arbeitsgruppen das weitere Vorgehen berieten, ließ er wissen, sie könnten nichts tun «ohne die Zustimmung des Präsidenten der Vereinigten Staaten» und seine «Entscheidungsgewalt ist total»[30] – in Missachtung von Verfassung und 230 Jahren an Urteilen des Obersten Gerichtshofs. Am 15. April drohte er, den Kongress in eine historisch beispiellose Zwangspause zu schicken, um vakante Regierungsposten selbst füllen zu können. Die nationalen Notzeiten wollte der Präsident nutzen, sich Gewaltenteilung, Rechenschaftspflicht und Kontrollorganen zu entziehen und seine Macht auszuweiten. Sogar die Debatte, ob die USA zu allgemeinen Briefwahlen übergehen sollten, um eine Infektion in den Stimmlokalen auszuschließen, sah er rein unter parteipolitischen Gesichtspunkten. Wenn das geschehe, so Trump, würde wegen der stärkeren Beteiligung der Bürger und Betrügereien der Demokraten «nie wieder ein Republikaner in diesem Land gewählt werden»[31]. Das war nicht nur nachweislich falsch, sondern auch infam, weil der Präsident bei den Vorwahlen 2020 selbst per Post abgestimmt und dieses Recht früher für Militärangehörige und Veteranen, ihm besonders gewogene Gruppen, gefordert hatte.

Ende Mai überschritt die Zahl der nachgewiesenen Covid-19-Toten die Marke von 100 000. Damit hatten die USA im Verhältnis zur Bevölkerung etwa so viele Opfer zu beklagen wie Europa, wobei dort die Sterberaten schneller fielen. Die Schwelle war politisch bedeutsam, weil sie Trump beim Ausrufen des Notstands Mitte März zum Maßstab für die Qualität der Regierungsarbeit erklärt hatte: Blieben die Todeszahlen darunter, habe man die Sache sehr gut gemacht. Doch das schien den Präsidenten jetzt nicht mehr zu bekümmern, er redete und twitterte, als ob die Seuche bereits überwunden sei. Dabei deckte sie die sozialen Bruchlinien schonungslos auf: Schwarze starben mehr als doppelt so häufig an Covid-19 wie Weiße, Minderheiten waren weit überproportional von Arbeitsplatzverlusten betroffen. Anstatt die Pandemie als nationale Herausforderung zu sehen und in die Rolle des Landesvaters zu schlüpfen, missbrauchte sie Trump, um die gesellschaftlichen und parteipolitischen Gräben weiter zu vertiefen und Wahlkampfkapital daraus zu schlagen. Während der landesweiten Unruhen nach der Tötung des wehrlosen Schwarzen George Floyd durch weiße Polizisten am 25. Mai gerierte sich der Präsident als Hardliner, drohte mit einem Einsatz der Streitkräfte und heizte die Rassenspannungen an – und das alles, um von seinem Versagen in der Corona-Pandemie abzulenken und seiner weißen Wählerbasis zu suggerieren, er sei die letzte Bastion von Recht und Ordnung im Staat und verteidige sie gegen einen Mob aus radikalen Linken und Minderheiten.

Trumps Führungs- und Charakterschwächen, die seine gesamte Amtszeit prägten, traten in der Coronavirus-Krise auf besonders eklatante Weise zu Tage: Experten geringschätzen, kenntnislos und erratisch daherreden, Verschwörungstheorien verbreiten, Schuld auf andere abwälzen, ungelegene Informationen verdrängen, Kritiker abkanzeln, isolationistischen und unilateralen Instinkten folgen, geordnete Entscheidungsprozesse aushebeln, den parteipolitischen Vorteil suchen, sich selbst überschätzen, persönliche Rachegelüste befriedigen. Was schon in normalen Zeiten Präsidentenamt und politisches System beschädigte, gefährdete jetzt Menschenleben. Die Wähler werden am 3. November 2020 deshalb nicht zuletzt darüber zu entscheiden haben, ob es in der amerikanischen Politik ein Mindestmaß an Rationalität, Kompetenz, Anstand und Würde geben soll.

Anmerkungen

1. «Sie sind gefeuert»: Der Mann und die Marke

1 David Barstow/Susanne Craig/Russ Buettner: Trump Engaged in Suspect Tax Schemes as He Reaped Riches From His Father, New York Times (NYT) 2.10.2018. Die Zahlen sind in Dollars von 2018 angegeben.

2 Zit. bei Michael D'Antonio: Die Wahrheit über Donald Trump, 2016, 85.

3 Zit. bei Aaron Blake: Donald Trump's origin story suffers another severe blow, Washington Post (WP), 8.7.2019.

4 Vgl. «Fordham University confirms Cohen warned it not to disclose Trump's grade», 27.2.2019, PBS. https://www.pbs.org/newshour/politics/fordham-university-confirms-cohen-warned-it-not-to-disclose-trumps-grades (27.7.2019).

5 Vgl. Rebecca Tan/Alex Rabin: Was Trump really a top student at Wharton? His classmates say not much so, The Daily Pennsylvanian, 15.2.2017.

6 Vgl. Steve Eder: Did a Queens Podiatrist Help Donald Trump Avoid Vietnam?, NYT, 26.12.2018.

7 Laura Sodano: Trumps Protz-Penthouse, Frankfurter Allgemeine Zeitung (FAZ), 3.11.2016.

8 Zit. bei Howard Kurtz: Trump the Book on the Tycoon with the Towering Ambition, WP 22.11.1987.

9 Donald Trump (mit Tony Schwartz): Trump. The Art of the Deal, 2017 (engl. Originalausgabe 1987), 70.

10 Trump, 2017, 68 f.

11 Vgl. Michael Kranish/Marc Fisher: Trump Revealed. The Definitive Biography of the 45th President, 2016, 107.

12 Zit. bei Otto Friedrich: Flashy Symbol of an Acquisitive Age: Donald Trump, Time, 16.1.1989.

13 Vgl. George Gallup jr.: The Gallup Poll: Public Opinion 1989, 1990, 3.

14 So Ed Koshner, Herausgeber von New Yorker, Esquire und Daily News. Zit. bei Kranish/Fisher, 110.

15 Vgl Marie Brenner: How Donald Trump and Roy Cohn's Ruthless Symbiosis Changed America, Vanity Fair, 28.6.2017. https://www.vanityfair.com/news/2017/06/donald-trump-roy-cohn-relationship (27.7.2019)

16 Zit. bei Bob Woodward: Furcht. Trump im Weißen Haus, 2018, 11.

17 Zit. bei Kranish/Fisher, 114.

18 Ivana im Interview mit D'Antonio, 194.

19 Vgl. «From the Tower to the White House», The Economist, 20.2.2016.

20 David Segal: His casino business may be down, but Donald Trump is on a roll, WP, 9.9.2004.

21 Zit. bei Kranish/Fisher, 217.

22 Zit. bei Ilan Ben-Meir: That Time Trump Spent Nearly $100,000 On Ad Critizising U. S. Foreign Policy in 1987, Buzzfeed, 10.7.2015. Unterstreichung im Original. https://www.buzzfeednews.com/article/ilanben-meir/that-time-trump-spent-nearly-100000-on-an-ad-criticizing-us (28.7.2019).

23 Zit. bei Howard Kurtz: Trump the Book on the Tycoon with the Towering Ambition, WP, 22.11.1987.

24 D'Antonio, 294.

25 Zit. bei Marc Fisher: Over four decades, Trump's one solid stance: A hard line on trade, WP, 7.3.2018.

26 D'Antonio, 368.

2. «Make America Great Again»: Vom Kandidaten zum Präsidenten

1 «Here's Donald Trump's Presidential Announcement Speech», Time, 16.6.2015. https://time.com/3923128/donald-trump-announcement-speech/ (30.7.2019)

2 Vgl. Susan Welch u. a.: Understanding American Government, 2013, 218f.

3 Vgl. Republican National Committee: Contract with America, 1994.

4 Vgl. Will Bunch: The Backlash. Right-Wing Radicals, Hi-Def Hucksters, and Paranoid Politics in the Age of Obama, 2010, 55 ff; Theda Skocpol/Vanessa Williamson: The Tea Party and the Remaking of Republican Conservatism, 2012, 103f., und Jane Mayer: Dark Money. The Hidden History of the Billionaires Behind the Rise of the Radical Right, 2016, 183 ff.

5 Vgl. Amy Mitchell u. a.: Political Polarization and Media Habits, Pew Research Center, 21.10.2014. https://www.journalism.org/2014/10/21/political-polarization-media-habits/ (1.8.2019)

6 Vgl. Pew Research Center: A Wider Ideological Gap Between More and Less Educated Adults, 26.4.2016. https://www.people-press.org/2016/04/26/a-wider-ideological-gap-between-more-and-less-educated-adults/ (1.8.2019)

7 Vgl. Mark Muro/Jacob Whiton: America has two economies – and they're diverging fast, Brookings, 19.9.2019. https://www.brookings.edu/blog/the-avenue/2019/09/10/america-has-two-economies-and-theyre-diverging-fast/ (9.11.2019) Vgl. auch https://www.nytimes.com/2019/09/25/opinion/trump-economy.html (15.11.2019)

8 Neue Zürcher Zeitung (NZZ), 2.11.2019.

9 Katherine J. Cramer: The Politics of Resentment. Rural Consciousness in Wisconsin and the Rise of Scott Walker, 2016, 55.

10 J. D. Vance: Hillbilly-Elegie: Die Geschichte meiner Familie und einer Gesellschaft in der Krise, 2018 (engl. Originalausgabe 2017).

11 Zit. bei Christoph Eisenring: Der lädierte amerikanische Traum, NZZ, 20.1.2020. Der Artikel basiert auf dem Buch von Anne Case/Angus Deaton: Deaths of Despair and the Future of Capitalism, 2020.

12 Nicholas A. Valentino/Fabian G. Neuner/L. Matthew Vandenbroek: The Changing Norms of Racial Political Rhetoric and the End of Racial Priming, in: The Journal of Politics, November 2016, 80 (3). https://www.researchgate.net/publication/310230276_The_Changing_

Norms_of_Racial_Political_Rhetoric_and_the_End_of_Racial_Priming
(7.8.2019)

13 Seth Stephens-Davidowitz: Everybody Lies, 2017, 6–14.

14 Pew Research Center: Trump's Staunch GOP Supporters Have Roots in the Tea Party, 16.5.2019. https://www.people-press.org/2019/05/16/trumps-staunch-gop-supporters-have-roots-in-the-tea-party/ (1.8.2019)

15 «Republican National Committee's ‹Growth and Opportunity Project› Report», 18.3.2013. https://www.documentcloud.org/documents/624293-republican-national-committees-growth-and.html (1.8.2019)

16 Vgl. Rebecca Kaplan: Will Donald Trump move the needle on the immigration debate, CBS News, 10.7.2015. https://www.cbsnews.com/news/will-donald-trump-move-the-needle-on-the-immigration-debate/ (31.7.2019)

17 Zit. bei Karen Tumulty/Philip Rucker: Trump roils first debate among GOP contenders, WP, 6.8.2015.

18 Zit. bei Aaron Blake: The strange tale of Donald Trump's doctor letter just got stranger, WP, 27.8.2016.

19 Vgl. Louis Jacobson/Manuela Tobias: Has Donald Trump never ‹promoted or encouraged violence›, as Sarah Huckabee Sanders said?, Politifact, 5.7.2017. https://www.politifact.com/truth-o-meter/statements/2017/jul/05/sarah-huckabee-sanders/has-donald-trump-never-promoted-or-encouraged-viol/ (7.8.2019)

20 Donald J. Trump: Think like a Billionaire. Das sollten Sie über das Leben, Erfolg und Immobilien wissen, 2018 (ebook).

21 Vgl. Aaron Blake: 23 bizarre conspiracy theories Trump has elevated, WP, 12.8.2019.

22 Zit. bei Philip Rucker: Trump says Fox's Megyn Kelly had ‹blood coming out of her wherever›, WP, 8.8.2015.

23 Vgl. Tom Kertscher: Donald Trump's racial comments about Hispanic judge in Trump University case, Politifact, 8.6.2016. https://www.politifact.com/wisconsin/article/2016/jun/08/donald-trumps-racial-comments-about-judge-trump-un/ (2.8.2019)

24 Zit. bei Lauren Carroll: Fact-Checking Trump's Claim that thousands in New Jersey cheered when World Trade Center tumbled, Politifact, 22.11.2015. https://www.politifact.com/truth-o-meter/statements/2015/nov/22/donald-trump/fact-checking-trumps-claim-thousands-new-jersey-ch/ (2.8.2019)

25 Steven Hassan: The Cult of Trump, 2019, XIV.

26 Zit. bei Jenna Johnson: Donald Trump: They say I could ‹shoot somebody› and still have support, WP, 23.1.2016.

27 «Memorandum von Matt Braynard», 14.1.2016. Abgedr. in Claire Malone: Trump's Campaign Focused on Attracting Unlikely Voters, A Memo Shows, FiveThirtyEight, 5.8.2016. https://fivethirtyeight.com/features/trump-campaign-memo-unlikely-voters/ (1.8.2019)

28 Zit. nach ebd.

29 Vgl. Michael Bang Petersen/Mathias Osmundsen/Kevin Arceneaux: A «Need for Chaos» and the Sharing of Hostile Rumors in Advanced Democracies, 21.12.2018, 42 S. https://psyarxiv.com/6m4ts/ (10.9.2019)

30 Pew Research Center: Voters' Perceptions of the Candidates: Traits, Ideology and Impact on Issues, 14.7.2016.

31 Vgl. Kranish/Fisher, 338.

32 «Full transcript of Donald Trump's acceptance speech at RNC», Vox, 22.7.2916. https://www.vox.com/2016/7/21/12253426/donald-trump-acceptance-speech-transcript-republican-nomination-transcript (29.8.2019)

33 Vgl. Joshua Green: Devil's Bargain. Steve Bannon, Donald Trump, and the Nationalist Uprising, 2018, 209.

34 So in einem Statement am 22.8.2016. Zit. bei Eliza Collins: Trump calls for the end of the Clinton foundation, USA Today, 22.8.2016.

35 Diese und die folgenden Umfragedaten beziehen sich auf die gewichteten Zahlen von FiveThirtyEight.

36 Zit. bei Abby Phillip: Clinton: Half of Trump's Supporters fit in ‹basket of deplorables›, WP, 9.9.2016.

37 Vgl. Aaron Blake: Voters strongly reject Hillary Clinton's ‹basket of deplorables› approach, WP, 26.9.2016.

38 «Statement by FBI Director James B. Comey on the Investigation of Secretary Hillary Clinton's Use of a Personal E-Mail System», 5.7.2016. https://www.fbi.gov/news/pressrel/press-releases/statement-by-fbi-director-james-b-comey-on-the-investigation-of-secretary-hillary-clinton2019s-use-of-a-personal-e-mail-system (5.8.2019)

39 Zit. bei David Fahrenthold: Trump recorded having extremely lewd conversation about women in 2005, WP, 8.10.2016.

40 Zit. bei Jenna Johnson: Trump apologizes for ‹foolish› comments about women, then attacks the Clintons, WP, 8.10.2016.

41 https://twitter.com/realDonaldTrump/status/784840992734064641 (5.8.2016). Hervorhebung im Original.

42 Vgl. McKay Coppins: The Billion-Dollar Disinformation Campaign to Reelect the President, The Atlantic (March 2020). https://www.theatlantic.com/magazine/archive/2020/03/the-2020-disinformation-war/605530/?mc_cid=2c47458456&mc_eid=39e121522c (8.2.2020)

43 Vgl. Michael Nelson: Trump's First Year, 2018, 18f.

44 Zit. bei Green, 1.

45 Vgl. Rob Griffin u. a.: Voter Trends in 2016. A Final Examination, Center for American Progress, 1.11.2017. https://www.americanprogress.org/issues/democracy/reports/2017/11/01/441926/voter-trends-in-2016/ (7.8.2019)

46 Vgl. Thomas E. Mann: Did ‹elites› get the 2016 US election wrong?, Brookings, 14.4.2017. https://www.brookings.edu/blog/fixgov/2017/04/14/did-elites-get-the-2016-us-election-wrong/ (6.8.2019)

47 Vgl. Hillary Rodham Clinton: What Happened, 2017, 417.

48 Vgl. Michael Wolff: Feuer und Zorn. Im Weißen Haus von Donald Trump, 2018, 43.

3. «Ich bin der einzige, der zählt»: Führungsstil und Mitarbeiter

1 Zit. bei David Sanger: Trump Followed His Gut on Syria. Calamity Came Fast, NYT, 14.10.2019.

2 Zit. bei Chris Cillizza: Donald Trump buried a climate change report because ‹I don't believe it›, CNN Politics, 27.11.2018. https://edition.cnn.com/2018/11/26/politics/donald-trump-climate-change/index.html (30.8.2019)

3 Zit. bei Dartunorro Clark: ‹Go back to School›: Trump assails U. S. intel chiefs after they contradict him on Iran, North Korea, NBC News, 31.1.2019. https://www.nbcnews.com/politics/white-house/go-back-school-trump-assails-u-s-intel-chiefs-after-n964516 (11.8.2019)

4 Zit. bei Philip Rucker/Carol Leonnig: «A Very Stable Genius». Trump gegen die Demokratie, 2020, 180.

5 Wolff, 2018, 337.

6 «Full text: 2017 Donald Trump inauguration speech transcript», Politico, 20.1.2017.

7 Zit. bei Yashar Ali: What George W. Bush Really Thought of Donald Trump's Inauguration, New York Magazine, 29.3.2017.

8 Zit. bei Michael Brice-Saddler: While bemoaning Mueller probe, Trump falsely says the Constitution gives him ‹the right to do whatever I want›, WP, 23.7.2019.

9 Zit. bei Tim Alberta: American Carnage. On the Front Lines of the Republican Civil War and the Rise of President Trump, 2019, 489.

10 Vgl. Aaron Blake: Rex Tillerson on Trump: ‹Undisciplined, doesn't like to read› and tries to do illegal things, WP, 7.12.2018.

11 Zit. bei Maggie Haberman u. a.: Months After John McCain's Death, Trump Keeps Feud With Him Alive, NYT, 20.3.2019.

12 Zit. bei Wolff, 2018, 367. Hervorhebung im Original. Das nächste Zitat steht auf S. 186.

13 Vgl. Ashley Dejean: Exclusive: Classified Memo Tells Intelligence Analysts to Keep Trump's Daily Brief Short, Mother Jones, 16.2.2017.

14 Woodward, 2018, 201.

15 So sein Mitarbeiter Sam Nunberg. Wolff, 2018, 40.

16 Vgl. Steve Holland/Jeff Mason: Embroiled in controversies, Trump seeks boost on foreign trip, Reuters, 17.5.2017.

17 Green, 241.

18 Zit. bei Heather Ba u. a.: Trump is setting records in how few people he has appointed – and how long the take to confirm, WP, 18.1.2018.

19 Vgl. Philip Bump: Trump's year at Trump-brand properties, WP, 31.12.2017.

20 Vgl. S. V. Date: Trump's Golf Costs: $102 Million And Counting, With Taxpayers Picking Up the Tab, Huffpost, 22.5.2019.

21 Alexi McCammond/Jonathan Swan: Scoop: Insider leaks Trump's ‹Executive Time›-filled private schedules, Axios, 3.2.2019. https://www.axios.com/donald-trump-private-schedules-leak-executive-time-34e67fbb-3af6-48df-aefb-52e02c334255.html (11.8.2019)

22 Trump, Art of the Deal (E-Book), ohne Seitenangabe.

23 Vgl. die Memoiren des Sprechers von General Mattis. Guy M. Snodgrass: Holding the Line. Inside Trump's Pentagon With Secretary Mattis, 2019.

24 Anonymous: A Warning, 2019. Zit. nach Philip Rucker: Book by ‹Anonymous› describes Trump as cruel, inept and a danger to the nation, WP, 8.9.2019.

25 Zit. bei Michael Shear/Julie Hirschfeld Davies: Shoot Them in the Legs, Trump Suggested. Inside His Border War, NYT, 1.10.2019.

26 James Poniewozik: The Real Donald Trump Is a Character on TV, NYT, 6.9.2019.

27 Zit. bei Maggie Haberman u. a.: Inside Trump's Hour-by-Hour Battle for Self-Preservation, NYT, 9.12.2017.

28 Vgl. Woodward, 2018, 15 ff und 255. Das Zitat steht auf S. 18.

29 Zit. bei Woodward, 2018, 260.

30 Zit. bei Glenn Kessler: Spicer earns Four Pinocchios for false claims on inauguration crowd size, WP, 22.1.2017, und Jon Swaine: Trump inauguration crowd photos were edited after he intervened, The Guardian, 6.9.2018.

31 Zit. bei Aaron Blake: Kellyanne Conway says Donald Trump's team has ‹alternative facts›. Which pretty much says it all, WP, 22.1.2017.

32 Vgl. Eli Rosenberg: ‹The most bizarre thing I've ever been part of›: Trump panel found no widespread voter fraud, ex-member says, WP, 3.8.2018.

33 Vgl. «President Trump made 16,241 false or misleading claims in his first three years», WP, 20.1.2020.

34 Vgl. McKay Coppins: The Billion-Dollar Disinformation Campaign to Reelect the President, The Atlantic (March 2020). https://www.theatlantic.com/magazine/archive/2020/03/the-2020-disinformation-war/605530/?mc_cid=2c47458456&mc_eid=39e121522c (8.2.2020)

35 Vgl. David Graham: The Education of Donald J. Trump, The Atlantic, 13.4.2017. https://www.theatlantic.com/politics/archive/2017/04/the-education-of-donald-j-trump/522900/ (11.8.2019)

36 Zit. bei Woodward, 2018, 398.

37 Vgl. Peter Bergen: Trump and His Generals. The Cost of Chaos, 2019, 10.

38 Zit. bei Dexter Filkins: Rex Tillerson at the Breaking Point, The New Yorker, 16.10.2017.

39 Vgl. Aaron Blake: 19 things Donald Trump knows better than anyone else, according to Donald Trump, WP, 4.10.2016.

40 Zit. bei Eliza Collins: Trump: I consult myself on foreign policy, Politico, 16.3.2016.

41 Vgl. Matthew Dallek: ‹In the weeds.› Trump is the most aggressive micromanager in the history of the Oval Office, WP, 14.9.2019.

42 Anonymous: A Warning, 2019. Zit. nach Philip Rucker: Book by ‹Anonymous› describes Trump as cruel, inept and a danger to the nation, WP, 8.9.2019.

43 Zit. bei Emily Stewart: Trump tweets that he's a genius and a ‹very stable genius at that!›, Vox, 6.1.2018.

44 U. S. Department of Justice: Report On The Investigation Into Russian Interference In The 2016 Presidential Elections, Washington, D. C. March 2019, 290. https://www.documentcloud.org/documents/5955118-The-Mueller-Report.html (15.9.2019)

45 Zit. bei Woodward, 2018, 131. Das nächste Zitat ist Bildunterschrift 7 auf S. 238.

46 Zit. bei Julie Hirschfeld Davis: Trump's Cabinet, With a Prod, Extols the ‹Blessing› of Serving Him, NYT, 12.6.2017.

47 Zit. bei Paul Schwartzman: Once Trump's loyalist in chief, Michael Cohen delivers a searing account of the president's character, WP, 28.2.2019.

48 Omarosa Manigault Newman: Unhinged. An Insider's Account of the Trump White House, 2018 (E-book).

49 Zit. bei Michael Wolff: Unter Beschuss. Trumps Kampf im Weißen Haus, 2019, 90.

50 Vgl. Wolff, 2019, 240.

51 Zit. bei Ashley Parker/Philip Rucker: ‹You're a prop in the back›: Advisers struggle to obey Trump's Kafkaesque rules, WP, 11.9.2019.

52 Vgl. Rucker/Leonnig, 364.

53 Zit. bei Michael Lewis: ‹This guy doesn't know anything›: the inside story of Trump's shambolic transition team, The Guardian, 27.9.2018. Auch das folgende Zitat stammt aus dieser Quelle.

54 Vgl. ebd.

55 Zit. bei Corey Lewandowski/David Bossie: Let Trump be Trump. The Inside Story of His Rise to the Presidency, 2017, 256.

56 Zit. bei Maggie Haberman/Katie Rogers: ‹Drama, Action, Emotional Power›: As Exhausted Aides Eye the Exits, Trump Is Re-energized, NYT, 10.6.2018.

57 Zit. bei Cloby Itkowitz/Josh Dawsey: John Kelly says he warned Trump he'd be impeached if he hired a ‹yes-man› as chief of staff, WP, 27.10.2019.

58 https://twitter.com/realdonaldtrump/status/1171452880055746560 (12.9.2019)

59 Zit. bei Robert Costa: ‹A presidency of one›. Key federal agencies increasingly compelled to benefit Trump, WP, 2.10.2019.

60 Zit. bei James B. Stewart: Why Trump's Unusual Style Isn't Working in the White House, NYT, 10.1.2019.

61 Alberta, 516.

62 Siehe dazu die großangelegte Auswertung der New York Times. Vgl. McIntire, Mike u. a.: In Trump's Twitter Feed: Conspiracy–Mongers, Racists and Spies, NYT, 2.11.2019, und Michael Shear u. a.: How Trump Reshaped the Presidency in Over 11,000 Tweets, NYT, 2.11.2019.

4. «Ich werde eine große, große Mauer bauen»: Die Einwanderung

1 «Full Text: Donald Trump announces a presidential bid», WP, 16.6.2015.

2 Brian F. Schaffner/Matthew MacWilliams/Tatishe Nteta: Understanding White Polarization in the 2016 Vote for President: The Sobering Role of Racism and Sexism, in: Political Science Quarterly, Spring 2018, 133(1), 9–34.

3 Matthew Fowler u. a.: Why 41 percent of white millenials voted for Trump, WP, 15.12.2017.

4 Wolff, 109.

5 Zit. bei Lesley Kennedy: How the Immigration Act of 1965 Changed the Face of America, History, 12.8.2019. https://www.history.com/news/immigration-act-1965-changes (19.8.2019)

6 Vgl. Jynnah Radford/Luis Noe-Bustamante: Facts on U. S. Immigrants, 2017, Pew Research Center, 3.6.2019.

7 Vgl. Claire Brockway/Carroll Doherty: Growing Share of Republicans say U. S. risks losing its identity if it is too open to foreigners, Pew Research Center, 17.7.2019. https://www.pewresearch.org/fact-tank/2019/07/17/growing-share-of-republicans-say-u-s-risks-losing-its-identity-if-it-is-too-open-to-foreigners/ (21.8.2019)

8 Zit. bei Zeke Miller: Donald Trump Called Germany's Angela Merkel «The Greatest» Last Year, Time, 15.8.2016.

9 Zit. bei Jenna Johnson/John Wagner: Trump condemns Charlottesville violence but doesn't single out white nationalists, NYT, 12.8.2017.

10 Zit. bei Eugene Scott: President Trump says NFL players who protest shouldn't be in the game – and maybe not even in the country, WP, 24.5.2018.

11 Zit. bei Jenna Johnson: Trump calls for ‹total and complete shutdown of Muslims entering the United States›, WP, 7.12.2015.

12 Zit. nach Eugene Kiely: What Did Trump Say at Immigration Meeting?, FactCheck, 16.1.2018. https://www.factcheck.org/2018/01/trump-say-immigration-meeting/ (20.8.2019)

13 Vgl. Joe Ward/Anjali Singhvi: Trump Claims There Is a Crisis at the Border. What's the Reality?, NYT, 11.1.2019.

14 Vgl. Francis Bernat: Immigration and Crime, Oxford Research Encyclopedia, April 2017. https://oxfordre.com/criminology/view/10.1093/acrefore/9780190264079.001.0001/acrefore-9780190264079-e-93 (21.8.2019)

15 Zit. in «Migrant Caravan: What is it and why does it matter?», BBC News, 26.11.2018, und https://twitter.com/realdonaldtrump/status/1054351078328885248?lang=de (3.1.2019)

16 Zit. bei Seung Min Kim/Tony Perry: ‹Our country is full. … So turn around,› Trump warns migrants during border roundtable, WP, 5.4.2019.

17 Vgl. «Public's Priorities for U.S. Asylum Policy: More Judges for Cases, Safe Conditions for Migrants», Pew Research Center, 12.8.2019.

18 Zit. bei Katie Rogers/Nicholas Fandos: Trump Tells Congresswomen to ‹Go Back› to the Countries They Came From, NYT, 14.7.2019.

19 Zit. bei Jon Swaine: Trump renews racist attack on Squad: ‹They're not capable of loving the US›, The Guardian, 21.7.2019.

20 Zit. bei Peter Baker: Trump Assails Elijah Cummings, Calling His Congressional District a Rat-Infested ‹Mess›, NYT, 27.7.2019.

21 Zit. bei Eli Rosenberg: Ann Coulter once called Trump a ‹god›. Now she says he's ‹gutless› if he can't build the wall, WP, 20.12.2018, und Oliver Darcy: Trump boxed in by right-wing media as government shutdown drags on, CNN Business, 17.1.2019.

22 Zit. bei Jacqueline Thomsen: Supreme Court rules Trump can use military funds for border wall construction, The Hill, 26.7.2019.

23 Vgl. Nick Miroff/Josh Dawsey: 'take the land›: President Trump wants a border wall. He wants it black. And he wants it by Election Day, WP, 27.8.2019.

24 Vgl. Chris Kahn: For Trump, appeals to white fears about race may be a tougher sell in 2020: Reuters/Ipsos poll, Reuters, 19.8.2019.

25 Vgl. «America's guest-worker boom», The Economist, 18.1.2020.

26 Vgl. Neil Vigdor: U.S. Population Makes Fewest Gains in Decades, Census Bureau Says, NYT, 30.12.2019. Die Zahlen werden jeweils vom 1. Juli bis zum 30. Juni des Folgejahres berechnet.

27 Vgl. Bradley Jones: Majority of Americans continue to say immigrants strengthen the U.S., Pew Research Center, 31.1.2019. https://www.pewresearch.org/fact-tank/2019/01/31/majority-of-americans-continue-to-say-immigrants-strengthen-the-u-s/ (8.9.2019)

5. «Einfach zu gewinnen»: Handelskonflikte

1 Vgl. Kevin Breuninger/Christina Wilkie: Trump's hard-line views on trade were formed long before he targeted China with Tariffs, CNBC, 12.5.2019. https://www.cnbc.com/2019/05/10/trumps-hard-line-trade-views-were-formed-long-before-china-tariffs.html (5.9.2019)

2 Zit. bei John Phelan: There's No «Lost Money» in Trade, Mr. President, Foundation for Economic Education, 10.5.2019. https://fee.org/articles/there-s-no-lost-money-in-trade-mr-president/ (5.9.2019)

3 Vgl. Paul Krugman: Ricardo's Difficult Idea. https://web.mit.edu/krugman/www/ricardo.htm (5.9.2019)

4 «THE 1992 CAMPAIGN; Transcript of 2d TV Debate Between Bush, Clinton and Perot», NYT, 16.10.1992.

5 Zit. bei J. Bradford DeLong: NAFTA and other trade deals have not gutted American manufacturing – period, Vox, 24.1.2017. https://www.vox.com/the-big-idea/2017/1/24/14363148/trade-deals-nafta-wto-china-job-loss-trump (6.9.2019)

6 «Full Transcript: Donald Trump's jobs plan speech», Politico, 28.6.2016.

7 Vgl. Banjamin Oreskes: POLITICO-Harvard poll: Amid Trump's rise, GOP voters turn sharply away from free trade, Politico, 24.9.2016.

8 Zit. bei Woodward, 2018, 276.

9 https://twitter.com/i/moments/969519906097106944?lang=de (6.9.2019)

10 Vgl. M. Angeles Villareal/Ian F. Fergusson. The North American Free Trade Agreement (NAFTA), Congressional Research Service Report, 24.5.2017.

11 «America's deal with Mexico will make NAFTA worse», The Economist, 30.8.2018.

12 https://twitter.com/realDonaldTrump/status/1204408551034228737 (12.12.2019)

13 Vgl. USITC: U. S.-Mexico-Canada Agreement. Likely Impact on the U. S. Economy and on Specific Industry Sectors, April 2019, 14.

14 Zit. bei Peter Müller: ‹The Germans Are Bad, Very Bad›, Spiegel Online International, 26.5.2017.

15 Zit. bei Julie Hirschfeld Davis/Katie Rogers: Trump, on Eve of Putin Meeting, Calls E.U. a Trade ‹Foe›, NYT, 15.7.2018.

16 Zit. bei Ana Swanson: Trump Lifts Metal Tariffs and Delays Auto Levies, Limiting Global Trade Fight, NYT, 17.5.2019.

17 Vgl. Richard Partington: Donald Trump attacks ECB for ‹currency manipulation›, The Guardian, 18.6.2019.

18 Vgl. David Lynch: Trump signs off on deal to ease China trade war, WP, 13.12.2019.

19 Vgl. Aaron Flaaen/Ali Hortaçsu/Felix Tintelnot: The Production, Relocation, and Price Effects of US Trade Policy: The Case of Washing Machines, Becker Friedman Institute, Working Paper 2019–61, 18.4.2019. https://bfi.uchicago.edu/working-paper/the-production-relocation-and-price-effects-of-us-trade-policy-the-case-of-washing-machines/ (7.9.2019)

20 Vgl. Paul Blustein: Schism. China, America and the Fracturing of the Global Trading System, 2019, S. 174.

21 Zit. bei «How Donald Trump thinks about trade», The Economist, 9.11.2016.

22 Vgl. Daron Acemoglu u. a.: Import Competition and the Great US Employment Sag of the 2000s, Journal of Labor Economics, Vol. 34/ No S.1 (Part2/January 2016), S. 141–198, hier S. 181.

23 «Statement from President Donald J. Trump on Additional Proposed Section 301 Remedies». The White House, 5.4.2018. https://www.whitehouse.gov/briefings-statements/statement-president-donald-j-trump-additional-proposed-section-301-remedies/ (7.9.2019)

24 Zit. bei Alan Rappeport/Keith Bradsher: Trump Says He Will Raise Existing Tariffs on Chinese Goods to 30%, NYT, 23.8.2019. Großbuchstaben im Original.

25 Vgl. Chad Bown: Phase One China Deal. Steep Tariffs Are the New Normal, Peterson Institute for International Economics, 19.12.2019. https://www.piie.com/blogs/trade-and-investment-policy-watch/phase-one-china-deal-steep-tariffs-are-new-normal?mc_cid=f095d98e65&mc_eid=39e121522c (21.12.2019)

26 Zit. bei Alan Rappeport u. a.: Initial China Trade Deal Defuses Tensions, but U.S. Still Has Concerns, NYT, 13.12.2019, und Thomas Schürpf u. a.: Die USA und China unterzeichnen eine erstes Abkommen – die wichtigsten Antworten zum Handelsstreit, NZZ, 15.1.2020.

27 Vgl. C. Fred Bergsten: Trade Balance and NAFTA Renegotiation, Peterson Institute for International Economics, Policy Brief 17–23, June 2017, 9 S., hier S. 2.

6. «Beste Wirtschaft der Geschichte»: Deregulierung und Steuersenkung

1 Vgl. Zac Auter: Voters Prefer Trump on Economy, Clinton on Most Other Issues, Gallup, 26.9.2016. https://news.gallup.com/poll/195809/voters-prefer-trump-economy-clinton-issues.aspx (23.8.2019)

2 Vgl. Bureau of Labor Statistics: The rise in women's share of nonfarm employment during the 2007–2009 recession: a historical perspective, April 2014. https://www.bls.gov/opub/mlr/2014/article/the-rise-in-women-share-of-nonfarm-employment.htm (27.8.2019)

3 Vgl. Kerwin Kofi Charles/Erik Hurst/Mariel Schwartz: The transformation of manufacturing and the decline in U.S. employment, National Bureau of Economic Research, Working Paper 24468, March 2018.

4 Vgl. Christopher Leonard: Kochland. The Secret History of Koch Industries and Corporate Power in America, 2019.

5 https://www.federalregister.gov/documents/2017/02/03/2017–02451/reducing-regulation-and-controlling-regulatory-costs (30.8.2019)

6 Vgl. Mark Muro: Another Clinton-Trump divide? Low-carbon vs. high-carbon America, Brookings, 15.12.2016. https://www.brookings.edu/blog/the-avenue/2016/12/15/low-carbon-vs-high-carbon-america/ (1.12.2019)

7 Vgl. Institute for Policy Integrity of the New York University School of Law: Roundup: Trump-Era Agency Policy in the Courts (Stand 10.1.2020). https://policyintegrity.org/trump-court-roundup (12.1.2020)

8 Zit. bei Alison Durkee: Trump is angry that automakers don't want his anti-climate change policy, Vanity Fair, 22.8.2019. https://www.vanity-

fair.com/news/2019/08/trump-auto-industry-fuel-emission-standards-california (30.8.2019)

9 Zit. bei Matthew Goldstein/Stacy Cowley: Casting Wall Street as Victim, Trump Leads Deregulatory Charge, NYT, 27.11.2017.

10 Zit. bei Kranish/Fisher, 291, Sean Sullivan u. a.: Trump, Clinton spar over Obamacare; campaign ends big-ticket fundraisers, WP, 25.10.2016 und «Trump promises a ‹beautiful› healthcare plan, but it's pretty basic», LA Times, 3.3.2016.

11 Vgl. Lydia Saad: ‹Obamacare› Still Earns a Split Decision From Americans, Gallup, 29.4.2019. https://news.gallup.com/poll/249146/obamacare-earns-split-decision-americans.aspx (31.8.2019)

12 Zit. bei Jessie Hellmann: Trump: ‹Nobody knew that healthcare could be so complicated›, The Hill, 27.2.2017. https://thehill.com/policy/healthcare/321318-trump-nobody-knew-that-healthcare-could-be-so-complicated (30.8.2019)

13 Martin Wolf: A Republican tax plan built for plutocrats, Financial Times, 21.11.2017.

14 Vgl. Ben Casselman/Jim Tankersley: Face It: You (Probably) Got a Tax Cut, NYT, 14.4.2019.

15 «Transcript: Donald Trump's Victory Speech», NYT, 9.11.2016.

16 Zit. bei Annie Karni u. a.: Trump and Democrats Agree to Pursue $2 Trillion Infrastructure Plan, NYT, 30.4.2019.

17 Vgl. «Voting behaviour: From boom to ballot box», The Economist, 11.1.2020.

18 Vgl. Mark Muro/Jacob Whiton: As midterm elections near, smaller, redder places show more economic growth, Brookings, 9.9.2018. https://www.brookings.edu/blog/the-avenue/2018/09/06/as-midterm-elections-near-smaller-redder-places-show-more-economic-growth/ (29.8.2019) und «Delayed reaction. Immigration to America is down. Wages are up», The Economist, 13.2.2020.

19 Zit. bei «Trump says he wouldn't stop Fed chair Powell if he offered to resign», Reuters, 24.8.2019.

7. «Das ist eure letzte Chance»: Kulturkriege

1 Zit. bei Jonathan Martin/Alexander Burns: Abortion and Gay Marriage Are Absent from Donald Trump's Appeal to Evangelicals, NYT, 9.9.2016.

2 Vgl. Colby Itkowitz: 1 in every 4 circuit court judges is now a Trump appointee, WP, 22.12.2019.

3 Russell Wheeler: Appellate Court vacancies may be scarce in coming years, limiting Trump's impact, Brookings, 6.12.2018. https://www.brookings.edu/blog/fixgov/2018/12/06/trump-impact-on-appellate-courts/ (10.9.2019)

4 Zit. bei Adam Liptak: Chief Justice Defends Judicial Independence After Trump Attacks ‹Obama Judge›, NYT, 21.11.2018.

5 Vgl. Marisa Iati: Southern Baptist Convention's flagship seminary details its racist, slave-owning past in stark report, WP, 12.12.2018.

6 «President Trump Hosts Faith Leaders at the White House», 4.5.2017. https://www.whitehouse.gov/articles/president-trump-hosts-faith-leaders-white-house/ (12.9.2019)

7 Vgl. David Crary: Trump steadily fulfills goals on religious right wish list, AP, 20.8.2019. https://www.apnews.com/c8626c6bdbab4e3f8232ea 1499a6954b (12.9.2019)

8 Jerry Falwell: The Future Word: An Agenda for the Eighties, in ders./Ed Dobson/Edward Hindson (eds.): The Fundamentalist Phenomenon. A Resurgence of Conservative Christianity, 1981, 215.

9 Vgl. Christopher Connelly: Why American evangelicals are a huge base of support for Israel, Public Radio International, 24.10.2016. https:// www.pri.org/stories/2016–10-24/why-american-evangelicals-are-huge-base-support-israel (11.9.2019)

10 Jürgen Moltmann: Die Endzeit hat begonnen, Die Zeit, 12.12.2002.

11 Vgl. Stephen Spector: Evangelicals and Israel, 2009, Kap. 7.

12 Vgl. Samantha Smith/Carroll Doherty: 5 facts about how Americans view the Israeli-Palestinian conflict, Pew Research Center, 23.5.2016.

13 Zit. bei M. J. C. Warren: Why ‹Judeo-Christian values› are a dog-whistle myth peddled by the far right, The Conversation, 7.11.2017. https://the-conversation.com/why-judeo-christian-values-are-a-dog-whistle-myth-peddled-by-the-far-right-85922 (13.9.2019)

14 Vgl. Gregory Smith: U. S. Jews are more likely than Christians to say Trump favors Israelis too much, Pew Research Center, 6.5.2019.

15 Katherine Stewart: Why Trump Reigns as King Cyrus, NYT, 31.12.2018.

16 Vgl. Christina Zhao: Nearly three-quarters of white evangelicals approve of Donald Trump, Newsweek, 22.7.2019.

17 Zit. bei Tom McCarthy: Faith and freedoms: why evangelicals profess unwavering love for Trump, The Guardian, 7.7.2019.

18 Zit. bei Sarah Pulliam Bailey: ‹I am the chosen one›: Trump again plays on messianic claims as he embraces ‹King of Israel› title, WP, 21.8.2019.

19 Zit. bei Julie Zauzmer: Trump uttered what many supporters consider blasphemy. Here's why most will probably forgive him, WP, 14.9.2019.

20 Vgl. «The politicisation of white evangelical Christianity is hurting it», The Economist, 28.2.2019.

21 Michael Gerson: Why white evangelicals should panic, WP, 29.8.2019.

8. «America First»: Die Trump-Doktrin

1 Vgl. Stephan Bierling: Die Revolution findet nicht statt, FAZ, 17.11.2017.

2 «Full text: 2017 Donald Trump inauguration speech transcript», Politico, 20.1.2017.

3 «Remarks by President Trump to the 72nd Session of the United Nations General Assembly», 19.9.2017. https://www.whitehouse.gov/ briefings-statements/remarks-president-trump-72nd-session-united-nations-general-assembly/ (17.11.2019)

4 «Remarks by President Trump to the 73rd Session of the United Nations General Assembly», 25.9.2018. https://www.whitehouse.gov/ briefings-statements/remarks-president-trump-73rd-session-united-nations-general-assembly-new-york-ny/ (17.11.2019)

5 «Remarks by President Trump to the 74th Session of the United Na-

tions General Assembly», 25.9.2019. https://www.whitehouse.gov/
briefings-statements/remarks-president-trump-74th-session-united-
nations-general-assembly/ (17.11.2019)

6 Zit. bei Abby Ohlheiser: Trump didn't delete his tweet calling global
warming a Chinese hoax, WP, 27.9.2016.

7 «Statement by President Trump on the Paris Climate Accord», 1.6.2017.
https://www.whitehouse.gov/briefings-statements/statement-presi-
dent-trump-paris-climate-accord/ (18.11.2019)

8 Vgl. z. B. Climate Analytics: Fact check: Trump's Paris Agreement withdrawal announcement, 14.6.2017. https://climateanalytics.org/briefings/
fact-check-trumps-paris-agreement-withdrawal-announcement/
(18.11.2019)

9. «Einer der größten Feinde»: EU, Nato und Deutschland im Fadenkreuz

1 «Remarks by Secretary Gates at the Security and Defense Agenda,
Brussels, Belgium», 10.6.2011. https://archive.defense.gov/Transcripts/
Transcript.aspx?TranscriptID=4839 (22.11.2019)

2 Zit. bei Jeffrey Goldberg: The Obama Doctrine, The Atlantic, April
2016. https://www.theatlantic.com/magazine/archive/2016/04/the-
obama-doctrine/471525/ (23.11.2019)

3 «Transcript: Donald Trump on NATO, Turkey's Coup Attempt and the
World», NYT, 21.7.2016.

4 Zit. bei Ashley Parker: Donald Trump, in Scotland, Calls ‹Brexit› Re-
sult ‹a Great Thing›, NYT, 24.6.2016.

5 «Pressestatement von Bundeskanzlerin Merkel zum Ausgang der
US-Präsidentschaftswahl am 9. November 2016», 9.11.2016. https://
www.bundeskanzlerin.de/bkin-de/aktuelles/pressestatement-von-bun-
deskanzlerin-merkel-zum-ausgang-der-us-praesidentschafts-
wahl-am-9-november-2016–844040 (23.11.2016)

6 Zit. bei Angelique Chrisafis: Macron pulls out all the stops on Bastille
Day as Trump leaves satisfied, The Guardian, 14.7.2017.

7 Zit. bei Peter Müller: ‹The Germans Are Bad, Very Bad›, Der Spiegel,
26.5.2017. https://www.spiegel.de/international/world/trump-in-brus-
sels-the-germans-are-bad-very-bad-a-1149330.html (24.11.2019)

8 «Remarks by President Trump at NATO Unveiling of the Article 5 and
Berlin Wall Memorials – Brussels, Belgium», 25.5.2017. https://www.
whitehouse.gov/briefings-statements/remarks-president-trump-nato-
unveiling-article-5-berlin-wall-memorials-brussels-belgium/
(24.11.2019)

9 Vgl. Susan Glaser: Trump National Security Team Blindsided by NATO
Speech, Politico, 5.6.2017.

10 ‹G7 Taormina Gipfelerklärung›, 27.5.2017, 5.

11 Zit. bei Bernd Ulrich: Ihr langer Weg nach Trudering, Die Zeit, 31.5.2017.

12 Zit. bei Michael Shear/Catherine Porter: Trump Refuses to Sign G-7
Statement and Calls Trudeau ‹Weak›, NYT, 9.6.2018.

13 «Remarks by President Trump and NATO Secretary General Jens Stoltenberg at Bilateral Breakfast», 11.7.2018. https://www.whitehouse.
gov/briefings-statements/remarks-president-trump-nato-secretary-ge-
neral-jens-stoltenberg-bilateral-breakfast/ (24.11.2019)

14 Zit. bei Ewen Mac Askill: Angela Merkel hits back at Donald Trump at Nato summit, The Guardian, 11.7.2018.

15 «Remarks by President Trump at Press Conference After NATO Summit, Brussels, Belgium», 12.7.2018. https://www.whitehouse.gov/briefings-statements/remarks-president-trump-press-conference-nato-summit-brussels-belgium/ (25.11.2019)

16 Tom Newton Dunn: Trump's Brexit Blast, The Sun, 13.7.2018. https://www.thesun.co.uk/news/6766531/trump-may-brexit-us-deal-off/ (25.11.2019)

17 «I Think the European Union is a foe,» Trump says ahead of Putin meeting in Helsinki, CBS News, 15.7.2018. https://www.cbsnews.com/news/donald-trump-interview-cbs-news-european-union-is-a-foe-ahead-of-putin-meeting-in-helsinki-jeff-glor/ (24.11.2019)

18 «Trump's international ratings trail those of some other world leaders», Pew Research Center, 28.9.2018. https://www.pewresearch.org/global/2018/10/01/2-faith-in-the-u-s-president-remains-low/pg_2018-10-1_u-s-image_2-3/ (1.12.2019)

19 Vgl. Susi Dennison: Give the people what they want: Popular demand for a strong European foreign policy, European Council on Foreign Relations, 10.9.2019. https://www.ecfr.eu/publications/summary/popular_demand_for_strong_european_foreign_policy_what_people_want (5.12.2019)

20 Vgl. Richard Wike u. a.: Trump Ratings Remain Low Around Globe, While Views of U. S. Stay Mostly Favorable, Pew Research Center, 8.1.2020. https://www.pewresearch.org/global/2020/01/08/trump-ratings-remain-low-around-globe-while-views-of-u-s-stay-mostly-favorable/ (13.1.2020)

21 ‹Macht der Willkür›, Süddeutsche Zeitung (SZ), 24./25.7.2019, 4.

22 Zit. bei «A president on a mission», The Economist, 9.11.2019, 17–20, hier 18.

23 Deutscher Bundestag, Stenografischer Bericht, 130. Sitzung, 27.11.2019, 16270.

24 «London Declaration». Issued by the Heads of State and Government participating in the meeting of the North Atlantic Council in London, 3–4 December 2019. https://www.nato.int/cps/en/natohq/official_texts_171584.htm?mc_cid=31b6aad11f&mc_eid=39e121522c#utm_source=twitter&utm_medium=natosg&utm_campaign=191204%2Bmeeting (6.12.2019)

25 Vgl. «SIPRI Military Expenditure Database». https://www.sipri.org/databases/milex (1.12.2019)

26 Frank Hoffman/Molly Dinneen: Examining NATO's Progress: Common Goals, Shared Burdens, Foreign Policy Research Institute, 6.7.2018. https://www.fpri.org/article/2018/07/examining-natos-progress-common-goals-shared-burdens/ (1.12.2019)

27 Vgl. Allison Graves: Fact-check: Donald Trump says Germany owes ‹vast sums of money to NATO›, Politifact, 19.3.2017. https://www.politifact.com/truth-o-meter/statements/2017/mar/19/donald-trump/fact-check-donald-trump-says-germany-owes-vast-sum/ (2.12.2019)

10. «Ich glaube Ihnen»: Russland-Kapriolen

1 Trump im Interview mit Joe Scarborough auf «Morning Joe» am 18.12.2015. Zit. bei Andrew Kaczynski u. a.: 80 times Trump talked about Putin, CNN politics. https://edition.cnn.com/interactive/2017/03/politics/trump-putin-russia-timeline/ (21.10.2019)

2 Zit. bei Wolff, 2018, 386.

3 Zit. bei U. S. Department of Justice: Report On The Investigation Into Russian Interference In The 2016 Presidential Elections (Mueller Report), Washington, D. C., March 2019, Vol. I, 1. https://www.documentcloud.org/documents/5955118-The-Mueller-Report.html (7.11.2019)

4 Ebd., 49

5 Intelligence Community Assessment: Assessing Russian Activities and Intentions in Recent US Elections, 6.1.2017, II. https://www.dni.gov/files/documents/ICA_2017_01.pdf (8.11.2019)

6 Vgl. David Nakamura/Greg Miller: Trump, CIA on collision course over Russia's role in U. S. election, WP, 10.12.2016, und «Donald Trump rejects CIA Russia hacking report», BBC News, 11.12.2016.

7 Zit. bei Louis Nelson: Trump tweets praise of Putin: ‹I always knew he was very smart!›, Politico, 30.12.2016.

8 Zit. bei Abby Philip: O'Reilly told Trump that Putin is a killer. Trump's reply: ‹You think our country is so innocent›, WP, 5.2.2017.

9 Vgl. Shane Harris u. a.: Trump told Russian officials in 2017 he wasn't concerned about Moscow's interference in U. S. elections, WP, 28.9.2019.

10 Zit. bei Carol Leonnig u. a.: Trump's national security advisers warned him not to congratulate Putin. He did it anyway, WP, 21.3.2018. Hervorhebung im Original.

11 Zit. bei Greg Miller: Trump has concealed details of his face-to-face encounters with Putin from senior officials in administration, WP, 13.1.2019.

12 Vgl. «Trump, Putin held a second, undisclosed meeting at G20 summit», Reuters, 19.7.2019.

13 Zit. bei Brett Samuels: Intel chief: I'm not in a position to ‹understand fully› what happened at Trump-Putin meeting, The Hill, 2.8.2018.

14 https://twitter.com/realdonaldtrump/status/1018738368753078273?lang=de und https://twitter.com/mfa_russia/status/1018803468805566464 (8.11.2019). Hervorhebungen im Original.

15 «Read the full transcript of the Helsinki press conference», Vox, 17.7.2018. https://www.vox.com/2018/7/16/17576956/transcript-putin-trump-russia-helsinki-press-conference (4.1.2019)

16 Wolff, 2019, 271, 274.

17 Zit. bei James Masters: ‹Putin's poodle›: Newspapers around the world react to Trump-Putin meeting, CNN World, 17.7.2018. https://edition.cnn.com/2018/07/17/europe/trump-putin-summit-newspaper-reaction-intl/index.html (4.1.2019)

18 Zit. bei Mark Landler/Maggie Haberman: A Besieged Trump Says He Misspoke on Russian Election Meddling, NYT, 17.7.2018.

19 Vgl. Kristen Bialik: Putin remains overwhelmingly unpopular in the United States, Pew Research Center, 26.3.2018.

20 Zit. bei «G20 summit: Trump jokes to Putin about Russian election meddling», BBC News, 28.6.2019.

21 Zit. bei Peter Baker: U.S. Policy on Russia? Trump and His Team Might Give Different Answers, NYT, 20.1.2019.

22 Vgl. Ruth Igielnik: Trump Draws Stronger Support From Veterans Than From the Public on Leadership of U.S. Military, Pew Research Center, 10.7.2019.

23 Vgl. Jonathan Landay/David Rohde: Exclusive: In call with Putin, Trump denounced Obama-era nuclear arms treaty – sources, Reuters, 9.2.2017.

24 Zit. bei Alberto Nardelli/Julia Ioffe: Trump Told G7 Leaders That Crimea Is Russian Because Everyone Speaks Russian In Crimea, Buzzfeed, 14.6.2018.

25 Zit. bei Carol Leonnig: Former White House officials say they feared Putin influenced the president's views on Ukraine and 2016 campaign, WP, 19.12.2019.

26 Zit. bei Greg Jaffe/Josh Dawsey: A presidential loathing for Ukraine is at the heart of the impeachment inquiry, WP, 2.11.2019.

27 Zit. bei Megan Specia: Winners and Losers in Trump's Planned Troop Withdrawal from Syria, NYT, 20.12.2018.

28 Zit. bei Steven Erlanger/Katrin Bennhold: Rift Between Trump and Europe Is Now Open and Angry, NYT, 17.2.2019.

11. «Instabil und chaotisch»: Der Mittlere Osten

1 Vgl. Stephan Bierling: Geschichte des Irakkriegs. Der Sturz Saddams und Amerikas Albtraum im Mittleren Osten, 2010.

2 «Transcript: Donald Trump's Foreign Policy Speech», NYT, 27.4.2016.

3 Vgl. Pieter Wezeman u.a.: Trends in international arms transfers, 2018, SPIRI Fact Sheet, March 2019, 2, 11.

4 Zit. bei Jen Kirby: Read: senators introduce resolution calling Saudi crown prince «complicit» in Khashoggi's murder, Vox, 5.12.2018. https://www.vox.com/2018/12/5/18128161/senate-resolution-mbs-complicit-khashoggi-murder (6.12.2019)

5 «Read the Full Transcript of Trump's Speech on the Iran Nuclear Deal», NYT, 8.5.2018.

6 Vgl. Michael Shear u.a.: Strikes on Iran Approved by Trump, Then Abruptly Pulled Back, NYT, 20.6.2019.

7 https://twitter.com/realdonaldtrump/status/1173368423381962752 (7.12.2019) und Anne Gearan: Trump's dual instincts on Iran: Big threats and an eagerness to deal, WP, 17.9.2019.

8 Zit. bei Annie Karni: A Narrative Collapses as Trump Tweets: ‹It Doesn't Really Matter›, NYT, 13.1.2020.

9 Zit. bei James Ball: Obama issues Syria a ‹red line› warning on chemical weapons, WP, 20.8.2012.

10 Vgl. Eric Schmitt/Helene Cooper: Hundreds of U.S. Troops Leaving, and Also Arriving in, Syria, NYT, 30.10.2019.

11 Vgl. David Sanger: Trump Followed His Gut on Syria. Calamity Came Fast, NYT, 14.10.2019.

12 https://twitter.com/realdonaldtrump/status/1181232249821388801?lang=de (8.12.2019)

13 https://twitter.com/trish_regan/status/1184559361638748161?ref_src=
   twsrc%5Etfw%7Ctwcamp%5Etweetembed%7Ctwterm%5E11845593
   61638748161&ref_url=https%3A%2F%2F (8.12.2019)

14 Zit. bei Karen DeYoung u. a.: Trump decided to leave troops in Syria
   after conversations about oil, officials say, WP, 26.10.2019.

15 Zit. bei Michael Crowley: ‹Keep the Oil›: Trump Revives Charged Slogan for New Syria Troop Mission, NYT, 26.10.2019.

16 Zit. bei Monica Langley/Gerard Baker: Donald Trump, in Exclusive
   Interview, Tells WSJ He Is Willing to Keep Parts of Obama Health Law,
   WSJ, 11.11.2016.

17 Zit. bei David Smith: Aipac decries Donald Trump's criticism of
   Obama at pro-Israel group's event, The Guardian, 22.3.2016.

18 Vgl. Craig Whitlock: At war with the truth, WP, 9.12.2019.

19 Vgl. Peter Winkler: Afghanistan ist nicht Vietnam, NZZ, 11.12.2019.

20 Zit. bei Jacob Pramuk: What Trump said about Afghanistan before he
   became president, CNBC, 21.8.2017. https://www.cnbc.com/2017/08/
   21/what-trump-said-about-afghanistan-before-he-became-president.
   html (9.12.2019)

21 Vgl. Sarah Almukhtar/Rod Nordland: What Did the U. S. Get for 2 Trillion in Afghanistan?, NYT, 9.12.2019.

22 «Full Transcript and Video: Trump's Speech on Afghanistan», NYT,
   21.8.2017.

23 Vgl. Peter Baker u. a.: How Trump's Plan to Secretly Meet With the
   Taliban Came Together, and Fell Apart, NYT, 8.9.2019.

24 Trump, 2017, 53.

12. «Feuer und Zorn»: Krisenherd Ostasien

1 So US-Vizeaußenminister Robert Zoellick in einer Rede im Jahr 2005.
   Zit. bei Julia Bowie: China. A Responsible Stakeholder?, The National
   Interest, 10.5.2016. https://nationalinterest.org/blog/the-buzz/china-
   responsible-stakeholder-16131 (14.12.2019)

2 Niall Ferguson: The trillion dollar question. China or America?, The
   Daily Telegraph, 1.6.2009. https://www.telegraph.co.uk/comment/
   5424112/The-trillion-dollar-question-China-or-America.html
   (14.12.2019)

3 Hillary Clinton: America's Pacific Century, Foreign Policy, 11.10.2011.
   https://foreignpolicy.com/2011/10/11/americas-pacific-century/
   (14.12.2019)

4 Vgl. «Theft of F-35 design data is helping U. S. adversaries – Pentagon»,
   Reuters, 19.6.2013. https://www.reuters.com/article/usa-fighter-
   hacking/theft-of-f-35-design-data-is-helping-u-s-adversaries-pentagon-
   idUSL2N0EV0T320130619 (3.1.2019)

5 Vgl. David B. Larter: White House tells the Pentagon to quit talking
   about ‹competition› with China, Navy Times, 26.9.2016. https://www.
   navytimes.com/news/your-navy/2016/09/26/white-house-tells-the-
   pentagon-to-quit-talking-about-competition-with-china/ (15.12.2019)

6 «Piers Morgan Tonight. One-on-One with Donald Trump», CNN,
   9.2.2011. http://transcripts.cnn.com/TRANSCRIPTS/1102/09/pmt.01.
   html (14.12.2019)

7 Zit. bei Doug Palmer/Ben Schreckinger: Trump vows to declare China a currency manipulator on Day One, Politico, 11.10.2015. https://www.politico.com/story/2015/11/donald-trump-china-currency-manipulation-215679 (14.12.2019)

8 Stephen Bannon: Steve Bannon. We're in an economic war with China. It's futile to compromise, WP, 6.5.2019.

9 «National Security Strategy of the United States of America», December 2017, 25.

10 Vgl. «China v America. A new kind of cold war», The Economist, 16.5.2019.

11 Department of Defense: Indo-Pacific Strategy Report. Preparedness, Partnerships, and Promoting a Networked Region, Washington, D.C., 1.6.2019, 8.

12 Gerlinde Groitl: Selbstschwächung versus Konfrontation. Die Außenpolitik der USA gegenüber der Volksrepublik China in der Ära Trump; in: Lukas Herr u.a. (Hg.): Weltmacht im Abseits. Amerikanische Außenpolitik in der Ära Trump, 2019, 125–152, hier 133.

13 Vgl. Ashley Townshend/Brendan Thomas-Noone/Matilda Steward: Averting Crisis. American Strategy, Military Spending and Collective Defence in the Indo-Pacific, United States Study Center/Sydney, 19.8.2019. https://www.ussc.edu.au/analysis/averting-crisis-american-strategy-military-spending-and-collective-defence-in-the-indo-pacific (16.12.2019)

14 Douglas Paal: America's Future in a Dynamic Asia, Carnegie Endowment for International Peace, 31.1.2019. https://carnegieendowment.org/2019/01/31/america-s-future-in-dynamic-asia-pub-78222 (16.12.2019)

15 Vgl. Demetri Sevastopulo u.a.: Trump blasts US-Japan defence alliance ahead of G20, Financial Times, 27.6.2019.

16 Vgl. Jennifer Jacobs: Trump Muses Privately About Ending Postwar Japan Defense Pact, Bloomberg, 25.6.2019.

17 Vgl. Bergen, 295.

18 Public Law No: 115_409 (12/31/2018), Asia Reassurance Initiative Act of 2018. https://www.congress.gov/bill/115th-congress/senate-bill/2736/text (19.12.2019)

19 Vgl. David Sanger/William Broad: Trump Inherits a Secret Cyberwar Against North Korean Missiles, NYT, 4.3.2017.

20 Zit. bei «North Korea missile test: US seeks Security Council meeting», BBC News, 4.7.2017. https://www.bbc.com/news/world-asia-404 97972 (19.12.2019)

21 Zit. bei Peter Baker/Choe Sanh-Hun: Trump Threatens ‹Fire and Fury› Against North Korea if It Endangers U.S., NYT, 8.8.2017.

22 https://twitter.com/realDonaldTrump/status/895970429734711298 (19.12.2019)

23 Zit. bei Woodward, 2018, Bildunterschrift 27, 257.

24 «Remarks by President Trump to the 72nd Session of the United Nations General Assembly», 19.9.2017. https://www.whitehouse.gov/briefings-statements/remarks-president-trump-72nd-session-united-nations-general-assembly/ (19.12.2019)

25 Zit. bei Michael Nelson: Trump's First Year, 2018, 124f.

26 https://twitter.com/realDonaldTrump/status/948355557022420992 (2.1.2019)

27 Vgl. Wolff, 2019, 216f.

28 Zit. bei Michael Crowley u. a.: Trump says Kim meeting will be about ‹attitude›, not prep work, Politico, 7.6.2018.

29 «Joint Statement of President Donald J. Trump of the United States of America and Chairman Kim Jong Un of the Democratic People's Republic of Korea at the Singapore Summit», 12.6.2018. https://www.whitehouse.gov/briefings-statements/joint-statement-president-donald-j-trump-united-states-america-chairman-kim-jong-un-democratic-peoples-republic-korea-singapore-summit/ (20.12.2019)

30 https://twitter.com/realDonaldTrump/status/1006837823469735936 (20.12.2019). Großschreibung im Original.

31 Zit. bei Roberta Rampton: ‹We fell in love.› Trump swoons over letters from North Korea's Kim, Reuters, 30.9.2018. https://www.reuters.com/article/us-northkorea-usa-trump/we-fell-in-love-trump-swoons-over-letters-from-north-koreas-kim-idUSKCN1MA03Q (21.12.2019)

32 Vgl. Simon Denyer: How Trump's North Korea nuclear talks gambit came undone, WP, 22.12.2019.

33 Zit. bei Gardiner Harris/Choe Sang-Hun: North Korea Criticizes ‹Gangster-Like› U. S. Attitude After Talks With Mike Pompeo, NYT, 7.7.2018.

34 David Sanger/William Broad: In North Korea, Missile Bases Suggest a Great Deception, NYT, 12.11.2018, und Joseph Bermudez u. a.: Undeclared North Korea. Missile Operating Bases Revealed, CSIS/Beyond Parallel, 12.11.2018. https://beyondparallel.csis.org/north-koreas-undeclared-missile-operating-bases/ (20.12.2019)

35 «The day North Korea talks collapsed, Trump passed Kim a note demanding he turn over his nukes», CNBS, 30.3.2019. https://www.cnbc.com/2019/03/30/with-a-piece-of-paper-trump-called-on-kim-to-hand-over-nuclear-weapons.html (20.12.2019)

36 Zit. bei Matthias Müller: Pjongjangs Uhr im Atomkonflikt tickt, NZZ, 17.12.2019.

37 Andrew Restuccia u. a.: Transcript. Politico interviews President Donald Trump on Joe Biden, impeachment, Bill Barr, North Korea, Politico, 10.5.2019.

38 Zit. bei John Wagner/Anne Gearan: Trump downplays North Korea missile testing, vouches for Kim as a ‹friend›, WP, 2.8.2019.

39 Zit. bei David Sanger/William Broad: North Korea Missile Test ‹Very Standard› to Trump, Show Signs of Advancing Arsenal, NYT, 2.9.2019.

40 Zit. bei Julia Masterson/Kelsey Davenport: North Korea, United States Issue Threats as Deadline Approaches, Arms Control Association, 11.12.2019. https://www.armscontrol.org/blog/2019–12-11/north-korea-denuclearization-digest (21.12.2019)

41 Zit. bei Joby Warrick: North Korea never halted efforts to build powerful new weapons, experts say, WP, 23.12.2019.

13. «Um einen Gefallen bitten»: Das Impeachment-Verfahren

1 Zu den Hintergründen siehe Peter Winkler: Wie aus dem Drehbuch eines Mafia-Films, NZZ, 4.12.2019.

2 Zit. bei Philip Rucker: Staring down impeachment, Trump sees himself as a victim of historic proportions, WP, 29.9.2019.

3 «Read the Trump-Ukraine phone call readout», Politico, 25.9.2019.

4 Zit. bei Peter Baker/Nicholas Fandos: Bolton Objected to Ukraine Pressure Campaign, Calling Giuliani ‹a Hand Grenade›, NYT, 14.10.2019.

5 Vgl. «President Trump has made 13,435 false or misleading claims over 993 days», WP, 14.10.2019.

6 Vgl. Jeva Lange: 24 hours in the Rudy zone, The Week, 25.9.2019. https://theweek.com/articles/867634/24-hours-rudy-zone (25.10.2019), und Michael Shear/Katie Rogers: Mulvaney Says, then Denies, That Trump Held Back Ukraine Aid as Quid Pro Quo, NYT, 17.10.2019.

7 Zit. bei Colby Itkowitz: Trump uses vulgarity, calls for Romney's impeachment after senator criticizes president's China, Ukraine appeals, WP, 5.10.2019.

8 Zit. bei Andreas Rüesch: Weshalb Putin Gott und den Republikanern dankt, NZZ, 23.11.2019.

9 Zit. bei Nicholas Fandos: Pelosi Says House Will Draft Impeachment Charges Against Trump, NYT, 5.12.2019.

10 Vgl. Michael Shear: The Breach Widens as Congress Nears a Partisan Impeachment, NYT, 13.12.2019.

11 «Read Trump's Letter to Pelosi Protesting Impeachment», WP, 17.12.2019.

12 Vgl. Jonathan Martin/Maggie Haberman: Fear and Loyality. How Donald Trump Took Over the Republican Party, NYT, 21.12.2019.

13 Zit. bei Ashley Parker/Josh Dawsey: ‹The grand finale›: Inside Trump's push to rack up political victories as impeachment looms, WP, 14.12.2019.

14 Zit. bei Mike DeBonis: McConnell's vow of ‹total coordination› with White House on Senate impeachment trial angers Democrats, WP, 13.12.2019.

15 Zit. bei Seung Min Kim: In historic vote, Trump acquitted of impeachment charges, WP, 6.2.2020.

16 «Did Americans Support Removing Trump From Office?» 12.2.2020. https://projects.fivethirtyeight.com/impeachment-polls/ (14.2.2020)

17 Zit. bei Peter Baker: Trump Hails Acquittal and Lashes Out at His ‹Evil› and ‹Corrupt› Opponents, NYT, 6.2.2020.

18 https://twitter.com/realdonaldtrump/status/1227958133550649346 (10.4.2020)

14. «Keep America Great»: Einstieg ins Wahljahr

1 Sidney Blumenthal: The Permanent Campaign, 1980.

2 «Full Transcript: Trump's 2020 State of the Union Address», NYT, 5.2.2020.

3 Vgl. John Gramlich/Kat Devlin: More people around the world see U. S. power and influence as a ‹major threat› to their country, Pew Research Center, 14.2.2019. https://www.pewresearch.org/fact-tank/2019/02/14/more-people-around-the-world-see-u-s-power-and-influence-as-a-major-threat-to-their-country/ (9.12.2019)

4 Zit. bei «The dirty mob», The Economist, 23.11.2019, 21f., hier 21.

5 Zit. bei Rachael Bade: Trump's Takeover of GOP forces many House Republicans to head for the exits, WP, 22.9.2019.

6 Arthur Schlesinger jr.: The Imperial Presidency, 1973.

7 https://twitter.com/realdonaldtrump/status/1003616210922147841?la ng=de (6.2.2020). Hervorhebung im Original.

8 Zit. bei Kevin Liptak: Trump on China's Xi consolidating power. ‹Maybe we'll give that a shot some day›, CNNpolitics, 4.3.2018. https://edition.cnn.com/2018/03/03/politics/trump-maralago-remarks/index.html (9.4.2020)

9 Vgl. Susan Hennessey/Benjamin Wittes: Unmaking the Presidency. Donald Trump's War on the World's Most Powerful Office, 2020.

10 Vgl. Andrew Higgins: Trump Embraces ‹Enemy of the People,› a Phrase With a Fraught History, NYT, 26.2.2017.

11 Vgl. Robert Bellah: Civil Religion in America, in: Daedalus, Vol. 96, No. 1 (Winter 1967), 1–21. http://www.robertbellah.com/articles_5.htm (23.11.2019)

12 https://twitter.com/realDonaldTrump/status/1227122206783811585 (12.2.2020)

15. «Ich bin überhaupt nicht besorgt»:
Die Coronavirus-Pandemie

1 https://twitter.com/realdonaldtrump/status/1232058127740174339 (12.4.2020)

2 Zit. bei Michael Shear u. a.: Inside Trump Administration, Debate Raged Over What to Tell Public, NYT, 7.3.2020.

3 Vgl. Shane Harris u. a.: U. S. Intelligence reports from January and February warned about a likely pandemic, WP, 21.3.2020.

4 Zit. bei Rem Rieder: Trump's Statements About the Coronavirus, Factcheck Posts, 18.3.2020. https://www.factcheck.org/2020/03/trumps-statements-about-the-coronavirus/ (10.4.2020)

5 «Remarks by President Trump in State of the Union Address», 4.2.2020. https://www.whitehouse.gov/briefings-statements/remarks-president-trump-state-union-address-3/ (12.4.2020)

6 Zu Trumps Reaktionen auf die Coronavirus-Seuche siehe David Frum: This Is Trump's Fault, The Atlantic, 7.4.2020 und Eric Lipton u. a.: He Could Have Seen What Was Coming. Behind Trump's Failure on the Virus, NYT, 11.4.2020.

7 Zit. bei Jon Cohen: ‹I'm going to keep pushing.› Anthony Fauci tries to make the White House listen to facts of the pandemic, Science, 22.3.2020. https://www.sciencemag.org/news/2020/03/i-m-going-keep-pushing-anthony-fauci-tries-make-white-house-listen-facts-pandemic (11.4.2020)

8 Zit. bei «C. D. C. Recommends Wearing Masks in Public; Trump Says, ‹I'm Choosing Not to Do It›», NYT, 3.4.2020.

9 Vgl. Linda Qiu: Analyzing the Patterns in Trump's Falsehoods About Coronavirus, NYT, 27.3.2020.

10 Vgl. FiveThirtyEight: «How Popular Is Donald Trump?» https://projects.fivethirtyeight.com/trump-approval-ratings/voters/ (11.4.2020)

11 Pew Research Center: U. S. Public Sees Multiple Threats From the

Coronavirus – and Concerns are Growing, 18.3.2020. https://www.peo-ple-press.org/2020/03/18/u-s-public-sees-multiple-threats-from-the-coronavirus-and-concerns-are-growing/ (11.4.2020)

12 Shana Kushner Gardarian/Sara Wallace Goodman/Thomas B. Pe-pinsky: Partisanship, Health Behavior, and Policy Attitudes in the Early Stages of the COVID-19 Pandemic (27.3.2020), 37 S., hier S. 8. ht-tps://papers.ssrn.com/sol3/papers.cfm?abstract_id=3562796 (13.4.2020)

13 Zit. bei Toluse Olorunnipa/Lisa Rein: Trump denied he wanted his name on stimulus checks. Here's how it happened, WP, 16.4.2020.

14 Zit. in «Trump says the coronavirus is the Democrats' ‹new hoax›», CNBC Politics, 28.2.2020. https://www.cnbc.com/2020/02/28/trump-says-the-coronavirus-is-the-democrats-new-hoax.html (10.04.2020)

15 https://twitter.com/realDonaldTrump/status/1238410044263333894 (10.4.2020) und https://twitter.com/realDonaldTrump/status/1238288890431036423 (10.4.2020)

16 «Remarks by President Trump, Vice President Pence, and Members of the Coronavirus Task Force in Press Conference», 13.3.2020. https://www.whitehouse.gov/briefings-statements/remarks-president-trump-vice-president-pence-members-coronavirus-task-force-press-confe-rence-3/ (13.4.2020)

17 https://twitter.com/realDonaldTrump/status/1239685852093169664 (12.4.2020) und zit. bei James Griffiths: Trumps and Beijing agree on the coronavirus being someone else's fault, CNN, 18.3.2020. https://edition.cnn.com/2020/03/17/asia/trump-chinese-virus-tweet-intl-hnk/index.html (12.4.2020)

18 «Remarks by President Trump, Vice President Pence, and Members of the Coronavirus Task Force in Press Briefing», 16.3.2020. https://www.whitehouse.gov/briefings-statements/remarks-president-trump-vice-president-pence-members-coronavirus-task-force-press-briefing-3/ (11.4.2020)

19 Zit. bei Katie Rogers: Trump Now Claims He Always Knew the Corona-virus Would be a Pandemic, NYT, 17.3.2020.

20 https://twitter.com/realdonaldtrump/status/1240243188708839424 (12.4.2020)

21 «Remarks by President Trump, Vice President Pence, and Members of the Coronavirus Task Force in Press Briefing», 18.3.2020. https://www.whitehouse.gov/briefings-statements/remarks-president-trump-vice-president-pence-members-coronavirus-task-force-press-briefing-5/ (10.4.2020)

22 Zit. bei Aaron Blake: Trump's propaganda-laden, off-the-rails corona-virus briefing, WP, 14.4.2020.

23 Zit. bei Rebecca Klar: Trump after hearing Romney is in self-quaran-tine: ‹Gee, that's too bad›, The Hill, 22.3.2020.

24 https://twitter.com/realdonaldtrump/status/1241935285916782593 (13.4.2020)

25 «Remarks by President Trump, Vice President Pence, and Members of the Coronavirus Task Force in Press Briefing», 24.3.2020. https://www.whitehouse.gov/briefings-statements/remarks-president-trump-vice-president-pence-members-coronavirus-task-force-press-briefing-9/ (13.4.2020)

26 Zit. bei «White House Projects 100K to 240K US Deaths From Virus», NYT, 31.3.2020.
27 Zit. bei «Trump calls to ‹LIBERATE› states where people are protesting social distancing restrictions», NYT, 17.4.2020. Großschreibung im Original-Tweet.
28 «Remarks by President Trump, Vice President Pence, and Members of the Coronavirus Task Force in Press Briefing», 27.3.2020. https://www.whitehouse.gov/briefings-statements/remarks-president-trump-vice-president-pence-members-coronavirus-task-force-press-briefing-13/ (12.4.2020)
29 Zit. bei Caroline Kelly/Jason Hoffman: Trump letter attacking Schumer is sent as President says ‹this is not the time for politics›, CNN Politics, 3.4.2020. https://edition.cnn.com/2020/04/02/politics/trump-schumer-letter-politics/index.html (12.4.2020)
30 Zit. bei «Coronavirus Updates: Trump Insists He Has ‹Total› Authority to Supersede Governors», NYT, 13.4.2020.
31 Zit. bei Philip Bump: Trump, who has lied about voting for years, disparages voting by mail for self-serving reasons, WP, 8.4.2020.

Bibliografie

Nicht aufgeführt sind die in den Endnoten belegten Quellen wie Reden, Interviews, Pressekonferenzen und Tweets sowie Artikel aus Zeitungen, Publikumszeitschriften und Online-Medien.

Acemoglu, Daron u. a.: Import Competition and the Great US Employment Sag of the 2000s, in: Journal of Labor Economics, 34/S1 (Part2/January 2016), S. 141–198.

Alberta, Tim: American Carnage. On the Front Lines of the Republican Civil War and the Rise of President Trump, 2019.

Anonymous: A Warning, 2019.

Bellah, Robert: Civil Religion in America, in: Daedalus, 96/1 (1967), S. 1–21.

Bergen, Peter: Trump and His Generals. The Cost of Chaos, 2019.

Bierling, Stephan: Geschichte des Irakkriegs. Der Sturz Saddams und Amerikas Albtraum im Mittleren Osten, 2010.

Blumenthal, Sidney: The Permanent Campaign, 1980.

Blustein, Paul: Schism. China, America and the Fracturing of the Global Trading System, 2019.

Bunch, Will: The Backlash. Right-Wing Radicals, Hi-Def Hucksters, and Paranoid Politics in the Age of Obama, 2010.

Bureau of Labor Statistics: The rise in women's share of nonfarm employment during the 2007–2009 recession: a historical perspective, April 2014.

Case, Anne/Deaton, Angus: Deaths of Despair and the Future of Capitalism, 2020.

Charles, Kerwin Kofi/Hurst, Erik/Schwartz, Mariel: The transformation of manufacturing and the decline of U. S. employment, National Bureau of Economic Research, Working Paper 24468, March 2018.

Cramer, Katherine L.: The Politics of Resentment. Rural Consciousness in Wisconsin and the Rise of Scott Walker, 2016.

D'Antonio, Michael: Die Wahrheit über Donald Trump, 2016.

Falwell, Jerry: The Future Word. An Agenda for the Eighties, in: ders./Dobson, Ed/Hindson, Edward (Hg.): The Fundamentalist Phenomenon. A Resurgence of Conservative Christianity, 1981.

Flaaen, Aaron/Hortaçsu, Ali/Tintelnot, Felix: The Production, Relocation, and Price Effects of US Trade Policy: The Case of Washing Machines, Becker Friedman Institute, Working Paper 2019–61, 18.4.2019.

Gallup, George jr.: The Gallup Poll: Public Opinion 1989, 1990.

Green, Joshua: Devil's Bargain. Steve Bannon, Donald Trump, and the Nationalist Uprising, 2018.

Groitl, Gerlinde: Selbstschwächung versus Konfrontation. Die Außenpolitik der USA gegenüber der Volksrepublik China in der Ära Trump, in: Herr, Lukas u. a. (Hg.): Weltmacht im Abseits. Amerikanische Außenpolitik in der Ära Trump, 2019, S. 125–152.

Hassan, Steven: The Cult of Trump, 2019.

Hennessey, Susan/Wittes, Benjamin: Unmaking the Presidency. Donald Trump's War on the World's Most Powerful Office, 2020.

Jacobson, Gary C.: Presidents and Parties in the Public Mind, 2019.

Kranish, Michael/Fisher, Marc: Trump Revealed. The Definitive Biography of the 45th President, 2016.

Leonard, Christopher: Kochland. The Secret History of Koch Industries and Corporate Power in America, 2019.

Lewandowski, Corey/Bossie, David: Let Trump be Trump. The Inside Story of His Rise to the Presidency, 2017.

Manigault Newman, Omarosa: Unhinged. An Insider's Account of the Trump White House, 2018.

Mayer, Jane: Dark Money. The Hidden History of the Billionaires Behind the Rise of the Radical Right, 2016.

Navarro, Peter: Der Kampf um die Zukunft. Die Welt im chinesischen Würgegriff. 2008.

Nelson, Michael: Trump's First Year, 2018.

Rodham Clinton, Hillary: What Happened, 2017.

Rucker, Philip/Leonnig, Carol: «A Very Stable Genius». Trump gegen die Demokratie, 2020.

Schaffner, Brian F./MacWilliams, Matthew/Nteta, Tatishe: Understanding White Polarization in the 2016 Vote for President: The Sobering Role of Racism and Sexism, in: Political Science Quarterly, 133/1 (2018), S. 9–34.

Schlesinger, Arthur jr.: The Imperial Presidency, 1973.

Skocpol, Theda/Williamson, Vanessa: The Tea Party and the Remaking of Republican Conservatism, 2012.

Snodgrass, Guy M.: Holding the Line. Inside Trump's Pentagon With Secretary Mattis, 2019.

Spector, Stephen: Evangelicals and Israel, 2009.

Stephens-Davidowitz, Seth: Everybody Lies, 2017.

Trump, Donald J.: Think like a Billionaire. Das sollten Sie über das Leben, Erfolg und Immobilien wissen, 2018.

Trump, Donald J./ Schwartz, Tony: Trump. The Art of the Deal, 2017 (engl. Originalausgabe 1987).

Valentino, Nicholas A./ Neuner, Fabian G. / Vandenbroek, L. Matthew: The Changing Norms of Racial Political Rhetoric and the End of Racial Priming, in: The Journal of Politics, 80/3 (2016), S. 1–38.

Vance, J. D.: Hillbilly-Elegie: Die Geschichte meiner Familie und einer Gesellschaft in der Krise, 2018 (engl. Originalausgabe 2017).

Welch, Susan u. a.: Understanding American Government, 2013.

Wezeman, Pieter u. a.: Trend in international arms transfers, 2018, SPIRI Fact Sheet, March 2019.

Wolff, Michael: Feuer und Zorn. Im Weißen Haus von Donald Trump, 2018.

Wolff, Michael: Unter Beschuss. Trumps Kampf im Weißen Haus, 2019.

Woodward, Bob: Furcht. Trump im Weißen Haus, 2018.

Bildnachweis

Seite 20: Foto: Regine Mahaux/MT/Contour RA/Getty Images
Seite 52: Grafik: Quelle: Business Insider/Andy Kiersz/Skye Gould
https://www.businessinsider.com/final-electoral-college-map-trump-clin-
ton-2016-11?r=DE&IR=T
Seite 58: Foto: Mandel Ngan/AFP via Getty Images
Seite 70: Screenshot von Twitter
Seite 73: Foto: Drew Angerer/Getty Images News/Getty Images
Seite 156: Foto: Jesco Denzel/Bundesregierung/dpa Picture-Alliance,
Frankfurt/Main
Seite 171: Foto: Mikhail Metzel/TASS/dpa Picture-Alliance, Frankfurt/
Main
Seite 183: Foto: Evan Vucci/AP Photo/Picture-Alliance, Frankfurt/Main

Leider war es nicht in allen Fällen möglich, die Inhaber der Rechte zu
ermitteln. Wir bitten deshalb gegebenenfalls um Mitteilung. Der Verlag
ist bereit, berechtigte Ansprüche abzugelten.

Personenregister

Abe, Shinzo 69, 203, 211f.
Ailes, Roger 36
Al-Baghdadi, Abu Bakr 191
Al-Assad, Bashir 60, 177f., 184, 187ff.
Al-Sisi, Abdel Fattah 143
Alberta, Tim 81
Arpaio, Joe 41, 87, 229
Azar, Alex 232

Bannon, Steve 48f., 59, 67, 71ff., 144, 167, 200
Barr, William 78
Beck, Glenn 36f.
Bellah, Robert 229
Biden, Hunter 214
Biden, Joe 11, 17, 67, 85, 177, 214ff., 219
Bin-Salman, Mohammed 183f.
Bloomberg, Michael 33
Blumenthal, Sydney 224
Bolsonaro, Jair 12
Bolton, John 68, 76, 79, 173, 178, 216, 221, 238
Brennan, John 172
Buchanan, Pat 35, 142
Bush, George H. W. 35, 48, 69, 85, 114, 142, 180, 182, 235
Bush, George W. 17, 52, 58, 80, 85, 129, 131, 133, 141f., 144, 162, 174, 180, 182, 184, 197, 205, 207, 235
Bush, Jeb 42, 43

Carlson, Tucker 62
Carter, Jimmy 69, 114, 180, 182
Chamenei, Ali 187
Charles, Prince of Wales 20
Cheney, Dick 17
Christie, Chris 67, 70f.
Clinton, Bill 17, 36, 41, 44, 50f., 69, 85, 92, 115, 133, 141f., 174, 180, 182, 205, 219f., 222
Clinton, Hillary 10, 32, 44, 47ff., 64, 85f., 101, 114, 123, 129, 134, 167f., 176, 181, 199, 215, 222

Coats, Dan 68, 170f.
Cohen, Michael 16, 29, 68, 168,
Cohn, Gary 63, 73, 76, 110, 125,
Cohn, Roy 23ff., 29
Collins, Susan 221
Comey, James 50f., 54, 67, 77
Conway, Kellyanne 48, 51, 64, 76
Coulter, Ann 62, 93f.
Cramer, Katherine 39
Cruz, Ted 42f., 129

Dallek, Matthew 66
Diana, Princess of Wales 20
Dobbs, Lou 62
Douglas, Michael 27
Dukakis, Michael 35
Duterte, Rodrigo 12, 143

Eisenhower, Dwight D. 70, 131
Erdoğan, Recep Tayyip 143, 146, 189f., 229
Esper, Mark 173

Falwell, Jerry sr. 36, 136
Falwell, Jerry jr. 38
Farage, Nigel 12
Floyd, George 242
Flynn, Michael 73, 75, 168, 173
Frank, Thomas 39
Freedman, David 192

Gaddafi, Muammar 152, 181
Gallagher, Edward 229
Gates, Bob 152
Gerson, Michael 140
Gingrich, Newt 35f.
Giuliani, Rudy 67, 77, 177, 216f., 221
Gore, Al 52, 131, 142
Gorsuch, Neil 132f.
Green, Joshua 60, 74